汽车电子电气系统检修

主　编　高吕和　侯　勇

重庆大学出版社

内容提要

本书内容包括检修蓄电池故障、检修交流发电机故障、检修启动系统故障、检修汽车照明系统故障、检修汽车信号系统故障、检修汽车仪表与报警系统故障6个学习情境，每个学习情境包括接受任务、制订方案、任务实施、验收交付4个典型工作环节，构成一个完整的汽车故障诊断行动过程。

本书的主要任务是应用多种教学方法（如小组拼图法、旋转木马法、学习站法等）讲述汽车电子电气系统的典型故障诊断与维修问题，使学生养成严谨、规范的工作习惯，提高他们的思考和应变能力，提高安全生产、成本控制、协调合作意识，培养学生信息获取、沟通展示、团队合作、计划决策、自我管理的能力，提高学生的综合素养。

本书可作为高职院校汽车维修相关专业教材，也可作为中职院校以及其他职业培训学校汽车维修相关专业用书。

图书在版编目（CIP）数据

汽车电子电气系统检修／高吕和，侯勇主编. -- 重庆：重庆大学出版社，2023.4
ISBN 978-7-5689-3773-3

Ⅰ.①汽… Ⅱ.①高… ②侯… Ⅲ.①汽车—电子系统—检修—高等职业教育—教材②汽车—电气设备—检修—高等职业教育—教材 Ⅳ.①U472.41

中国国家版本馆 CIP 数据核字（2023）第 053947 号

汽车电子电气系统检修
QICHE DIANZI DIANQI XITONG JIANXIU
主　编　高吕和　侯　勇
策划编辑：荀荟羽

责任编辑：文　鹏　　版式设计：荀荟羽
责任校对：邹　忌　　责任印制：张　策

*

重庆大学出版社出版发行
出版人：饶帮华
社址：重庆市沙坪坝区大学城西路 21 号
邮编：401331
电话：(023)88617190　88617185（中小学）
传真：(023)88617186　88617166
网址：http://www.cqup.com.cn
邮箱：fxk@cqup.com.cn（营销中心）
全国新华书店经销
重庆市国丰印务有限责任公司印刷

*

开本：787mm×1092mm　1/16　印张：13.25　字数：325 千
2023 年 4 月第 1 版　　2023 年 4 月第 1 次印刷
印数：1—1 500
ISBN 978-7-5689-3773-3　定价：49.00 元

前 言

　　高职院校教育体系中的主要发展目标在于全面培养综合性人才，重视以专业教育为核心，提升专业人才核心素养。在高职院校教育体系中合理应用新型活页式教材是非常科学的教学发展方向，可以突破传统教材模式的不足，利用其灵活性及多样性特点，进一步提高高职院校教学效果，是符合三教改革发展背景的有效措施。

　　本书是在中德合作"素养与技能高度融合教育改革试验班"教学实施基础上进行编撰的。素养与技能高度融合的教育模式改革实现了职业教育以职业规律为起点、立足工作能力和生活能力培养、服务完美人格塑造的教育理念，以能力为本位，以素质提升为目标，培养能够适应当前社会需要的应用型人才。试验项目的培养目标是：培养能够独立、负责任、在团队条件下高效率解决问题的可持续发展的职业人；培养学生健全的人格和良好的素养，建立社会主义核心价值观。

　　本书教学内容来源于汽车维修企业汽车电气维修的典型工作任务，各学习情境呈现完整的行动过程。从任务接受开始，了解工作内容及要求，通过任务分析、理论学习来理解解决任务所需的理论知识，并作出决策、制订任务计划，然后进行任务实施和检查，最后进行任务交付。本书提供了丰富的教学方法和学习方法，既有使用说明，也有实施步骤。师生根据书中的引导，尝试实施就会慢慢掌握小组拼图法、旋转木马法等适合培养学生自主学习能力的教学方法。

　　本书为教师和学生提供了活动标签，有教师活动和学生活动的具体要求，活动流程完善，环环相扣，师生只要按照活动标签认真互动，即可轻松使用。教师设计好教学思路，给学生提供需要的学习资源，用一根无形的线索引导学生。学生在教师的引导下，或一个活动，或一个环节，按照行动导向教学流程，或个人，或团队，全程自主学习，完成工作页。教师只是引导者、观察者、辅助者和答疑者。学生通过自主学习，可获取专业能力和非专业能力。

本书由北京工业职业技术学院汽车教研室编写，由高吕和、侯勇担任主编，郭凯、王昫参编。本书在编写过程中得到了中德教学改革项目组及企业的大力支持，在此表示感谢。

由于编者水平有限，书中难免存在不足之处，恳请广大读者批评指正。

编　者

2023 年 1 月

目录

学习情境一

检修蓄电池故障

学习情境描述

一辆大众速腾轿车,行驶总里程2万km,汽车停驶2天后,汽车发动机不能启动。现要求你实施汽车维修企业作业流程,对客户车辆进行蓄电池电路系统检查,找出故障原因并进行维修,作业过程中需遵守汽车维修作业规范。

学习目标

1. 讲解汽车蓄电池的功用及结构组成。
2. 讲解蓄电池的特性及型号含义。
3. 进行蓄电池的更换作业及辅助启动作业。
4. 进行蓄电池性能检测,判定蓄电池性能。
5. 选择充电方法,进行蓄电池的充电作业。
6. 进行自我阅读及提炼。
7. 通过小组合作完成任务。

✳ 典型工作环节一　接受任务

教学方法推荐:两人角色扮演

学生活动:

学生分组,两人一组。其中,事先安排好的两个学生为一组,一个扮演客户,另一个扮演前台接待人员。学生理解并记录需向客户了解的信息。学生接车后填写客户任务工单(表1-1)。

教师活动:

教师观察角色扮演学生的表演过程,同时观察其他学生的表现及倾听的认真程度。

参考示例:

前台:您好!有什么需要我帮助的?

客户:您好!是这样的,我的汽车放置2天后现在不能启动。您能帮我看看吗?

前台:好的!我随后帮您检查一下汽车。

(上车,打开点火开关,启动发动机,发现起动机不工作,询问客户)

前台:您的车辆蓄电池亏电,汽车不能启动。这个毛病以前出现过吗? 最近您修理过什么部件吗?

客户:不瞒您说,我的车车况特别好,在这之前什么毛病也没有,这是第一次出故障,只做过正常的维护保养。

前台:那您的车车况是真不错,您使用得很好。我刚才初步诊断了一下:蓄电池亏电,估计是蓄电池本身的问题,也可能是电路额外放电的问题。具体原因需要后台检测后才能确认。

客户:好的! 那您尽快维修吧,我还着急用车呢。

前台:那您想什么时间取车?

客户:今天下午4点取车吧。

前台:好的! 请您在客户区休息等待,如有需要,我会及时和您联系。

表1-1 客户任务工单

车主姓名		日期	
车型		车牌号	
发动机号		底盘号	
联系电话			
通信地址			
车主描述及要求:			
检查维修建议:			
车辆预检记录:			
预估取车时间:		预估维修费用:	
车主确认签字:			

❋ 典型工作环节二　制订方案

1.2.1　故障原因分析

教学方法推荐:关键词卡片法

教师活动:

教师提供阅读资料,指导学生独立查找蓄电池不断放电的原因。

学生活动:

学生独立阅读教师提供的阅读资料,在资料上画出关于蓄电池不断放电原因的关键词,形成个人的结论,工整地记录在笔记本上,并画出思维导图。

阅读资料:蓄电池故障分析

汽车电源由蓄电池与发电机并联组成,如图 1-1 所示。用于汽车上的蓄电池必须满足发动机启动的需要,即在短时间内(5s)能向起动机提供强大的电流(汽油发动机为 200~600 A,大型柴油发动机可达 500 A)。要求蓄电池的内阻要小,大电流输出时的电压稳定,以保证有良好的启动性能。能满足发动机启动需要的蓄电池称为启动型蓄电池,汽车上使用的就是启动型蓄电池。此外,要求蓄电池的充电性能良好、使用寿命长、维护方便或少维护,以满足汽车使用性能要求。

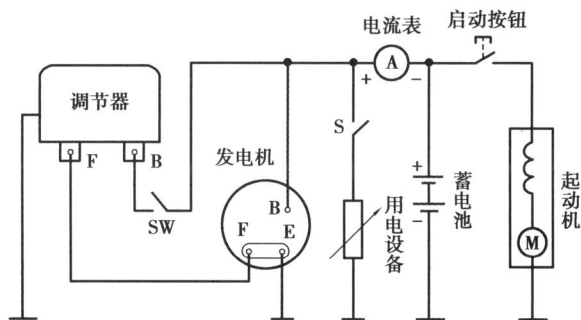

图 1-1　蓄电池与发电机的供电电路

(1)蓄电池常见故障

蓄电池的外部故障有壳体或盖子出现裂纹、封口胶干裂、极桩松动或腐蚀等;蓄电池的内部故障有极板硫化、活性物质脱落、极板短路、自放电、极板拱曲等。

1)极板硫化

蓄电池长期处于放电状态或者充电不足状态下,会在极板上逐渐生成一层白色的粗晶粒的硫酸铅,正常充电时,不能转化为 PbO_2 和 Pb,称为硫酸铅硬化,简称硫化。

这种粗晶粒的硫酸铅,堵塞极板孔隙,使电解液渗入困难,容量降低,且硫化层导电性差,内阻显著增大,启动性能和充电性能下降。

蓄电池硫化主要表现在:极板上有白色的霜状物;蓄电池容量明显下降;用高率放电叉检

查时,单格电压明显降低;充电时单格电压迅速升高到2.8V左右,但电解液密度上升不明显,且过早出现沸腾现象。

硫化的原因主要如下:

①充电不足的蓄电池长期放置时,当温度升高时,极板上一部分硫酸铅溶于电解液中;当温度下降时,溶解度随之减小,部分硫酸铅再结晶成粗大颗粒的硫酸铅附在极板上,使之硫化。

②电池内液面过低,极板上部与空气接触而氧化(主要是负极板)。在汽车行驶过程中,电解液上下波动与极板氧化部分接触,会生成粗晶粒的硫酸铅,使极板上部硫化。

③电解液密度过大或不纯、气温变化大都能使极板硫化。

2)自放电

自放电是蓄电池在车辆停驶时存电量的自动减少和损失,一般认为,充满电的蓄电池自放电电量一个月内每昼夜不得超过3%。自放电现象主要由以下原因引起:

①浓差极化。长期存放的蓄电池,其电解液中硫酸因密度大而下沉,在极板的上、下方形成电位差,依靠极板内部放电。

②普通铅酸蓄电池的结构是开放型的,在使用或维护的过程中,杂质离子的进入使得极板上的活性物质与杂质离子间形成电位差,在电解液中形成放电通路,损耗电量。

③电池溢出的电解液堆积在盖板上,使正、负极桩形成通路。

④活性物质脱落,在充电或颠簸行驶的过程中,栅架上附着活性物质,特别是正极板上的容易脱落,在外壳底部形成短路,致使蓄电池电量迅速下降。新型免维护蓄电池采用了全封闭结构、铅-钙-锡合金材料的放射形栅架、袋装隔板等工艺,自放电故障大大降低。

(2)蓄电池亏电原因

蓄电池亏电原因主要包括自放电、寄生放电和充电不足等。

1)寄生放电

寄生放电是指车辆在存放时,汽车上某些用电设备或者电路仍消耗蓄电池电量,所放电流又称"寄生电流",该电流较小,一般以mA计量。在车辆存放时,类似汽车胎压监测系统TPMS、防盗模块ATA等仍需要电流维持其部分功能,此电流较小,如东风雪铁龙C5上,静态工作电流一般不超过30 mA,但若某个电气部件在车辆网络进入休眠状态后仍处于工作状态,此时电流值一般就会变大,蓄电池电量损失加快。这是在实际维修工作中发现的导致蓄电池亏电的主要原因。

2)充电不足

蓄电池充电不足的原因主要有充电系统故障,未能给蓄电池充电;汽车频繁短途行驶,蓄电池启动时消耗的能量未能得到全部补充,总是处于亏电状态;汽车加装有大功率设备,消耗电能过大,使蓄电池不能有效充电;蓄电池故障,如蓄电池极板硫化现象严重,使蓄电池充电不足。

1.2.2　关联知识学习

汽车蓄电池构造与原理

教学方法推荐:小组拼图法

教师活动:

按照小组拼图法,教师把学生分成4个原始小组,并形成专家小组,提供与之有关的阅读资料A、B、C、D,分别进行个体学习、小组学习,形成小组学习成果。学生完成学习后进行点评和总结。

学生活动:

学生原始小组个人独立学习对应资料,并完成工作页。然后在专家小组讨论,形成小组学习成果,制作海报。再在原始小组进行交流学习,完成其他阅读资料的学习,并完成工作页。

阅读资料 A:蓄电池概述

(1)蓄电池的功能

蓄电池与交流发电机并联向汽车电气系统供电,蓄电池属于汽车最重要的电气部件之一。其正常稳定的功能直接影响顾客的满意度。

汽车蓄电池是一种集电器,其主要用于发动机启动,在发动机启动时,给起动机提供强大的启动电流。在发电机超载、发电机电压低或不发电时,蓄电池向用电设备供电;发电机端电压高于蓄电池电动势时,蓄电池将发电机的电能转变为化学能储存起来;蓄电池可以吸收电路中的瞬变过电压,保护车用电子元件;蓄电池还是电子控制装置内存的不间断电源。

(2)蓄电池的类型

铅酸蓄电池电解液是稀硫酸溶液,根据加工工艺的不同,汽车用铅酸蓄电池可以分为以下几种类型:

①普通蓄电池。新蓄电池的极板不带电,使用前需按规定加注电解液并进行初充电,初充电的时间较长,使用中需要定期维护。

②干荷蓄电池。新蓄电池的极板处于干燥的已充电状态,电池内部无电解液。在规定的保存期内,如需使用,只需按规定加入电解液,静置 20 ~ 30 min 即可使用,使用中需要定期维护。

③湿荷蓄电池。电解质为液态状的蓄电池称为湿荷蓄电池。湿荷蓄电池分为带单格电池塞的可维护蓄电池和不带单格电池塞的不可维护蓄电池两种。其优点:性价比高;应用广泛(型号多样);可安装在发动机舱内。缺点:检修时必须通过电眼检查电解液的液位;电解液有泄漏危险。

④免维护蓄电池。其含义是在合理的使用期限内无须添加蒸馏水,只要电池装好就行了,如市内短途车可行驶 80 000 km,长途货车可行驶 400 000 ~ 480 000 km 而不需进行维护,可用 3.5 ~ 4 年而不必添加蒸馏水;极柱腐蚀较轻或没有腐蚀;自放电少,在车上或储存时不

需进行补充充电。总之,在其使用过程中不需任何维护或只需较少的维护工作,即能保证蓄电池的技术状况良好和一定的使用寿命,是一种先进的新型汽车电源。

⑤阀控式铅酸蓄电池(Valve Regulated Lead Acid Battery,VRLA 蓄电池)。VRLA 蓄电池盖子上设有单向排气阀(也称安全阀),如图 1-2 所示。该阀的作用是当电池内部气体量超过一定值(通常用气压值表示),即当电池内部气压升高到一定值时,排气阀打开,排出气体。VRLA 蓄电池的优点是电解液无须检查和补充,蓄电池无须维护。其缺点为在过度充电的情况下产生的多余气体通过作为安全阀的排气阀排出。因为液量不能重新更新,所以有可能持续损坏蓄电池。在充电时必须使用充电电压极限为 14.4 V 的蓄电池充电器。VRLA 蓄电池分为 GEL(胶体)蓄电池和 AGM 蓄电池两种。

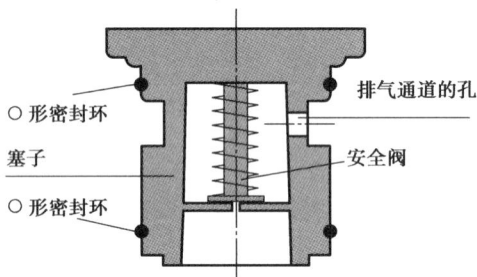

图 1-2　蓄电池盖安全阀

a. GEL(胶体)蓄电池。胶体蓄电池的硫酸中加入硅酸将电解液凝固成凝胶状物质。根据胶体蓄电池的排气原理,胶体蓄电池属于 VRLA 蓄电池。电解液中的磷酸提高了循环稳定性(充电和放电次数),有利于深度放电后的再次充电。蓄电池用一个蓄电池盖进行封盖。无法拧出的单体电池密封塞和排气通道集成在蓄电池盖中。胶体蓄电池未配备电眼。优点:液体不会溢出;高循环稳定性(充电和放电次数);免维护;产生的气体较少。缺点:较差的冷启动性能;价格较高;利用率低;耐高温性差,不适用于安装在发动机舱。

b. AGM 蓄电池(吸附性玻璃纤维隔板电池)。电解质吸附于超细玻璃纤维上的蓄电池称为 AGM(Absorbed Glass Mat)蓄电池。隔板材料为超细网状玻璃纤维。这种纤维可以很好地渗透和吸附硫酸。其具有隔板的功能。电解液可完全被这种纤维吸附。这样,AGM 电池具有很好的密封性。即使蓄电池外壳损坏,有极少量电解液溢出的可能,但最多只有几毫升。蓄电池用一个蓄电池盖进行封盖。单体电池密封塞和排气通道集成在蓄电池盖内。AGM 蓄电池未装配电眼。根据其排气原理,AGM 蓄电池属于 VRLA 蓄电池。优点:高循环稳定性(充电和放电次数);液体不会溢出;免维护;产生的气体较少;较好的冷启动性能。缺点:价格较高;市场上种类较少;耐高温性差,不适用于安装在发动机舱。

(3)蓄电池的标志

蓄电池标志的内容较多,主要内容有品牌、型号、蓄电池参数、蓄电池使用说明等。

1)蓄电池型号标志

如图 1-3 所示,"6-QA-70A"表示我国使用的蓄电池型号,其具体含义如下:

6——蓄电池的单格电池数为 6,额定电压为 12 V;

Q——蓄电池的类型,启动型铅酸蓄电池;

A——蓄电池的特征,干荷蓄电池;

70——额定容量 70 A·h;

A——第一次改进。

图 1-3　蓄电池型号

2）蓄电池使用说明标志

蓄电池使用说明标志如图 1-4 所示,含义如下:

①在处理蓄电池时严禁明火、火花、强光和吸烟。避免在处理电缆和电气设备时产生的电火花以及因静电而产生的放电。避免短路。不允许把工具放在蓄电池上。

②在进行蓄电池方面的工作时必须戴上护目镜。

③必须使儿童远离电解液和蓄电池。

④回收处理:旧蓄电池是特殊垃圾,只有在合适的收集地点和在考虑法规允许条件的情况下处理。

⑤旧蓄电池不能当作生活垃圾来处理。

⑥处理蓄电池时有爆炸危险。蓄电池充电时,会产生具有强烈爆炸性的氢氧混合气体。

⑦遵守电气装置维修手册和使用说明书中有关蓄电池的说明。

⑧腐蚀危险:蓄电池电解液侵蚀性很强,在进行蓄电池方面的工作时应戴上防护手套和护目镜。蓄电池不允许翻转,否则电解液会从排气孔流出。

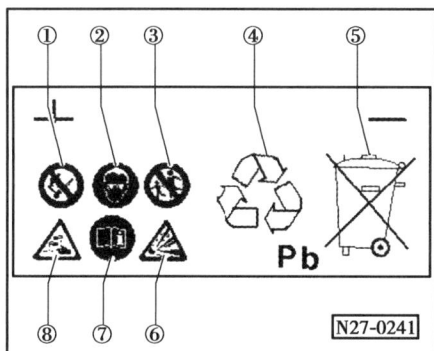

图 1-4　蓄电池使用说明标志

3）蓄电池参数标志

图 1-5 显示了蓄电池额定电压、额定容量、低温测试电流等参数。

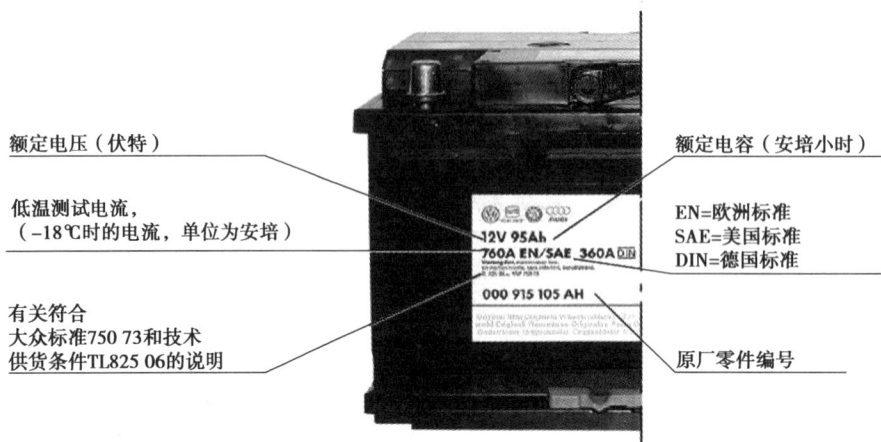

图 1-5　蓄电池参数标志

工作页 A:蓄电池概述

1. 汽车电源包括哪两个？描述两者的关系。

2. 汽车蓄电池具有哪些功能?

3. 描述阀控式铅酸蓄电池的特点。

4. 描述胶体蓄电池的特点。

5. 描述 AGM 蓄电池的特点。

6. 在表 1-2 中写出如图 1-6 所示蓄电池标志的含义。

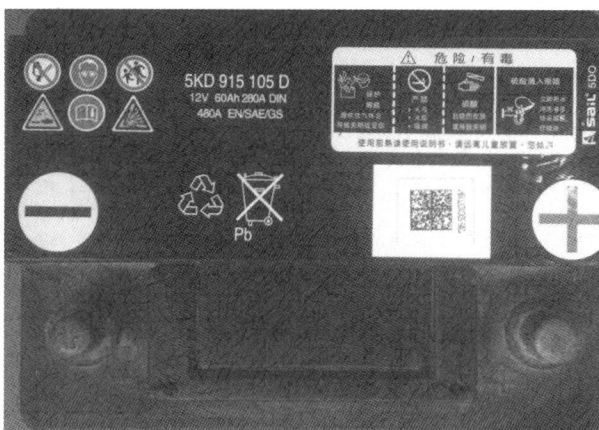

图 1-6　蓄电池标志

表 1-2　蓄电池上标志的含义

内容	含义
12V	
60Ah	
280A DIN	
480A EN/SAE/GS	

阅读资料 B:蓄电池的构造与容量

（1）蓄电池的构造

　　铅酸蓄电池主要由极板、隔板、壳体、电解液、铅连接条、极柱等部分组成。壳体一般分隔为 3 个或 6 个单格，每个单格均盛装有电解液,插入正、负极板组便成为单格电池。蓄电池由

9

3个或6个单格电池串联而成,每个单格电池的标称电压为2 V,串联成6 V或12 V以供汽车选用。蓄电池的结构如图1-7所示。

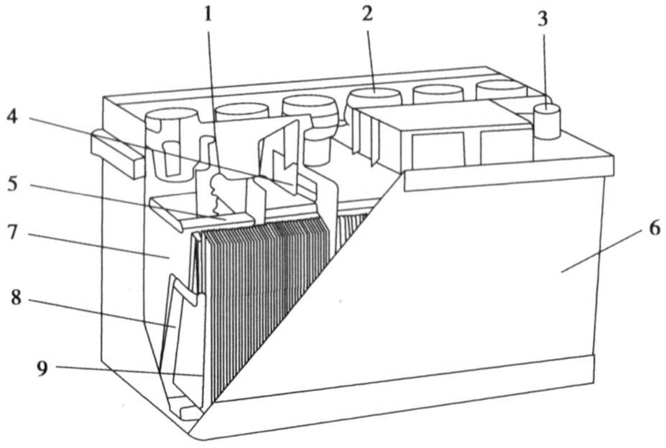

图1-7　蓄电池的结构

1—负极柱;2—加液孔盖;3—正极柱;4—穿壁连接;5—汇流条;6—外壳;7—负极板;8—隔板;9—正极板

1)极板

极板是蓄电池的核心部分,蓄电池充、放电的化学反应主要是依靠极板上的活性物质与电解液进行的。极板分为正极板和负极板,均由栅架和活性物质组成,如图1-8所示。

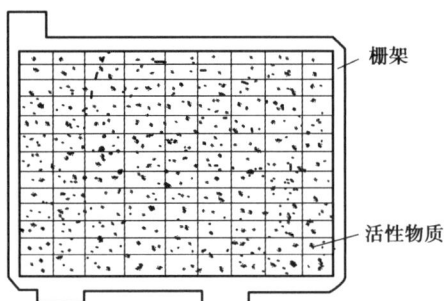

图1-8　极板的组成

栅架的作用是固结活性物质。栅架一般由铅锑合金铸成,具有良好的导电性、耐蚀性和一定的机械强度。在栅架的铅锑合金中,锑的质量分数为6% ~ 8.5%,以提高栅架的机械强度并改善浇铸性能。但铅锑合金耐电化学腐蚀性能比纯铅差,锑易从正极板栅架中解析出来,引起蓄电池自放电和栅架的膨胀、溃烂,缩短蓄电池的使用寿命。免维护蓄电池已采用铅-低锑合金栅架(锑质量分数为2% ~ 3%)和铅-钙-锡合金栅架(无锑栅架)。

正极板上的活性物质为二氧化铅(PbO_2),呈深棕色;负极板上的活性物质为海绵状的纯铅(Pb),呈青灰色。将活性物质调成糊状填充在栅架的空隙里并进行干燥即形成极板。国产正极板的厚度为2.2 mm,负极板的厚度为1.8 mm。国外大多采用薄型极板,厚度为1.1 ~ 1.5 mm。薄型极板可以提高蓄电池的体积比能量、质量比能量,改善蓄电池的启动性能。

将正、负极板各一片浸入电解液中,可获得2 V左右的电动势。为了增大蓄电池的容量,常将多片正、负极板分别并联,组成正、负极板组,如图1-9所示。在每个单格电池中,正极板的片数要比负极板少一片,这样每片正极板都处于两片负极板之间,可以使正极板两侧放电均匀,避免放电不均匀造成极板拱曲。

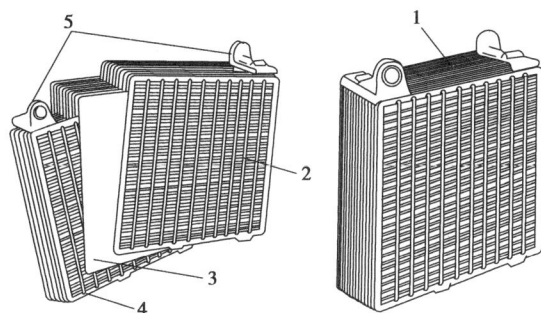

图 1-9　极板组结构

1—极板组;2—负极板;3—隔板;4—正极板;5—极板连接条

2)隔板

隔板插放在正、负极板之间,以防止正、负极板互相接触造成短路。隔板应耐酸并具有多孔性,以利于电解液的渗透。常用的隔板材料有木质、微孔橡胶、微孔塑料、玻璃纤维等,隔板厚度小于 1 mm。

木质隔板耐酸性较差,已很少采用。微孔橡胶隔板性能好,寿命长,但生产工艺复杂、成本较高,尚未推广使用。微孔塑料隔板孔径小、孔率高、成本低,被广泛采用。

隔板安装时,带槽的一面应面向正极板,且沟槽必须与外壳底部垂直。因为正极板在充、放电过程中,化学反应剧烈,沟槽既能使电解液上下流通,也能使气泡沿槽上升,还能使脱落的活性物质沿槽下沉。

近年来,出现了袋式的微孔塑料隔板,它将正极板紧紧套在里面,起到了良好的分隔作用,既减小了蓄电池尺寸,又增大了极板面积,使蓄电池容量增大。

3)电解液

电解液在蓄电池的化学反应中起到离子间导电的作用,并参与蓄电池的化学反应。电解液由密度为 1.84 g/cm^3 的纯硫酸(H_2SO_4)与蒸馏水按一定比例配制而成,其相对密度随使用地区温度的不同而进行选配。在 20 ℃标准温度下,其密度一般为 $1.24 \sim 1.30$ g/cm^3。配制电解液必须使用耐酸的器皿,切记只能将硫酸慢慢地倒入蒸馏水中并不断搅拌。

电解液的密度对蓄电池的工作有重要影响,密度大,可减少结冰的危险并提高蓄电池的容量,但密度过大,则黏度增加,反而降低蓄电池的容量,缩短使用寿命。

4)壳体

壳体用于盛放电解液和极板组,应该耐酸、耐热、耐震。壳体多采用硬橡胶或聚丙烯塑料制成,为整体式结构,底部有凸起的肋条以搁置极板组。壳内由间壁分成 3 个或 6 个互不相通的单格,各单格之间用铅质连接条串联起来。壳体上部使用相同材料的电池盖密封,电池盖上设有对应于每个单格电池的加液孔,用于添加电解液和蒸馏水,以及测量电解液密度、温度和液面高度。加液孔盖上的通风孔可使蓄电池化学反应中产生的气体顺利排出。

5)铅连接条

铅连接条用于连接蓄电池各单格。传统的连接条安装在蓄电池外壳之外,不仅浪费材料、容易损坏,还导致蓄电池自放电,这种连接方式被穿壁式连接条所取代。采用穿壁式连接条连接单格电池时,所用连接条尺寸很小,并设在蓄电池内部。

(2)蓄电池的容量

蓄电池的容量标志着蓄电池对外供电的能力。一个完全充足电的蓄电池,在允许的放电范围内所输出的电量称为蓄电池的容量。

蓄电池的容量与极板构造,放电电流的大小以及电解液的温度、密度有关,蓄电池出厂时规定的额定容量是在一定的放电电流、一定的终止电压和一定的电解液温度下测得的。

1)额定容量

额定容量是检验蓄电池质量的重要指标之一。国家标准《起动用铅酸蓄电池第一部分:技术条件和试验方法》(GB/T 5008.1—2013)规定:以20 h放电率的放电电流(即$0.05\ C_{20}$安培)在电解液初始温度为(25 ± 5)℃,相对密度为(1.28 ± 0.01)g/cm^3(25 ℃)的条件下,连续放电到规定的单格电池终止电压1.75 V,蓄电池所输出的电量,称为蓄电池的额定容量,记为C_{20},单位为A·h。

例如,3-QA-90型蓄电池在电解液初始温度为(25 ± 5)℃时,以4.5 A($0.05\ C_{20}=0.05\times90=4.5$ A)的电流连续放电至单格电池平均电压降到1.75 V时,若放电时间大于等于20 h,则其容量$C_{20}=I_f\cdot t_f\geq90$ A·h,达到了额定容量,为合格产品;若放电时间小于20 h,则其容量低于额定容量,为不合格产品。

2)储备容量

国家标准《起动用铅酸蓄电池技术条件》(GB/T 5008.1—2013)规定:蓄电池在(25 ± 2)℃的条件下,以25 A恒流放电至单格电池平均电压降到1.75 V时的放电时间,称为蓄电池的储备容量,单位为min。

储备容量表达了在汽车充电系统失效时,蓄电池能为照明和点火系统等用电设备提供25 A恒流的能力。

3)启动容量

启动容量表征了铅酸蓄电池在发动机启动时的供电能力,用倍率和持续时间表示,是检验蓄电池质量的重要指标之一。启动容量受温度影响很大,分为低温启动容量和常温启动容量两种。

①低温启动容量

低温启动容量为电解液初始温度在−18 ℃时,以5 min放电率的放电电流(3倍额定容量的电流)持续放电至单格电池电压下降至1 V时所放出的电量。持续时间应在2.5 min以上。

②常温启动容量

常温启动容量为电解液初始温度在25 ℃时,以5 min放电率的放电电流(3倍额定容量的电流)持续放电至单格电池电压下降至1.5 V时所放出的电量。持续时间应在5 min以上。

工作页 B:蓄电池的构造与容量

1.铅酸蓄电池主要由( )、( )、( )、( )及铅连接条、极柱等部分组成。汽车蓄电池由( )个单格电池串联而成,每个单格电池的标称电压为( )V,串联成12 V以供汽车选用。

2.极板分为( )和( ),均由栅架和( )组成,正极板上的活性物质为( ),呈深棕色;负极板上的活性物质为海绵状的( ),呈青灰色。栅架的作用是(　　　　　　　　　　)。

3. 如图1-10所示为蓄电池极板组,写出图中序号的名称。

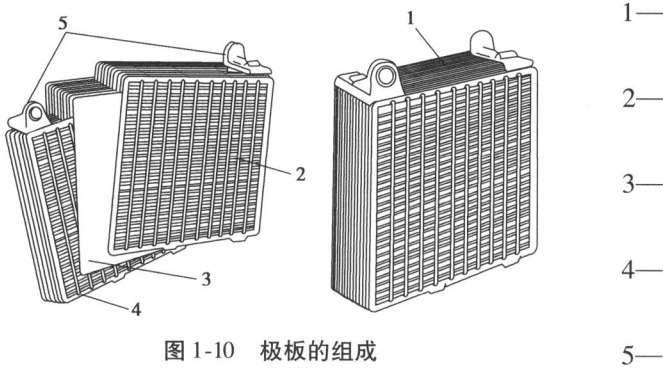

图1-10　极板的组成

1—

2—

3—

4—

5—

4. 单格电池内正、负极板的数量相同吗? 为什么?

5. 画出蓄电池的结构简图,并标注名称。

6. 测试6-Q-60型蓄电池的额定容量时,若充满电的蓄电池在电解液初始温度为(25 ± 5)℃,应以(　　)A的电流连续放电至单格电池平均电压降到1.75 V,若放电时间为18 h,则其实际额定容量C_{20}=(　　),单位为(　　),此蓄电池是否为合格产品?

阅读资料C:蓄电池的工作原理

蓄电池的工作过程就是化学能与电能的转换过程。放电时将化学能转换为电能供用电设备使用;充电时将电能转换为化学能存储起来。在充电状态下,蓄电池的正极是二氧化铅(PbO_2),负极是海绵状铅(Pb)。电解液是硫酸(H_2SO_4)的水溶液。完全放电后,两个极板上都变为硫酸铅($PbSO_4$)。蓄电池在充、放电过程中的化学反应是可逆的。

(1)电动势的建立

当极板浸入电解液时,少量的活性物质溶解于电解液,产生了电极电位,正、负极板电极电位的不同而形成了蓄电池的电动势。

正极板上的PbO_2少量溶于电解液,与水作用生成$Pb(OH)_4$,再分离为四价铅离子和氢氧根离子,即

$$PbO_2 + 2H_2O \longrightarrow Pb(OH)_4$$

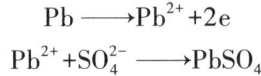

$$Pb(OH)_4 \longrightarrow Pb^{4+} + 4OH^-$$

四价的铅离子 Pb^{4+} 附着在正极板上,使极板呈正电位,由于正、负电荷的吸引,极板上的 Pb^{4+} 有与溶液中 OH^- 结合生成 $Pb(OH)_4$ 的倾向。当两者达到动态平衡时,正极板电位相对于电解液为 2.0 V。

负极板上的铅溶于电解液中,失去电子生成 Pb^{2+},电子留在负极板上,Pb^{2+} 溶于电解液中,从而使负极板与电解液之间建立起电极电位。由于正、负电荷的吸引,Pb^{2+} 有沉附于极板表面的倾向。当两者达到动态平衡时,负极板相对于电解液约为 -0.1 V。

反应式为

$$Pb \longrightarrow Pb^{2+} + 2e$$
$$Pb^{2+} + SO_4^{2-} \longrightarrow PbSO_4$$

正、负极板之间的电位差 $E_0 \approx 2.0 - (-0.1) = 2.1$ V。

这就是蓄电池的静止电动势,实际测量的结果是 $E_0 = 2.044$ V。

(2)放电过程

将蓄电池的化学能转化成电能的过程称为放电过程。

当放电尚未开始时,正极板上的活性物质是二氧化铅,负极板上的活性物质是纯铅,电解液是硫酸溶液。由于正、负两极不同物质与电解液发生化学反应,正极板具有正电位,约为 2.0 V;负极板具有负电位,约为 -0.1 V。正、负极板之间形成约为 2.1 V 的电动势。

当放电电路接通时,在电动势的作用下,电流从正极经过负载流向负极(即电子从负极到正极),使正极电位降低,负极电位升高,破坏了原有的平衡。铅酸蓄电池放电时的化学反应过程如图 1-11 所示。在放电过程中,正、负极板上的活性物质不断与电解液发生化学反应,二氧化铅和纯铅逐渐转变成硫酸铅,内阻增大,正极电位逐渐降低,负极电位逐渐升高,使正、负极间的电位差逐渐降低,电解液中硫酸成分逐渐减少,水成分逐渐增多,密度逐渐减少。

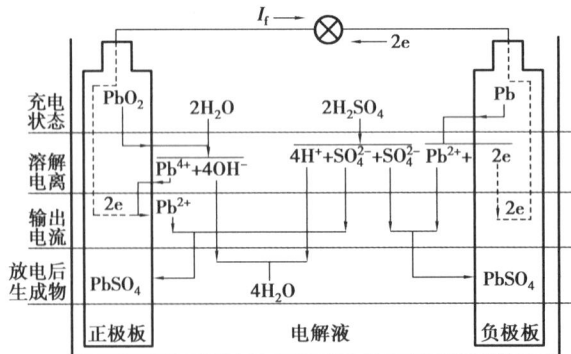

图 1-11 蓄电池的放电过程

在正极板处,Pb^{4+} 和电子结合,变成二价铅离子 Pb^{2+},Pb^{2+} 与电解液中的 SO_4^{2-} 结合生成的 $PbSO_4$ 沉附于极板上。

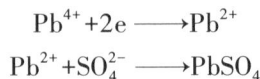

$$Pb^{4+} + 2e \longrightarrow Pb^{2+}$$
$$Pb^{2+} + SO_4^{2-} \longrightarrow PbSO_4$$

有

$$PbO_2 + Pb + 2H_2SO_4 = 2PbSO_4 + 2H_2O$$

在负极板处，Pb^{2+} 与电解液中的 SO_4^{2-} 结合生成 $PbSO_4$ 沉附在负极板上，而极板上的金属铅继续溶解，生成 Pb^{2+} 和电子。如果电路不中断，上述化学反应将继续进行，使正极板上的 PbO_2 和负极板上的 Pb 都逐渐转变为 $PbSO_4$，电解液中的 H_2SO_4 逐渐减少而水成分逐渐增多，电解液密度下降。

$$Pb^{2+} + SO_4^{2-} \longrightarrow PbSO_4$$

理论上，放电过程可以进行到极板上的活性物质全部变为硫酸铅为止，而实际上是不可能的，因为电解液不能渗透到活性物质的最内层。即使是完全放电的蓄电池，实际上也只有 20%～30% 的活性物质转变成硫酸铅。采用薄型极板，增加多孔性，提高极板活性物质的利用率可提高蓄电池的容量，这是蓄电池工业的发展方向。

（3）充电过程

将电能转换成蓄电池化学能的过程称为充电过程。充电电源必须是直流电源，蓄电池正极接电源正极，蓄电池负极接电源负极，当电源电压高于蓄电池电动势时，在直流电源电压作用下，电流从蓄电池正极流入，负极流出（即驱使电子从正极经外电路流入负极）。这时正、负极板发生的反应正好与放电过程相反，其化学反应过程如图 1-12 所示。

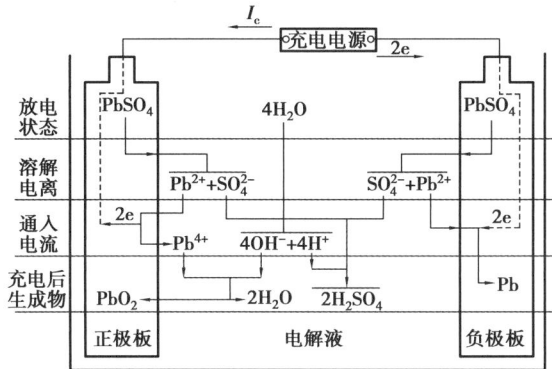

图 1-12 蓄电池的充电过程

充电时由于电流的作用，正极板处的硫酸铅与水作用生成二氧化铅（PbO_2）和硫酸（H_2SO_4），二氧化铅沉积在正极板上；负极板上的硫酸铅在充电电流的作用下，铅离子获得电子还原成铅，以固态析出沉附在负极板上。此时电解液中的氢离子移向负极板，与从负极板上脱离下来的硫酸根离子结合成硫酸。

在负极板上有少量 $PbSO_4$ 进入电解液，离解为 Pb^{2+} 和 SO_4^{2-}，Pb^{2+} 在电源的作用下获得两个电子变为金属 Pb，沉附在极板上，而 SO_4^{2-} 则与电解液中 H^+ 结合生成 H_2SO_4，即

$$PbSO_4 \longrightarrow Pb^{2+} + SO_4^{2-}$$

$$Pb^{2+} + 2e \longrightarrow Pb$$

$$SO_4^{2-} + 2H^+ \longrightarrow H_2SO_4$$

在正极板处，有少量 $PbSO_4$ 进入电解液，离解为 Pb^{2+} 和 SO_4^{2-}，Pb^{2+} 在电源力的作用下失去

两个电子变为 Pb^{4+}，它又和电解液中的水离解出来的 OH^- 结合，生成 $Pb(OH)_4$，分解为 PbO_2 和 H_2O，而 SO_4^{2-} 则与电解液中的 H^+ 结合生成 H_2SO_4，即

$$PbSO_4 \longrightarrow Pb^{2+} + SO_4^{2-}$$
$$Pb^{2+} - 2e \longrightarrow Pb^{4+}$$
$$Pb^{4+} + OH^- \longrightarrow Pb(OH)_4$$
$$Pb(OH)_4 \longrightarrow PbO_2 + H_2O$$
$$SO_4^{2-} + 2H^+ \longrightarrow H_2SO_4$$

有

$$PbSO_4 + 2H_2O = PbO_2 + Pb + 2H_2SO_4$$

电解液中硫酸成分逐渐增多，水分逐渐减少，电解液密度逐渐增大。随着化学反应不断进行，充电将一直进行到活性物质完全恢复到放电前的状态为止。

在充电终期，电解液密度将上升到最大值，并且会引起水的分解。水分解的化学反应式为

$$2H_2SO_4 = 2SO_4^{2-} + 4H^+$$

负极上

$$4H^+ + 4e = 2H_2$$

正极上

$$2SO_4^{2-} - 4e + 2H_2O = 2H_2SO_4 + O_2$$

总反应式为

$$2H_2SO_4 + 2H_2O = 2H_2SO_4 + 2H_2 + O_2$$

由上式可知，实际上分解的是水，即

$$2H_2O = 2H_2 + O_2$$

从蓄电池充、放电时的化学反应过程，可以得出以下几点结论：

①蓄电池在放电时，电解液中的硫酸将逐渐减少，而水逐渐增多，电解液密度下降；相反，蓄电池在充电过程中，电解液密度增加。可以通过测量电解液密度的方法来判断蓄电池的充、放电程度。

②蓄电池在充、放电过程中，电解液密度发生变化，正极板的活性物质发生的化学反应更加剧烈，要求正极板处的电解液流动性要好。在装配蓄电池时，将隔板有沟槽的一面对着正极板，以便电解液的流通。

③蓄电池放电终了时，极板上尚有 70% ~80% 的活性物质没有起作用。为了减轻铅酸蓄电池的质量，提高供电能力，应该充分提高极板活性物质的利用率，在结构上提高极板的多孔性，减小极板厚度。

工作页 C：蓄电池的工作原理

1. 蓄电池的工作过程就是（　　　　　）与（　　　　　）的转换过程。放电时将（　　　　　）转换为电能供用电设备使用；充电时将（　　　　　）转换为化学能存储起来。在充电状态下，蓄电池的正极是（　　　　　），负极是海绵状（　　　　　）。电解液是（　　　　　）的水溶液。完全放电后，两个极板上都变为（　　　　　）。

2. 补充如图 1-13 所示蓄电池放电过程中括号里的内容,并描述蓄电池的放电过程。

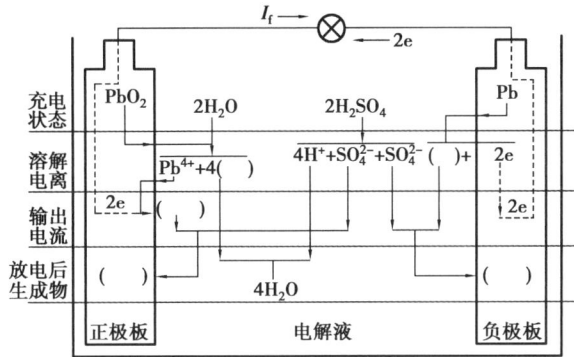

图 1-13　蓄电池的放电过程

放电过程描述:

3. 补充如图 1-14 所示蓄电池充电过程中括号里的内容,并描述蓄电池的充电过程。

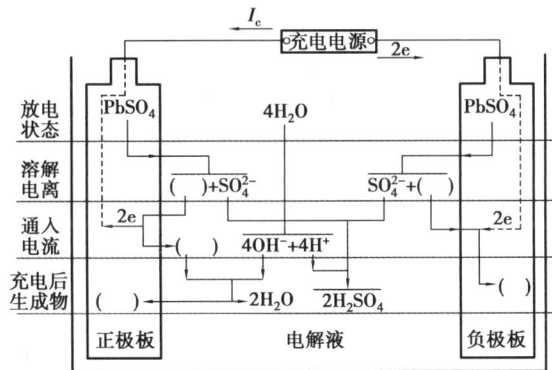

图 1-14　蓄电池的充电过程

充电过程描述:

4. 放电时,电解液中的硫酸将逐渐(　　　　　　　),而水将逐渐(　　　　　　　),电解液相对密度(　　　　　　);充电时,电解液中的硫酸将逐渐(　　　　　　),而水将逐渐(　　　　　　),电解液相对密度(　　　　)。

5. 从蓄电池充、放电过程可以得出哪些结论?

阅读资料 D:蓄电池充放电特性

要使蓄电池得到合理使用,就必须掌握它的工作特性,蓄电池的工作特性主要包括蓄电池的静止电动势、内电阻以及充、放电特性。

(1)静止电动势

在蓄电池内部工作物质的运动处于暂时的平衡状态时,蓄电池的电动势称为静止电动势。静止电动势的大小取决于电解液的密度和温度,在电解液密度为 1.050 ~ 1.300 g/cm³ 时,蓄电池的静止电动势可用经验公式计算为

$$E_0 = 0.84 + \rho_{25℃}$$

式中 E_0——蓄电池的静止电动势,V;

$\rho_{25℃}$——25℃时电解液的密度,g/cm³。

如果测量电解液密度时的电解液温度不是标准温度 25 ℃,则需要进行换算,公式为

$$\rho_{25℃} = \rho_t + \beta(t-25)$$

式中 ρ_t——实测的电解液密度,g/cm³;

t——测量时电解液温度,℃;

β——密度温度系数,取 β 为 -0.000 75。

汽车用蓄电池的电解液相对密度一般为 1.12 ~ 1.30 g/cm³,蓄电池的静止电动势也相应地在 1.96 ~ 2.14 V 变化。

(2)内电阻

蓄电池的内电阻大小反映蓄电池负载的能力。在相同的条件下,内电阻越小,输出电流越大,带负载能力越强。蓄电池的内电阻包括以下几个部分:

①极板电阻。一般很小,并且随极板上的活性物质的变化而变化。充电后电阻变小,放电后电阻变大,特别是在放电终了,有效活性物质转变为硫酸铅,电阻大大增加。

②隔板电阻。因所用的材料而异。木质隔板比微孔橡胶隔板和微孔塑料隔板的电阻大。另外,隔板越薄,电阻越小。

③电解液内电阻。与电解液的温度和密度有关,温度降低时电解液的黏度增大,渗透能力下降而引起电阻增加。而电解液的密度过高或过低都会导致电阻增大。如图 1-15 所示为电解液内电阻随相对密度变化的关系曲线。相对密度为 1.2 g/cm³ 时(15 ℃),硫酸的离解度最好,黏度较小,内电阻也最小。

④连接条和极柱电阻。与单格电池的连接形式有关。传统外露式铅连接条电阻比内部穿壁式、跨越式连接的电阻要大。但一般都将连接条内阻看为定值。

总之,启动型铅蓄电池的内电阻很小(单格电池的内电阻约为 0.011 Ω),在小负荷工作时对蓄电池的电力输出影响很小,但在大电流放电时(如启动发动机时),如内阻过大,则会引起端电压大幅度下降而影响启动性能。

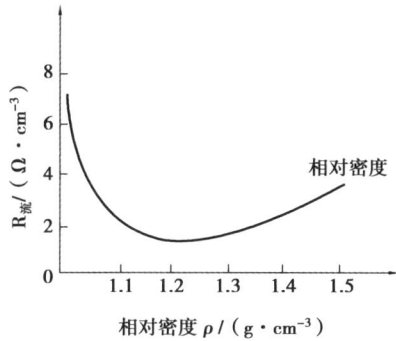

图 1-15 电解液内电阻随相对密度变化的关系曲线

(3) 放电特性

蓄电池的放电特性是指在恒流放电过程中,蓄电池的端电压 U_f 和电解液相对密度 $\rho_{25℃}$ 等参数随放电时间 t_f 变化的规律。完全充足电的蓄电池以 20 h 放电率恒流放电的特性曲线如图 1-16 所示。

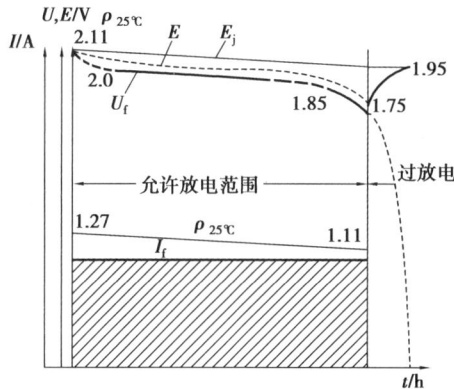

图 1-16 蓄电池恒流放电特性曲线

由于放电过程中电流是恒定的,单位时间内所消耗的硫酸量相同,因此电解液的相对密度呈直线下降。相对密度数值每减小 $0.030 \sim 0.038$ g/cm³,则蓄电池约放电 25%。

放电过程中,蓄电池内阻 R_0 上有压降,蓄电池的端电压总是小于其电动势 E,即

$$U_f = E - I_f R_0$$

式中 U_f——放电时蓄电池的端电压;

E——放电时蓄电池的电动势;

I_f——放电电流;

R_0——蓄电池的内电阻。

随着放电程度的增加,电解液相对密度将不断下降,电动势 E 也下降,同时内电阻 R_0 增加,端电压 U_f 将逐渐下降。放电时由于孔隙内的电解液密度小于外部电解液密度,因此放电的电动势 E 总是小于静止电动势 E_0。

在开始放电阶段,其端电压从 2.1 V 迅速下降,这是极板孔隙中的硫酸迅速消耗,电解液

19

密度迅速下降,浓差极化增大的缘故。这时容器中的电解液向极板孔隙内渗透,当渗入的新电解液完全补偿了因放电时化学反应而消耗的硫酸量时,端电压将随着整个容器内电解液相对密度的降低而缓慢地下降到1.85 V。接着电压又迅速下降至1.75 V,此时应停止放电,并称此电压为单格电池的终止电压。放电接近终了时,电化学极化、浓差极化、欧姆极化显著增大,端电压迅速下降,如继续放电,电压将急剧下降。这时放电接近终了,化学反应深入极板的内层,并且放电时生成的硫酸铅较原来活性物质的体积为大(是海绵状铅的2.68倍,是二氧化铅的1.86倍),硫酸铅积聚在极板孔隙内,使孔隙变小,电解液渗透困难,极板孔隙内消耗掉的硫酸难以得到补充,造成孔隙内的电解液相对密度迅速下降,端电压也随之急剧下降。

当端电压降至一定值时(20 h放电率单格电压降至1.75 V),如果继续放电即为过度放电。过度放电对蓄电池是有害的,极板空隙中生成的粗结晶硫酸铅充电时不易还原,致使极板硫化,容量下降。

停止放电后,极板孔隙中的电解液和容器中的电解液相互渗透,电解液密度趋于一致,蓄电池的单格电压将有所回升。

蓄电池放电终了的特征如下:

①电解液相对密度下降到最小许可值(约为1.11 g/cm³)。

②单格电池的端电压降至放电终止电压,以20 h放电率放电,单格电压降至1.75 V。

单格电池允许的放电终止电压与放电电流强度有关,放电电流越大,则放完电的时间越短,而允许的放电终止电压越低。

(4)充电特性

蓄电池充电特性是指在恒流充电过程中,蓄电池的充电电压 U_c、电动势 E 和电解液相对密度 $\rho_{25℃}$ 等参数随时间 t_c 而变化的规律。蓄电池以20 h充电率恒流充电的特性曲线如图1-17所示。

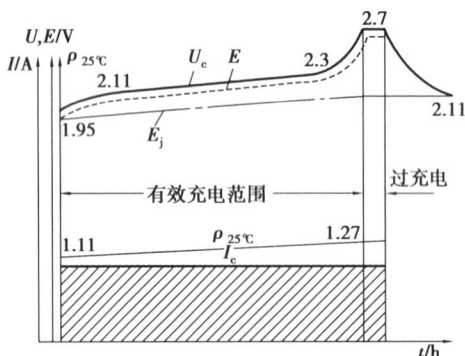

图1-17 蓄电池恒流充电特性曲线

充电时,充电电源电压必须克服蓄电池电动势 E 和蓄电池内电阻产生的电压降 I_cR_0,充电过程中蓄电池的端电压总是大于蓄电池的电动势 E,即

$$U_c = E + I_cR_0$$

由于采用恒流充电,单位时间内所生成的硫酸量相等,因此电解液相对密度随着时间呈直线上升,静止电动势 E_0 也由于相对密度的不断上升而增加。

　　在充电开始后,蓄电池的端电压 U_c 便迅速上升,这是因为充电时活性物质和电解液的作用首先是在极板的孔隙中进行的,孔隙内迅速生成硫酸,生成的硫酸使孔隙内的电解液相对密度迅速增大,浓差极化增大,端电压迅速上升。以后随着生成的硫酸量增多,硫酸将开始不断地向孔隙外扩散,当继续充电到硫酸生成的速度与扩散速度达到平衡时,端电压随整个容器内电解液密度的变化而缓慢上升。

　　当充电接近终了时,单格蓄电池端电压将达到 $2.3 \sim 2.4$ V,这时极板上的活性物质已基本转变为二氧化铅(PbO_2)和海绵状铅(Pb),如果继续充电,电解液中的水将开始分解而产生氢气和氧气,并以气泡形式剧烈放出,形成所谓的“沸腾”状态。氢离子在极板上与电子的结合瞬间完成是缓慢进行的,于是靠近负极板处会积存较多的正离子 H^+,使极板相对电解液产生附加电位差(也称氢过电位,约为 0.33 V),导致单格电池的充电电压急剧升至 2.7 V 左右。

　　从理论上讲,当单格电池电压升至 2.7 V 时,应切断电路停止充电,否则,将造成蓄电池的过充电。过充电时,会剧烈地放出气泡,在极板空隙内部造成压力,加速活性物质的脱落,使极板过早损坏。应尽量避免长时间的过充电。但在实际充电中,为了保证将蓄电池充足,往往在达到最高电压后仍继续充电 $2 \sim 3$ h,以保证蓄电池完全充电。

　　在整个充电过程中,极板孔隙内的电解液相对密度比容器中的电解液相对密度稍大一些。蓄电池的电动势 E 总是高于静止电动势 E_0。充电停止后,充电电流为0,端电压 U_c 迅速下降,极板孔隙内电解液和容器中的电解液密度趋向一致,单格蓄电池的端电压又降至 2.1 V 左右。

　　蓄电池充电终了的特征如下:
　　①端电压和电解液相对密度均上升至最大值,且 $2 \sim 3$ h 内一再增加。
　　②蓄电池电解液中剧烈冒气泡,呈沸腾现象。

工作页 D:蓄电池工作特性

　　1.蓄电池静止电动势的大小取决于什么?

　　2.蓄电池内电阻由哪几部分组成?

　　3.蓄电池的放电特性是指在恒流放电过程中,蓄电池的(　　　　　)和(　　　　　)等参数随放电时间 t_f 变化的规律。
　　4.请描述蓄电池的放电特性。

　　5.蓄电池充电终了的特征有哪些?

1.2.3 制订工作计划

教师活动：

教师提供实验车型的维修手册,指导学生完成工作计划。

学生活动：

学生首先个体工作,制作工作计划,再进行小组合作制订"蓄电池故障诊断"工作计划表（表 1-3），把每一步的细节和注意事项写出来,并进行小组间分享与完善。

表 1-3　"蓄电池故障诊断"工作计划表

序号	工作步骤内容	设备工具	安全环保	标准规范	检测值	检测结论
预估时间				成本预算		

❀ 典型工作环节三　诊断蓄电池故障

1.3.1 蓄电池的使用

教学方法推荐:工作站学习法

教师活动：

教师提供实验车型的维修手册、学习资料和实训工作站,学生按组完成实际操作,教师对各工作站进行巡视和指导。

学生活动：

学生根据教师要求,在 A、B、C、D 四个工作站轮换工作,查阅学习资料,完成各工作站的工作页和实操内容。

(1)蓄电池更换

车型不同,更换蓄电池的步骤会有所不同。任何车型更换蓄电池都应遵守一些重要的基本规则。

1)拆卸

首先检查是否安装了带编码的收音机。如果安装了,必须索要防盗编码。为防止车载电网失去电压,应通过运行支持模式,如通过点烟器保持车载电压。正极线缆不得接地。关闭点火开关。打开隔热罩(如果有)。拧下蓄电池负极接线柱,然后拧下正极接线柱。拆卸时,若发现蓄电池接线柱螺栓锈蚀难以取出,切莫用锤或钳敲打,以避免极桩断裂、极板活性物质脱落。可用热水冲洗后,拧开螺栓,用夹头拉器将夹头取下,如图 1-18 所示。取下电池时应小心轻放,尽量用电池提把,如图 1-19 所示。

图 1-18　蓄电池接线柱螺栓锈蚀时的拆卸方法　　图 1-19　用蓄电池提把搬运蓄电池

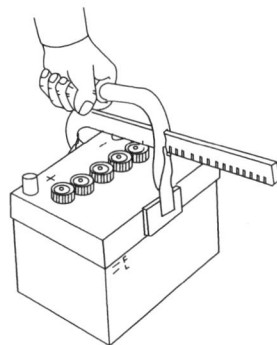

2)蓄电池的选择

蓄电池的选择由汽车发电机和发动机的参数确定。可参考制造商规定进行选择。

3)安装

以正确的力矩拧紧蓄电池正极接线柱的固定螺栓。拧上正极接线柱后才允许将负极接线柱(蓄电池接地带)插到蓄电池的负极上,以防扳手搭铁引起强烈火花。对中央排气孔带软管的蓄电池,要注意不能断开软管。对中央排气孔不带软管的蓄电池,注意不得堵塞蓄电池顶部盖子上的孔。请注意蓄电池在托架上、底部肋条凹槽、正面和背面(如有)是否位置正确。以规定的力矩拧紧蓄电池接线板。按照规范重新安装加装件,如隔热套、电极盖、排气箱或排气软管。连接后,应检查并激活车辆装备,如收音机、时钟、舒适电气设备(如电动车窗升降器等)。读取故障存储器记录,如有必要,实施维修措施。

(2)汽车辅助启动

如果蓄电池剩余电量为零,导致发动机不启动,可以通过外部电源来辅助启动车辆。可以通过蓄电池启动器或使用启动辅助线缆通过另一辆汽车的蓄电池进行辅助启动,如图 1-20 所示。蓄电池启动器为零电量蓄电池或蓄电池电量较少的车辆提供的独立启动辅助,不与车载电网连接。根据外部温度和蓄电池容量,可以进行 15～30 次启动。更换蓄电池时,蓄电池启动器进行支持运行,以防止汽车存储器数据丢失。

注意:切勿在蓄电池冻结的情况下进行辅助启动,否则有爆炸危险!必须更换冻结蓄电池。只可使用横截面积足够大且带绝缘电极钳的启动辅助电缆。车辆之间不允许有接触点,否则在连接正极时就会有电流流过。在启动被供电车辆的发动机前,供电车辆的发动机至少要先运行 1 min。

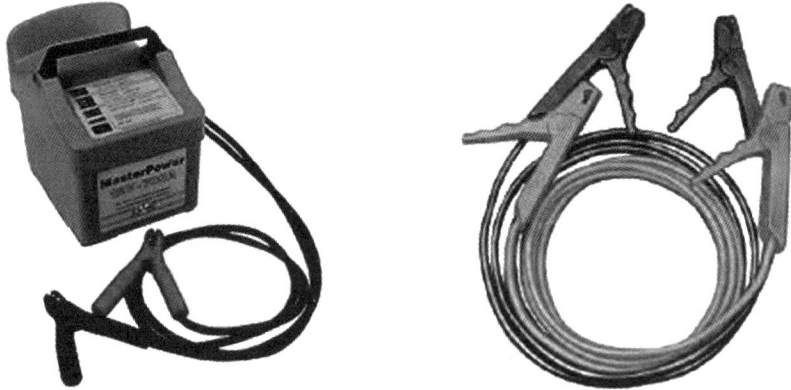

图 1-20　蓄电池启动器及启动辅助电缆

使用启动辅助线缆通过另一辆汽车的蓄电池进行辅助启动的步骤如下:

①只能使用额定电压相同的蓄电池。

②关闭两车的发动机和所有用电设备(危险警告灯除外)。

③将红色跨接电缆连接在已放完电的蓄电池的正极接线柱上,然后将这根电缆的另一端接线夹固定在供电蓄电池上。

④将黑色跨接电缆连接在供电蓄电池的负极接线柱上,将该电缆的另一端接到已放电蓄电池车身的金属部件上,理想的区域是发动机缸体。

⑤确认跨接电缆未处于尾气排放或传动带运转的区域内。

⑥启动供电车辆的发动机,然后启动蓄电池已放电车辆的发动机(最多启动 5s)。

⑦按相反的顺序拆卸这两根跨接电缆。

注意:对蓄电池位于车厢内的车辆,发动机舱内有一个启动辅助连接点。启动辅助只允许使用此连接点。

工作页 A:蓄电池更换与辅助启动

1.选择蓄电池时应考虑哪些因素?

2.请记录蓄电池更换的步骤。

3. 如果车辆蓄电池不能启动发动机,可用哪些辅助启动方法?

4. 蓄电池启动器有哪些作用?

5. 使用启动辅助线缆通过另一辆汽车的蓄电池进行辅助启动,写出正确的顺序。

（1）启动供电车辆的发动机,然后启动蓄电池已放电车辆的发动机(最多启动5s)。

（2）确认跨接电缆未处于尾气排放或传动带运转的区域内。

（3）选择蓄电池额定电压相同、容量不低于受助蓄电池容量的汽车。

（4）将黑色跨接电缆连接在供电蓄电池的负极接线柱上,将该电缆的另一端接到已放电蓄电池车身的金属部件上,理想的区域是发动机缸体。

（5）关闭两车的发动机和所有用电设备(危险警告灯除外)。

（6）将红色跨接电缆连接在已放完电的蓄电池的正极接线柱上,然后将这根电缆的另一端接线夹固定在供电蓄电池上。

（7）按相反的顺序拆卸这两根跨接电缆。

正确的顺序为(　　　　　)。

工作站 B:蓄电池检查

（1）目测

在测量蓄电池静态电压、电解液密度或蓄电池负荷前,先进行目测。

应检查:

①蓄电池外壳。如果外壳损坏,电解液将会流出。流出的蓄电池酸液会使车辆严重受损。与溢出的电解液有接触的车辆部件必须立即用肥皂液处理或更换。

②蓄电池电极和接线端。如果蓄电池电极和极柱受损,将无法保证蓄电池极柱接触良好。如果极柱没有正确插上和拧紧,则可能导致线路起火。

③蓄电池是否固定。如果没有充分固定,可能会由于振荡而损坏,缩短蓄电池的使用寿命,可能会导致蓄电池栅板损坏,可能会引起蓄电池爆炸。接线板可能会导致蓄电池外壳损坏。蓄电池固定不牢固将影响碰撞安全性。必须检查蓄电池接线板底部肋条是否正确卡入卡槽中。如有必要,可使用转接头。必须用规定的拧紧力矩拧紧固定螺栓。

检查并校正电解液液面。蓄电池的电解液液面正确对蓄电池的耐用性非常重要。如果电解液液面过低,蓄电池极板干燥,将导致电容量损失。如果蓄电池极板无电解液浸没,将导致蓄电池内部部件腐蚀。腐蚀可能导致严重的功能故障,甚至导致蓄电池爆炸,必须补充蒸馏水。如果电解液液位过高,则电解液可能流出而导致发动机舱内功能部件损坏,必须抽出多余电解液。只有可维护的湿荷蓄电池才可以进行电解液液位校正。

对带透明外壳而不带电眼的蓄电池,应从外部根据"最低"和"最高"标记检查电解液液面,如图 1-21 所示。如果蓄电池外壳上没有标记或者外壳是黑色,无法看到电解液液位,如有可能,必须拧下密封塞。

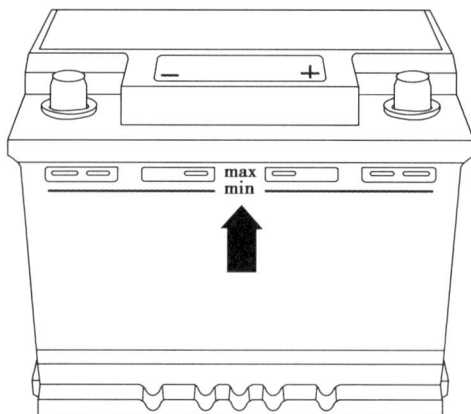

图 1-21　检查电解液液面

对带电眼(图 1-22)的蓄电池,可通过电眼检查电解液液面,如图 1-23 所示,从电眼所显示的颜色可以了解蓄电池的充电状态和电解液液位。仅检测一个单体电池就足以初步判断充电状态。如果颜色显示为无色或浅黄色,则必须更换蓄电池。

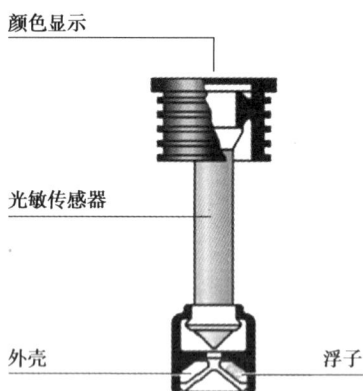

颜色显示

光敏传感器

外壳　　　　浮子

图 1-22　电眼结构

电眼上可以显示3种不同的颜色:

绿色:
良好的充电状态,>65%,蓄电池正常

黑色:
较差的充电状态,<65%,应给蓄电池充电

黄色至无色:
电解液液位过低,应更换蓄电池

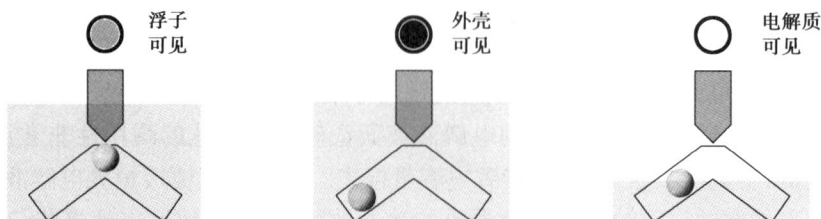

浮子可见

外壳可见

电解质可见

图 1-23　蓄电池电眼颜色

（2）蓄电池电压的测量

1）使用万用表测量

万用表测量蓄电池端电压,只能作为检测的参考因素。通常静置时,测量端电压≥12.6 V,并且电解液密度≥1.22 g/cm^3,才可以基本判定蓄电池具有一定的电量储备。

2）使用高率放电计检测

高率放电计的结构及测量方法如图1-24所示。

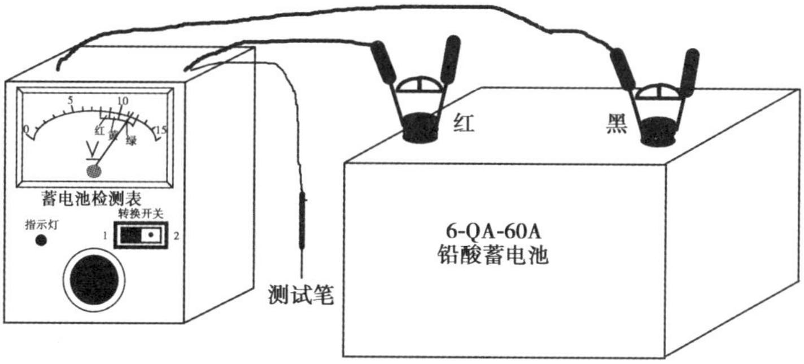

图1-24　高率放电计的结构及测量方法

高率放电计是模拟起动机工作状态,检测蓄电池容量的仪表。检测时,蓄电池对负载电阻放电电流可达50 A以上,能比较准确地判定蓄电池的容量和基本性能,是目前普遍使用的检测仪表。以12 V蓄电池为例,使用方法如下:

①将测试夹分别对应夹在蓄电池的正、负极柱桩上。此时读数显示蓄电池的空载电压值。通常显示在11.8~13 V为正常。

②按下按钮开关,蓄电池开始瞬间大电流放电,在5 s内读出电压表的负载电压指示数值。

若指针稳定在绿色区域,说明蓄电池存电充足,不需要充电;若指针在黄色区域,说明蓄电池存电不足,需要充电;若指针在红色区域,说明蓄电池严重亏电,要立即充电,才能使用;如果空载电压基本符合要求,但负载时指针迅速下降至红色区域以下,说明蓄电池已经损坏。

注意:此项测量不能连续进行,必须间隔1 min后才可以再次检测,以防止蓄电池损坏。

工作页B:蓄电池检查

1.观察给定蓄电池,其电解液液面是否合适?

2.观察给定蓄电池电眼的颜色,并说明其含义。

3. 蓄电池的电压检测

(1)开路电压检测,测试电压值。

数值评估:

(2)高率放电计检测,测试结果。

蓄电池状态评估:

工作站 C:蓄电池充电

(1)充电种类

根据充电目的的不同,蓄电池的充电作业可分为初充电、补充充电、预防硫化间歇过充电、循环锻炼充电、去硫化充电和均衡充电等。

1)初充电

新蓄电池或更换极板后的蓄电池在使用之前的首次充电称为初充电,其目的是恢复蓄电池在存放期间,极板上部分活性物质缓慢硫化和自放电而失去的电量。初充电恰当与否,对蓄电池的使用性能极为重要。初充电的特点是充电电流小、充电时间长,电化学反应充分。初充电必须彻底充足。

2)补充充电

蓄电池在车辆上使用时,常有充电不足的现象,尤其是短途运输车辆,应根据需要进行补充充电,一般每月一次。

3)预防硫化间歇过充电

蓄电池充电终了后,继续充电是有害的,但考虑蓄电池在汽车上经常处于充电不足或部分放电状况,可能产生硫化现象,蓄电池长期处于放电状态或者充电不足状态下,会在极板上逐渐生成一层白色的粗晶粒的硫酸铅,正常充电时,不能转化为 PbO_2 和 Pb,称为硫酸铅硬化,简称硫化。这种粗晶粒的硫酸铅,会堵塞极板孔隙,使电解液渗入困难,容量降低,且硫化层导电性差,内阻显著增大,启动性能和充电性能下降。为预防硫化,蓄电池每隔 3 个月在完成补充充电的基础上,进行一次预防硫化的过充电,即有意识地把充电时间延长,让蓄电池充电更彻底,以消除可能产生的轻微硫化。具体方法是:在正常的补充充电后,停止 1 h,再用第二阶段的电流继续充电,直到电解液大量地冒气泡时,再停止 1 h,再恢复第二阶段的充电。如此循环,直到一接通充电电源,蓄电池在 1 ~ 2 min 内就出现大量气泡为止。

(2)充电方法

蓄电池充电必须根据不同情况选择适当的方法,并正确地使用充电设备,才能提高工作效率,延长蓄电池和充电设备的使用期限。蓄电池的充电方法可以分为定流充电、定压充电和快速充电(脉冲充电)3种,应该根据具体情况正确选择充电方法。定流充电有较大的适应性,可以任意选择和调整充电电流,可以对各种不同情况的蓄电池充电,如新蓄电池的初充电、补充充电,以及去硫化充电均可采用这种方法。定流充电的不足之处是充电时间长。定压充电的充电时间短,无须照看且经济性高,较适合于蓄电池的补充充电,被汽车维修厂家广泛采用。但是定压充电不能调整充电电流的大小,适应性较小,而且不能将蓄电池完全充足,只适合于蓄电池补充充电,不能用于蓄电池的初充电,也不能用于消除硫化。

(3)蓄电池作业的防护装备

如果要操作电解液,一定要使用防护装备,如图1-25所示。装备有耐酸风镜、耐酸围裙、耐酸橡胶手套等。

蓄电池作业时可能产生危险。培训生或实习生等应被保护的人员只有在专业人员(如汽车机械师/机械师傅或者汽车电气工程师/电气师傅)的监督下才可对汽车蓄电池进行作业。酸有很强的腐蚀性,如果不规范处理蓄电池,有害的电解液可能会造成人员伤害。必须准备好能够对付酸液侵蚀的合适的中和剂,如肥皂液就是一种合适的中和剂。如果蓄电池电解液溢出,会造成皮肤损伤、酸性腐蚀和汽车腐蚀,有时候可能会损害车辆安全部件。充电时以及有时充电后在静置状态下再次放出气体,产生的爆鸣气具有爆炸性。极端情况下,蓄电池操作不当而溢出的气体会导致蓄电池爆炸。在蓄电池附近严禁研磨、焊接、切割工作而产生的电火花或吸烟等引起的明火。同样还要避免静电产生的电火花。例如,在接触蓄电池前应手接触车身以释放静电。只可在通风良好和合适的空间进行蓄电池作业。

图1-25　蓄电池作业防护装备

工作页C:蓄电池充电

1.写出如图1-26所示中蓄电池作业时防护装备的名称。

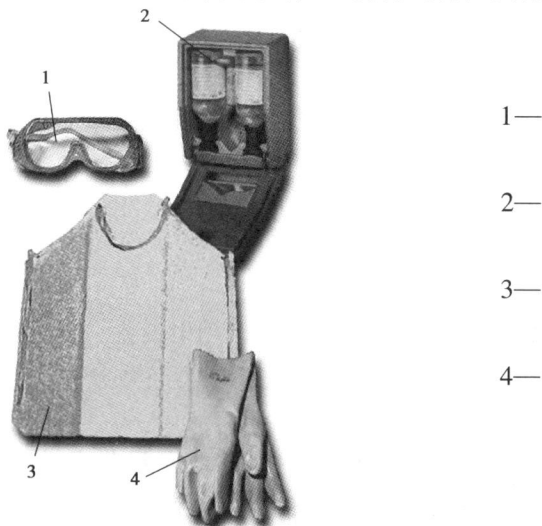

图1-26　蓄电池作业时防护装备

1—

2—

3—

4—

2. 汽车在正常使用中的充电是由(　　　　　　)进行充电的,属于(　　　　　　)充电方法。

3. 写出用充电机给蓄电池充电的基本步骤。

4. 蓄电池极板硫化是如何产生的? 有何危害?

5. 蓄电池作业应注意哪些问题?

工作站 D:蓄电池静态电流检测

(1)汽车静态电流

汽车静态电流是指在汽车上所有开关都处在断开状态下蓄电池的供出电流,即汽车中所有的子模块中,直接连接在"常火"线上且常闭负载引起的对蓄电池不断电的电流需求。汽车在停止时,拔出钥匙后,仍然存在着一定的电流,这就是常说的静态电流。

静态电流又称为暗电流,由于这些暗电流的存在,以及电瓶的自然放电,车辆长期停放则电瓶容量不足,从而导致汽车无法启动。那么,为什么要有暗电流的存在呢? 其一,一些电气设备为了保持数据的记忆功能,必须长期供电。这些电器主要指电脑控制单元,如音响(记忆上次听过的频段,CD 的曲目)及空调(记忆风向风速的设定)。其二,一些防盗用传感器需要长期供电,以保证全天候的监视功能。

一般的汽车静态电流不超过 20 mA,越高级的车,电气设备越多,静态电流也越大。随着汽车电气设备的增加,以及蓄电池容量的增大,似乎今后汽车的静态电流将会越来越大,如何防止静态电流引起的蓄电池过度放电就显得尤其重要了。

(2)静态电流检测

静态电流检测前必须保证车辆处于以下状态:①关闭整车用电设备。②利用工具闭锁发动机舱盖板开关。③锁止车辆并确保车辆进入防盗锁止状态,并等待数分钟。

1)万用表检测静态电流

万用表表笔接电流测量挡位,选择 15 A 电流挡。使用一个夹子接在万用表表笔上,夹在蓄电池负极线上,另一个表笔接触在蓄电池负极柱上,按照这种状态保持好。缓慢抬高蓄电池负极线,使负极线悬空脱离蓄电池负极柱,如图 1-27 所示。观察万用表读数,并记录数据。

检测过程中表笔不能与各自连接断开,如果断开,必须重新从初始状态开始,否则瞬间大电流可能损坏万用表。

2）电流钳检测静态电流

电流钳归零,选择 mA 电流挡位,使用电流钳夹住蓄电池负极线,观察数值并记录。使用电流钳检测静态电流方法如图 1-28 所示。

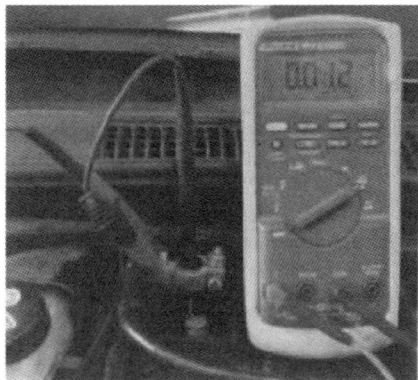

图 1-27　用万用表检测静态电流

图 1-28　用电流钳检测静态电流

如所测静态电流过大,则需要定位具体的故障系统或故障元件。首先查询车辆发动机舱保险丝的供电分配表,依次拔插保险丝,观察万用表读数变化,若读数有明显减小的变化,则故障元件处于相应供电的系统中,结合相关电路图,再次拔插疑似故障系统中电脑及元器件,就可锁定故障点。

工作页 D:蓄电池静态电流检测

1.什么叫静态电流?

2.汽车为何存在静态电流?

3.汽车静态电流检测应满足什么条件?

4.检测某汽车的各系统静态电流,并填写在表 1-4 中。

表 1-4 汽车各控制单元静态电流检测表

序号	测试部件名称	实测的静态电流/mA	是否满足要求
1	整车		
2			
3			
4			
5			
6			
7			
8			

1.3.2 任务计划实施

教师活动：

教师讲解及示范车辆蓄电池电路故障检测方法,观察指导学生作业。

学生活动：

学生根据教师的讲解和示范动作,分组完成车辆蓄电池故障检测与诊断过程,找出故障点,并撰写工作报告(表 1-5)。

表 1-5 车辆蓄电池故障诊断实施过程记录

设备准备	
故障现象	
故障分析	故障电路： 故障可能原因：
检测过程	
故障点	

续表

修复后 检验	
工位复位	

✳ 典型工作环节四　验收交付

教学方法推荐:角色扮演法

教师活动:

教师提前安排学生两人一组,观察角色扮演学生的表演过程,同时观察其他学生的表现及倾听的认真程度。

学生活动:

学生分组,两人一组。其中,事先安排好的两个学生为一组,一个扮演客户,另一个扮演服务顾问,交车给客户,并提炼交车要点。

请记录服务顾问交车时的要点:

_____

_____

_____

_____

_____

学习情境二

检修交流发电机故障

学习情境描述

一辆大众迈腾轿车,行驶总里程6万km,客户发现发动机启动后,充电指示灯常亮,现要求你实施汽车维修企业作业流程,对客户车辆进行充电系统检查,找出故障原因并进行维修,作业过程中需遵守汽车维修作业规范。

学习目标

1.根据维修手册完成交流发电机的拆装作业,识别出各元件名称及作用。

2.讲解交流发电机的工作原理,包含发电的原理、整流的原理、励磁的原理、电压调节原理等。

3.识读交流发电机的电路。

4.根据工作业要求进行交流发电机检测与诊断。

5.根据作业流程实施汽车维修作业。

6.进行自我阅读及提炼。

7.通过小组合作完成任务。

典型工作环节一　接受任务

教学方法推荐:两人角色扮演

学生活动:

学生分组,两人一组。其中,事先安排好的两个学生为一组,一个扮演客户,另一个扮演SA维修接待,在实车上把客户任务真实再现。学生理解并记录需向客户了解的信息。学生接车后填写客户任务工单(表2-1)。

教师活动:

教师观察角色扮演学生的表演过程,同时观察其他学生的表现及倾听的认真程度。

表 2-1　客户任务工单

车主姓名		日期	
车型		车牌号	
发动机号		底盘号	
联系电话			
通信地址			
车主描述及要求:			
检查维修建议:			
车辆预检记录:			
预估取车时间:		预估维修费用:	
车主确认签字:			

✿ 典型工作环节二　制订方案

2.2.1　故障原因分析

教学方法推荐:小组学习法

教师活动:

教师简单说明汽车充电电路,指导学生分组讨论充电指示灯常亮的故障原因。

学生活动：

学生倾听教师的讲解,个人独立分析充电指示灯常亮的原因,形成个人的结论,通过小组讨论,形成小组结论,进行小组分享。学习过程中完成以下引导性问题。

1. 说明如图 2-1 所示中充电指示灯的含义。

(1)充电指示灯亮起表明有故障吗?

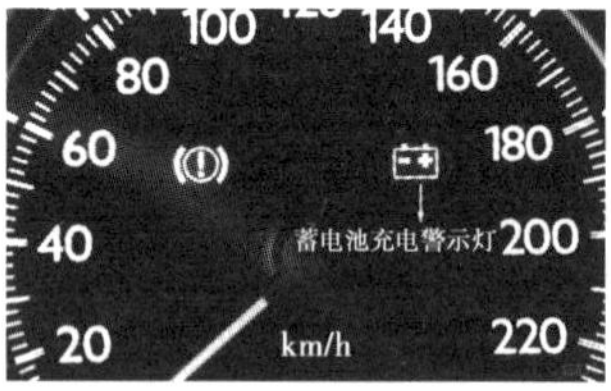

图 2-1　充电指示灯

(2)充电指示灯亮起表明什么含义?

(3)充电指示灯熄灭表明什么含义?

2. 你认为充电指示灯常亮的故障原因有哪些?

2.2.2　关联知识学习

2.2.2.1　交流发电机的构造与原理

教学方法推荐:小组拼图法

教师活动：

按照小组拼图法,教师把学生分成 4 个原始小组,并形成专家小组,提供与之有关的阅读资料 A、B、C、D,分别进行个体学习、小组学习,形成小组学习成果。学生完成学习后进行点评和总结。

学生活动：

学生原始小组个人独立学习对应资料,并完成工作页。然后在专家小组讨论,形成小组学习成果,制作海报。再在原始小组进行交流学习,完成其他阅读资料的学习,并完成工作页。

阅读资料 A:交流发电机的构造

(1)交流发电机的作用

发电机是汽车的主要电源,其功用是在发动机正常运转时,向所有用电设备(起动机除外)供电,同时给蓄电池充电。

　　汽车用发电机可分为直流发电机和交流发电机,交流发电机的性能在许多方面优于直流发电机,直流发电机已被淘汰。目前汽车采用三相交流发电机,内部带有二极管整流电路,将交流电整流为直流电,汽车交流发电机输出的是直流电。

　　交流发电机必须配装电压调节器,电压调节器对发电机的输出电压进行控制,使其保持基本恒定,以满足汽车用电器的需求。

(2)交流发电机的类型

　　1)按总体结构分

　　①普通交流发电机,这种发电机既无特殊装置,也无特殊功能特点,使用时需要配装电压调节器。

　　②整体式交流发电机,发电机和调节器制成一个整体的发电机。

　　③带泵的交流发电机,发电机和汽车制动系统用真空助力泵安装在一起的发电机。

　　④无刷交流发电机,不需要电刷的发电机。

　　⑤永磁交流发电机,转子磁极为永磁铁制成的发电机。

　　2)按整流器结构分

　　①6管交流发电机。

　　②8管交流发电机。

　　③9管交流发电机。

　　④11管交流发电机。

(3)交流发电机的构造

　　普通交流发电机一般由转子、定子、整流器、前后端盖、风扇、带轮等组成。如图 2-2 所示为 JF132 型 6 管普通交流发电机解体图。

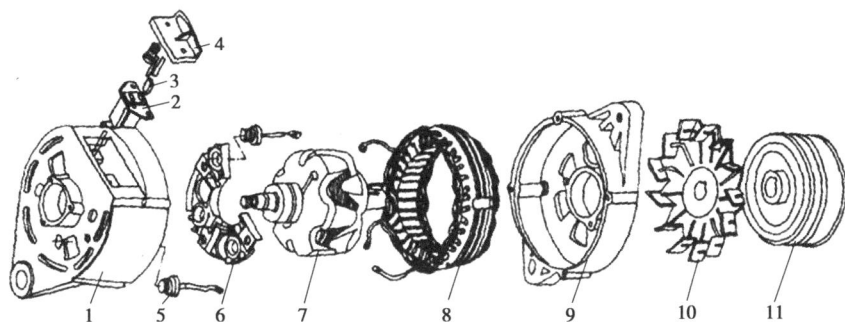

图 2-2　JF132 型交流发电机解体图

1—后端盖;2—电刷架;3—电刷;4—电刷弹簧压盖;5—硅二极管;
6—元件板;7—转子;8—定子;9—前端盖;10—风扇;11—带轮

　　1)转子

　　转子的功用是产生磁场。转子由爪极、磁轭、励磁绕组、滑环、转子轴等组成,如图2-3、图2-4所示。

图2-3 转子工作示意图

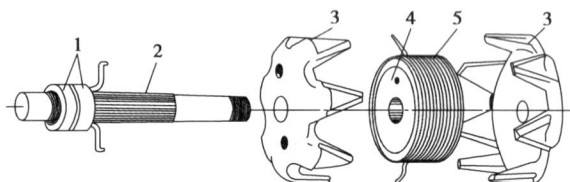

图2-4 交流发电机转子分解图

1—滑环;2—转子轴;3—爪极;4—磁轭;5—励磁绕组

转子轴上压装着两块爪极,爪极被加工成鸟嘴形状,爪极空腔内装有励磁绕组和磁轭。滑环由两个彼此绝缘的铜环组成,压装在转子轴上并与轴绝缘,两个滑环分别与励磁绕组的两端相连。

当给两滑环通入直流电时,励磁绕组中就有电流通过,并产生轴向磁通,使爪极一块被磁化为N极,另一块被磁化为S极,从而形成6对(或8对)相互交错的磁极,如图2-3所示。转子转动时,就形成了旋转的磁场。

2)定子

定子又称电枢,是用来产生交流电动势的,由铁芯和三相绕组组成。定子铁芯由相互绝缘的内圆带槽的环状硅钢片叠成,定子槽内置有三相对称绕组,三相绕组的联结方法可分为星形(Y)联结和三角形(△)联结,目前大多数车用交流发电机采用星形(Y)联结,如桑塔纳、奥迪等轿车的交流发电机的定子绕组均采用星形(Y)联结,而神龙富康轿车、北京切诺基轿车发电机定子绕组的联结方法采用三角形(△)联结。定子及定子绕组的联结方式如图2-5所示。

在三相对称绕组中所产生的电动势是对称电动势,即电动势的大小相等、电位差互差120°(电角度)。为保证三相绕组中所产生的电动势是对称电动势,三相绕组在定子槽中的绕法必须满足以下条件:

①每相绕组线圈的个数、每个线圈的匝数、每个线圈的大小都必须相等,这样可保证每相绕组所产生的电动势大小相等。

②三相绕组的首端U、V、W在定子槽内的排列必须间隔120°。

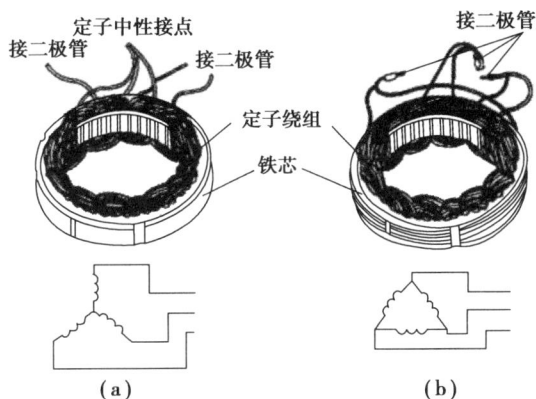

图 2-5　交流发电机定子总成及连接方式

（a）定子绕组星形连接；（b）定子绕组三角形连接

3）整流器

整流器的功用是将定子绕组的三相交流电变为直流电。

整流器由整流板和整流二极管组成，6 管交流发电机的整流器是由 6 只硅整流二极管分别压装（或焊装）在相互绝缘的两块板上组成的，其中一块为正极板（带有输出端螺栓），另一块为负极板，负极板和发电机外壳直接相连（搭铁），也可以将发电机的后盖直接作为负极板。

6 只整流二极管分为正极管和负极管两种。引出电极为正极的称为正极管，3 只正极管装在同一块板上，称为正极板；引出电极为负极的称为负极管，3 只负极管安装在负极板上，也可直接安装在后盖上。如图 2-6 所示。

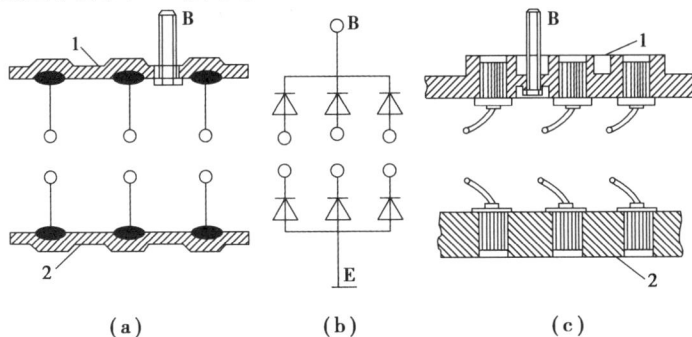

图 2-6　交流发电机整流二极管安装示意图

（a）焊接式；（b）电路图；（c）压装式

1—正极板；2—负极板

汽车用硅整流二极管是专用的，其特点如下：

①允许的工作电流大，如 ZQ50 型二极管的正向平均电流为 50 A，浪涌电流为 600 A。

②承受反向电压的能力高，可承受的反向重复峰值电压在 270 V 左右，反向不重复峰值电压在 300 V 左右。

③只有一根引线（引出电极）。

④根据引出电极的不同分为正二极管和负二极管。

整流器总成的形状各异，有马蹄形、半圆形和圆形等，如图 2-7 所示。整流器和定子绕组的连接如图 2-8 所示。

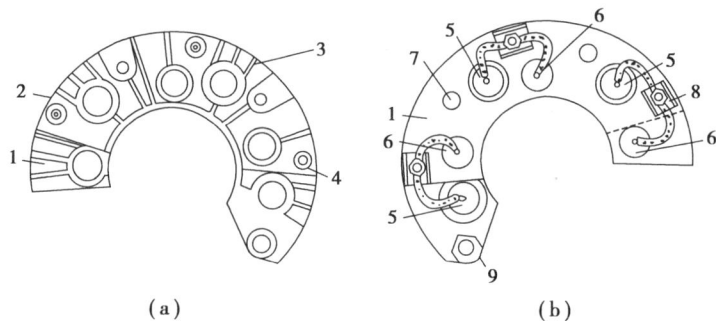

（a）　　　　　　　　　　　（b）

图 2-7　JF132 发电机整流器总成

1—负极板;2—正极板;3—散热片;4—螺栓孔;5—正极管;
6—负极管;7—安装孔;8—绝缘垫;9—正极螺栓孔

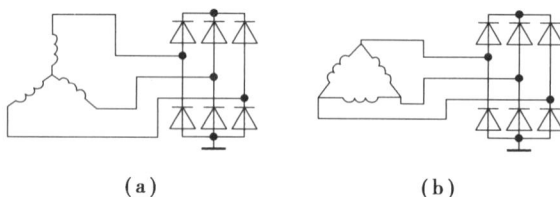

（a）　　　　　　　　　　　（b）

图 2-8　交流发电机整流器和定子的连接电路图

（a）星形连接;（b）三角形连接

4）端盖及电刷组件

端盖一般分为两个部分（前端盖和后端盖），起支撑转子、定子、整流器和电刷组件的作用。端盖一般用铝合金铸造，可有效防止漏磁，且散热性能好。后端盖上装有电刷组件。

电刷组件由电刷、电刷架和电刷弹簧组成。国产交流发电机的电刷架有两种形式:一种电刷架可以从发电机的外部拆装，如图 2-9（a）所示;另一种只能在拆下端盖后才能拆装炭刷，即内部拆装式，如图 2-9（b）所示。目前多采用外部拆装式。

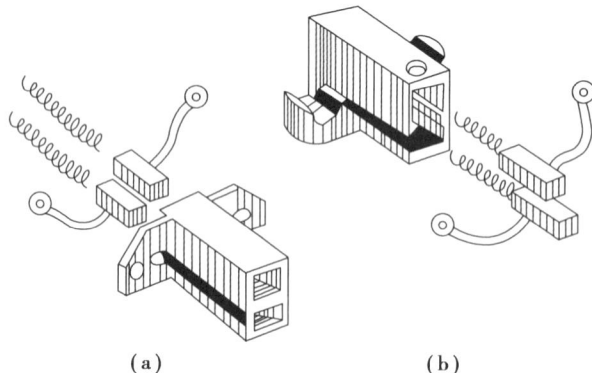

（a）　　　　　　　　　　　（b）

图 2-9　电刷架结构

（a）外部拆装式;（b）内部拆装式

电刷的作用是将电源通过滑环引入励磁绕组。两个电刷分别装在电刷架的孔内,借助弹簧压力与滑环保持接触。

电刷和滑环的接触应良好,否则磁场电流过小导致发电机发电不足。

励磁绕组通过两只电刷（F 和 E）和外电路相连,根据电刷和外电路的连接形式不同,发电机分为内搭铁型和外搭铁型两种,如图 2-10 所示。

①内搭铁型交流发电机:励磁绕组的一端经负电刷(E)引出后和后端盖直接相连(直接搭铁)的发电机称为内搭铁型交流发电机,如图 2-10(a)所示。

②外搭铁型交流发电机:励磁绕组的两端(F 和 E)均不与后端盖直接相连的发电机称为外搭铁型交流发电机,如图 2-10(b)所示。

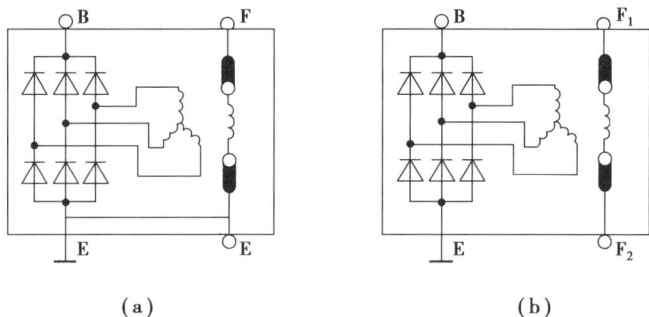

图 2-10　交流发电机的搭铁型式

(a)内搭铁型交流发电机;(b)外搭铁型交流发电机

5)带轮及风扇

交流发电机的前端装有带轮和风扇,由发动机通过传动带驱动发电机的转子轴和风扇一起旋转。

发电机工作时,定子绕组和励磁绕组中都会有热量产生,温度过高会烧坏导线的绝缘导致发电机不能正常工作,为发电机散热是必须的。为了提高散热能力,有的发电机装有两个风扇(前后各一个),如丰田轿车的发电机。

工作页 A:交流发电机的构造

1.请描述交流发电机的功能。

2.请写出如图 2-11 所示中标出部件的名称。

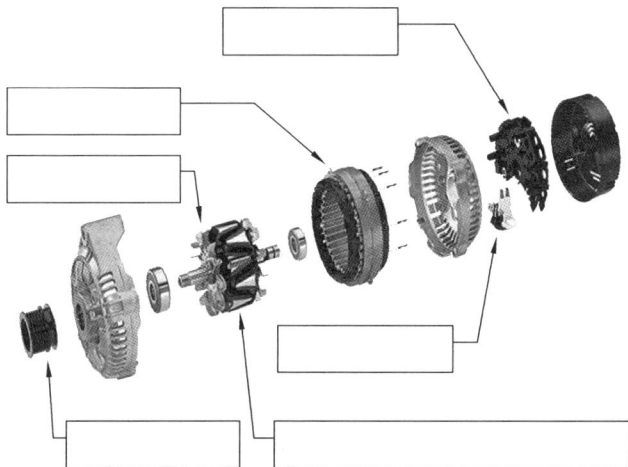

图 2-11　交流发电机组成

3. 请在表 2-2 中说明部件的作用,并在图 2-12 上标出部件的名称序号。

表 2-2　交流发电机部件的作用

序号	部件名称	作用
1	励磁绕组	
2	爪极转子	
3	定子绕组	
4	二极管整流板	
5	电压调节器	
6	集电环	
7	风扇	

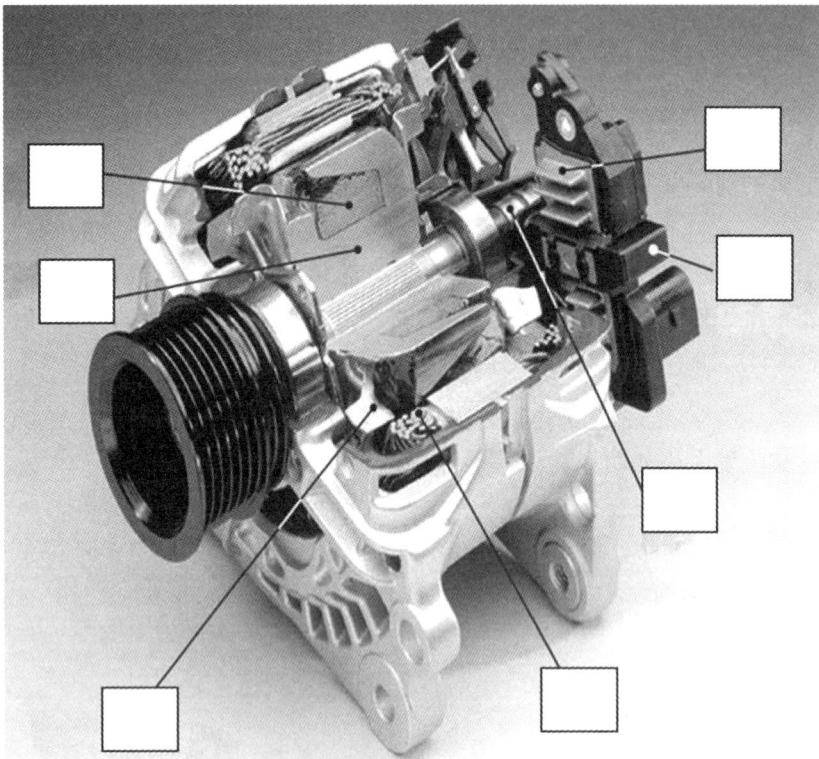

图 2-12　交流发电机的构造

阅读资料 B:交流发电机原理

(1)交流发电机发电原理

交流发电机工作原理如图 2-13 所示,发电机定子的三相绕组按一定规律分布在发电机的定子槽中,内部有一个转子,转子上安装着爪极和励磁绕组。

当外电路通过电刷使励磁绕组通电时,便产生磁场,使爪极被磁化为 N 极和 S 极。当转子旋转时,磁通交替地在定子绕组中变化,根据电磁感应原理可知,定子的三相绕组中产生交变的感应电动势。这就是交流发电机的发电原理。

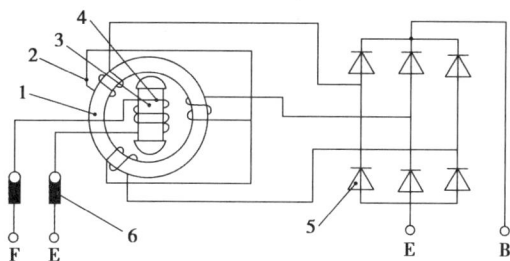

图 2-13　交流发电机发电原理示意图

1—定子铁芯;2—定子绕组;3—转子;4—励磁绕组;5—整流二极管;6—电刷

1)交流电动势的变化频率 f 与转速、磁极对数成正比

$$f=\frac{pn}{60}(\text{Hz})$$

式中　P——磁极对数;

n——发电机转速,r/min。

在交流发电机中,由于转子磁极呈鸟嘴形,其磁场的分布近似正弦规律,所以交流电动势的波形也近似正弦规律。如果发电机定子的三相绕组是对称绕制的,则产生的三相电动势也是对称的。

2)三相交流发电机的感应电动势瞬时值表达式

$$e_{\text{U}} = E_{\text{m}}\sin \omega t = \sqrt{2}\,E_{\phi}\sin \omega t$$

$$e_{\text{V}} = E_{\text{m}}\sin\left(\omega t - \frac{2}{3}\pi\right) = \sqrt{2}\,E_{\phi}\sin\left(\omega t - \frac{2}{3}\pi\right)$$

$$e_{\text{W}} = E_{\text{m}}\sin\left(\omega t - \frac{4}{3}\pi\right) = \sqrt{2}\,E_{\phi}\sin\left(\omega t - \frac{4}{3}\pi\right)$$

式中　E_{m}——每相电动势的最大值;

E_{ϕ}——每相电动势的有效值;

ω——电角速度。

3)定子每相电动势的有效值的表示

$$E_{\phi} = 4.44KfN\Phi = C_{\text{e}}\Phi n$$

式中　K——绕组系数(和发电机定子绕组的绕线方式有关);

N——每相绕组的匝数,匝;

f——频率,Hz,$f=pn/60$;

Φ——每极磁通,Wb;

C_{e}——电机结构常数,$C_{\text{e}}=4.44KNp/60$;

E_{ϕ}——相电动势。

由此可知,当交流发电机结构一定时(结构常数 C_{e} 不变),相电动势 E_{ϕ} 与发电机转速、磁通成正比。

(2)交流发电机整流原理

交流发电机定子的三相绕组中,感应产生的是交流电,是通过 6 只二极管组成的三相桥式整流电路整流为直流电的,整流电路如图 2-14(a)所示。3 个正二极管 VD_1、VD_3、VD_5 组成共阴极接法,3 个负二极管 VD_2、VD_4、VD_6 组成共阳极接法。

二极管具有单向导通性,当给二极管加上正向电压时二极管导通,当给二极管加上反向电压时二极管截止。将定子的三相绕组和 6 只整流二极管按图 2-14(a)的电路连接,发电机的输出端 B、E 上就输出一个脉动直流电压,如图 2-14(c)所示,这就是发电机的整流原理。

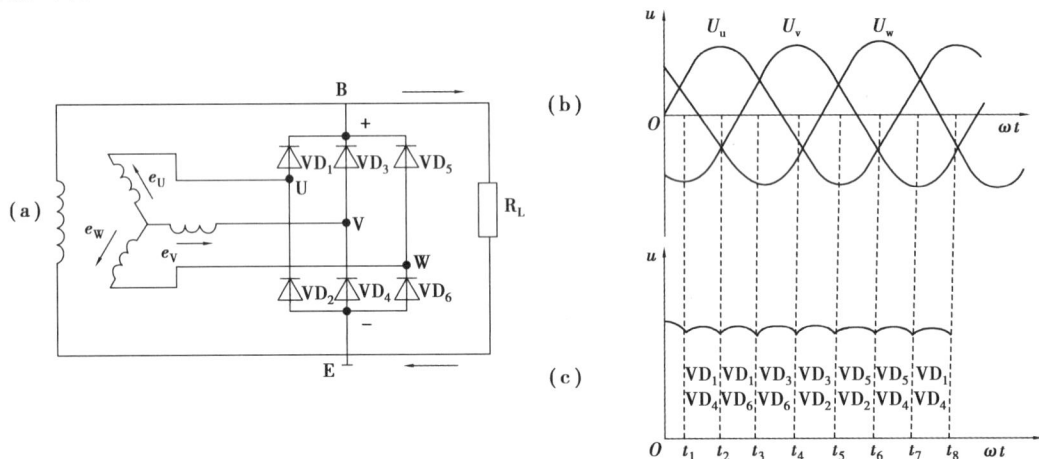

图 2-14 交流发电机整流原理

(a)整流电路图;(b)三相绕组电压波形图;(c)整流后发电机输出波形图

1)整流原理

①二极管的导通原则

当 3 只正二极管负极端连接在一起时,正极端电位最高者导通。如图 2-15 所示,正二极管中具有+8 V 电位的二极管导通,负二极管中具有−9 V 电位的二极管导通。

当 3 只负二极管正极端连接在一起时,负极端电位最低者导通。

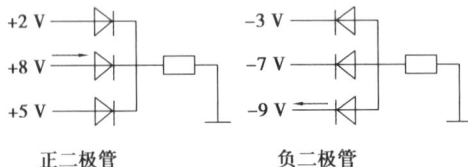

图 2-15 整流二极管导通分析

②整流过程分析

同时导通的二极管管子总是两个,正、负管子各一个。

三相桥式整流电路中的二极管依次循环导通,使得负载 R_L 两端得到一个比较平稳的脉动直流电压,如图 2-14(c)所示。

如在 $t_1 \sim t_2$ 时间内,U 相的电位最高,而 V 相的电位最低,对应 VD_1、VD_4 处于正向导通状态,电流从 U 相出发,经 VD_1、负载 R_L、VD_4 回到 V 相构成回路。此时,发电机的输出电压为 U、V 相之间的线电压。

在发电机空载运行时,如将三相绕组和二极管内阻的电压降忽略不计,发电机的直流电动势数值为三相交流电线电压的 1.35 倍,是三相交流电相电压的 2.34 倍,即

$$U = 1.3U_L = 2.34U_\Phi$$

式中　U——直流输出电压,V;

　　　U_L——线电压,V;

　　　U_Φ——相电压,V。

2) 中性点电压

在定子绕组为星形连接时,三相绕组的公共结点称为中性点。从三相绕组的中性点引一根导线到发电机外,标记为"N"。"N"点电压称为中性点电压。

中性点电压的瞬时值是一个三次谐波电压,平均值为发电机输出电压(平均值)的一半,即

$$U_N = \frac{U_{BE}}{2}$$

带有中性点接线柱的发电机,可用中性点电压来控制各种用途的继电器工作。

利用中性点电压可提高发电机功率。有的发电机(如夏利发电机)的整流器有 8 只整流管,其中两只整流管接在中性点处(1 只正极管和 1 只负极管),如图 2-16 所示。把中性点电压和三相绕组并联输出,实践证明这样可提高发电机功率 10% ~ 15%。

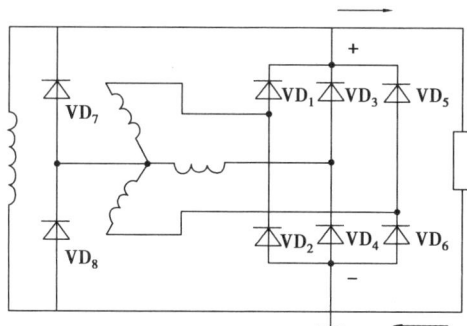

图 2-16　具有中性点二极管的整流电路

中性点电压的瞬时值是一个三次谐波,其波峰在有些时候可能大于三相绕组的最高值,此时,中性点正极管 VD$_7$ 导通,其他 3 个正极管截止,由 VD$_7$ 供给外电路高电压;同理,波谷也能小于三相绕组的最低值,此时,中性点负极管 VD$_8$ 导通,参与对外输出,这样就提高了发电机的对外输出能力,提高了发电机的输出功率。

3) 9 管交流发电机

① 9 管交流发电机结构的特点

9 管交流发电机的基本结构和 6 管交流发电机相同,所不同的是整流器,9 管交流发电机的整流器是由 6 只大功率硅整流二极管和 3 只小功率励磁二极管组成。

如图 2-17 所示为日立公司生产的 LR160-708 型整体式外搭铁型 9 管交流发电机电路图。

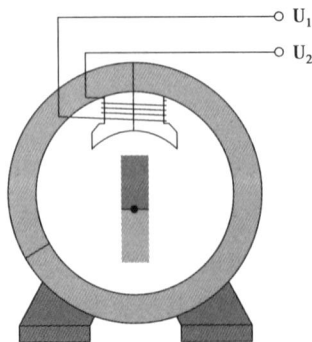

图 2-17　LR160-708 型 9 管交流发电机电路图

1—点火开关;2—主继电器;3—熔丝;4—充电指示灯

②充电指示灯电路

LR160-708 型 9 管交流发电机的励磁电路有一个功能,就是控制充电指示灯电路,在图 2-17 所示电路中有一充电指示灯,其作用如下:

a. 指示发电机是否有故障。

b. 警告驾驶员停车后关断点火开关。

③充电指示灯的工作原理

a. 当点火开关接通时,发电机未发电,由蓄电池供给磁场电流。此时充电指示灯亮,表示蓄电池放电,发电机他励。

b. 当发动机启动后,转速升高到怠速及其以上时,发电机应能正常发电并对外输出,此时,磁场电流由发电机供给,发电机自励发电。若没有熄灭,说明发电机不发电或充电指示灯电路有故障。

c. 发电机熄火后,发电机不再发电,如果没有关断点火开关,蓄电池会通过磁场电路向励磁绕组放电,充电指示灯会再次发亮,可提醒驾驶员关断点火开关,避免蓄电池放电时间过长烧坏励磁绕组和引起蓄电池亏电。

工作页 B:交流发电机原理

1. 请在导体两端 U_1 和 U_2 连接一台示波器,均匀地转动磁铁。请将信号画到图 2-18 (b)中。

图 2-18　交流电产生实验

2. 请将磁铁的磁力线填入表2-3中,并进行说明,在图2-19中画出电压波形。

表 2-3

磁力线切割线圈→高电压

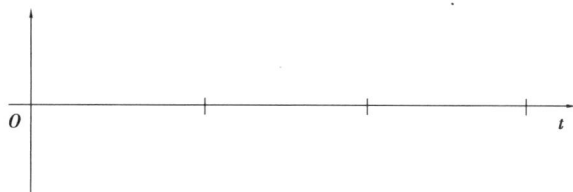

图 2-19　交流电产生与波形图

3. 请搭建表2-4中的电路,并用一个12 V的交流电压驱动灯泡(12 V/10 W)。

(1)请观察灯泡的亮度。

(2)请在灯泡上测量电流的大小。

(3)请用示波器显示灯泡的电压波形。

(4)请将电压波形填入表2-4中。对此请使用蓝色表示正半波,用绿色表示负半波。

(5)请分别用对应颜色的箭头画出正、负半波的电流走向。

(6)请对比 E_1 和 E_2 的电流方向。

表 2-4

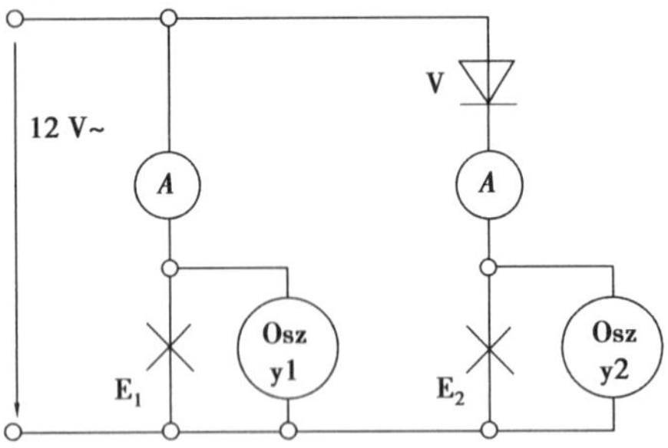

整流电路实验一

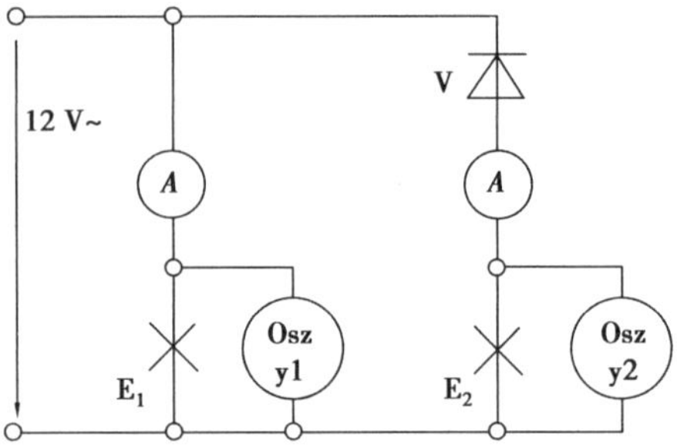

整流电路实验二

亮度： E_1：_____ E_2：_____ 电流 E_1：_____ E_2：_____ 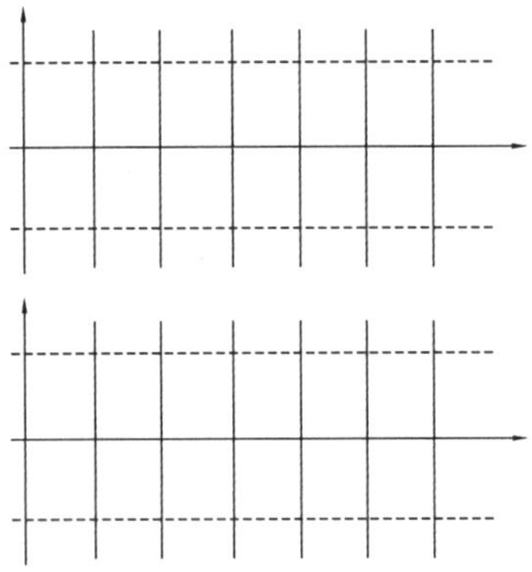	亮度： E_1：_____ E_2：_____ 电流 E_1：_____ E_2：_____ 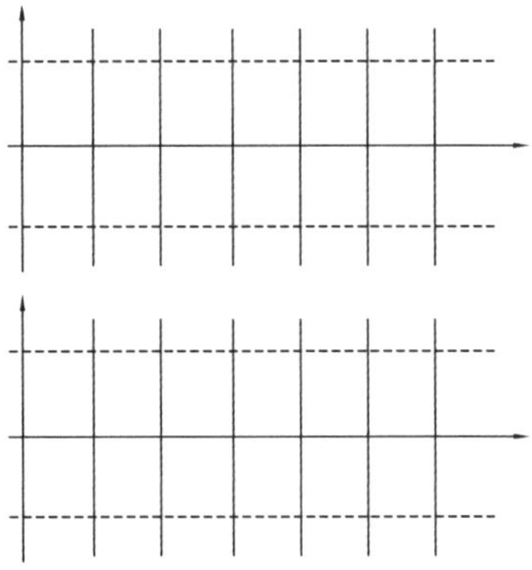

认知：

缺点：

4. 三相交流电如图 2-20 所示，请在图 2-20 中补充图中所示单磁极交流发电机的 V 相（红）和 W 相（蓝）电压曲线。请标出发电机电压引出端子的标志。请说出三相桥式整流电路中元件的名称，标注在图 2-21 上。

分别标出发电机转子转角为 0°、90°、180°时（图 2-21、图 2-22、图 2-23）的电流方向。

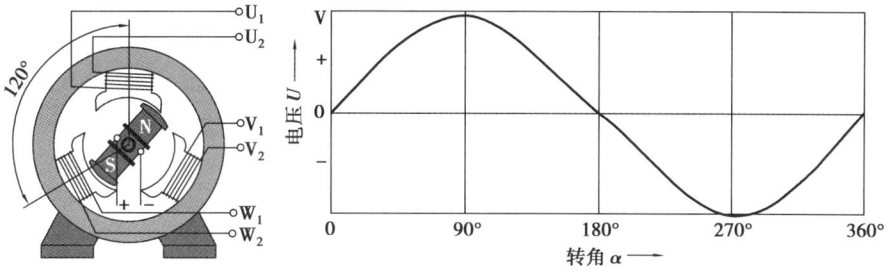

图 2-20　三相交流电

转角 0°

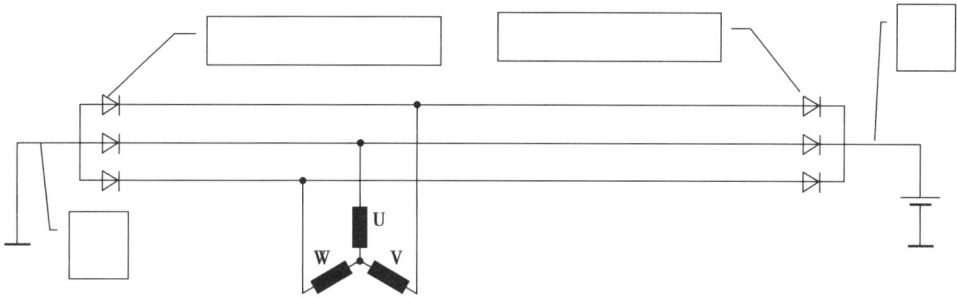

图 2-21　整流电路(转角 0°)

转角 90°

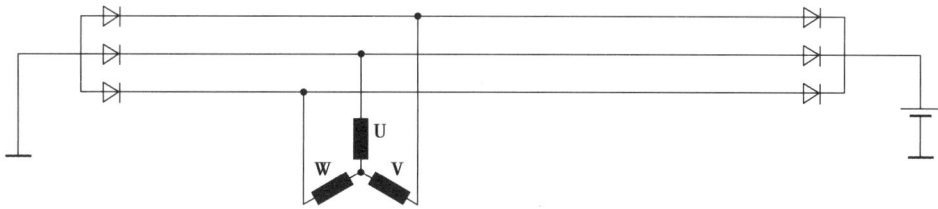

图 2-22　整流电路(转角 90°)

转角 180°

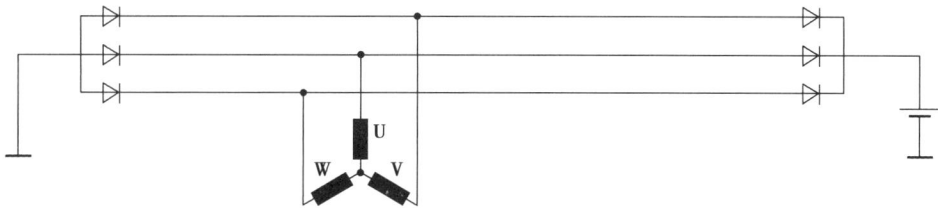

图 2-23　整流电路(转角 180°)

阅读资料 C:交流发电机励磁电路

(1)初始励磁电路(他励)

除了永磁式交流发电机不需要励磁外,其他形式的交流发电机都需要励磁,因为它们的磁场都是电磁场,必须给励磁绕组通电才会有磁场产生而发电,否则发电机将不能发电。

将电流引入励磁绕组使之产生磁场称为励磁。交流发电机励磁方式有初始励磁和发电机励磁两种。不同汽车的励磁电路各不相同,但有一个共同特点就是励磁电路都必须由点火开关控制。交流发电机的励磁电路如图 2-24 所示。

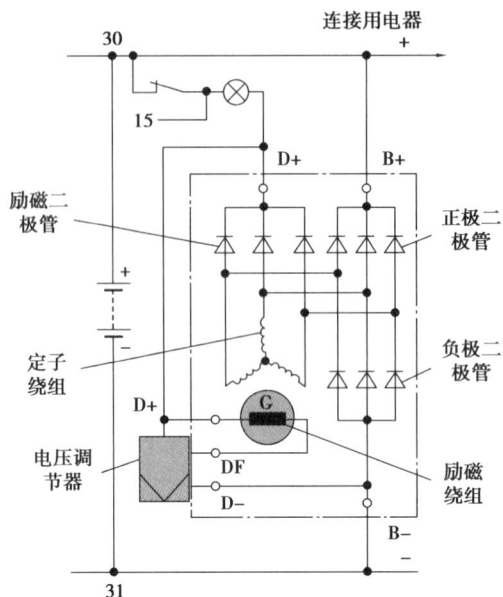

图 2-24　交流发电机励磁电路图

在发动机未启动时或启动过程中,发电机自身不能发电或输出电压低于蓄电池电压,这时需要蓄电池供给发电机励磁绕组电流,使励磁绕组产生磁场来发电。这种由蓄电池供给磁场电流的方式称为初始励磁电路或他励电路。

交流发电机初始励磁电路如图 2-25 所示,初始励磁电路经起动机蓄电池+/30→点火开关→指示灯→D+→励磁绕组→电压调节器 DF→接地 D-/B 至起动机蓄电池-/31。

发电机指示灯损坏时,无法产生初始励磁,因为初始励磁电路中断了。

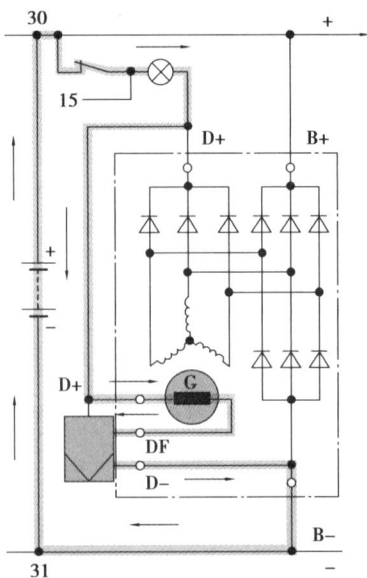

图 2-25　初始励磁电路

（2）励磁电路（自励）

随着转速的提高（一般在发动机达到怠速时），发电机定子绕组的电动势逐渐升高并能使整流器二极管导通，当发电机的输出电压大于蓄电池电压时，发电机就能对外供电了。当发电机能对外供电时，可以把自身发的电供给励磁绕组，这种自身供给磁场电流发电的方式称为自励发电。

励磁电路如图 2-26 所示。励磁电流在转子的励磁绕组中建立磁场。通过调节器提供各自所需的励磁电流。

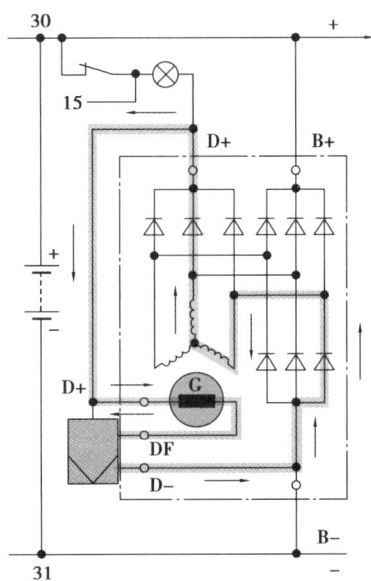

图 2-26　交流发电机励磁电路

如果三相桥式电路也用于励磁电流的整流，则在正极一侧有 3 个特别的励磁二极管。在负极一侧由负极二极管进行整流。

励磁电流经定子绕组→励磁二极管→端子 D+→励磁绕组→调节器 DF→调节器 D-→负极二极管至定子绕组。

（3）充电电路

发动机启动后，交流发电机的输出电压高于蓄电池电压，则由发电机对汽车电路供电，同时向蓄电池充电，充电电路如图 2-27 所示。

充电电路为车载电网提供电能。它经定子绕组→正极二极管→端子 B+→蓄电池/用电器→接地 B-→负极二极管至定子绕组。

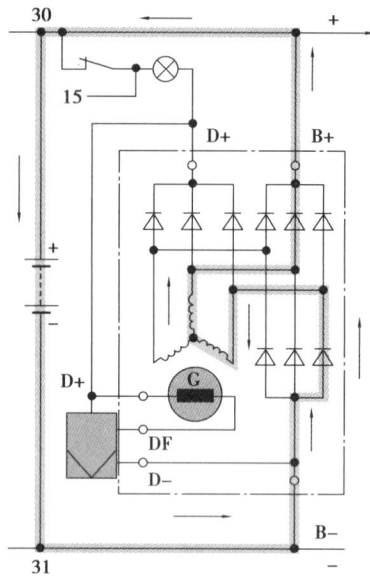

图 2-27　发电机充电电路

工作页 C:交流发电机励磁电路

1. 如图 2-28 所示为交流发电机电路,在图中填写内部电路的部件名称,请说明灰色框中的端子名称。

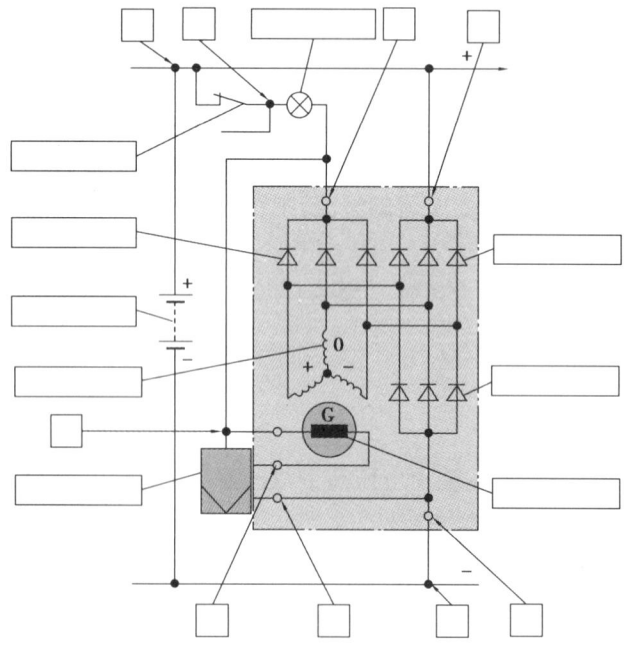

图 2-28　交流发电机电路

2. 为找出故障,必须对电路的部件及各个回路进行分析,将分析结果填入表2-5中。

表2-5

	初始励磁电路	励磁电路	充电电路
在电路图上画出电流回路	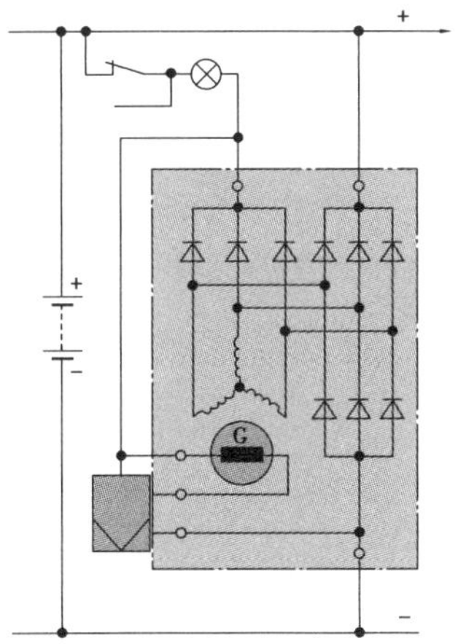	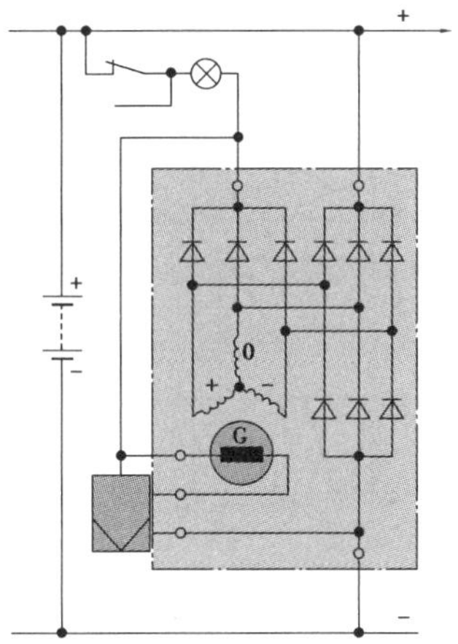	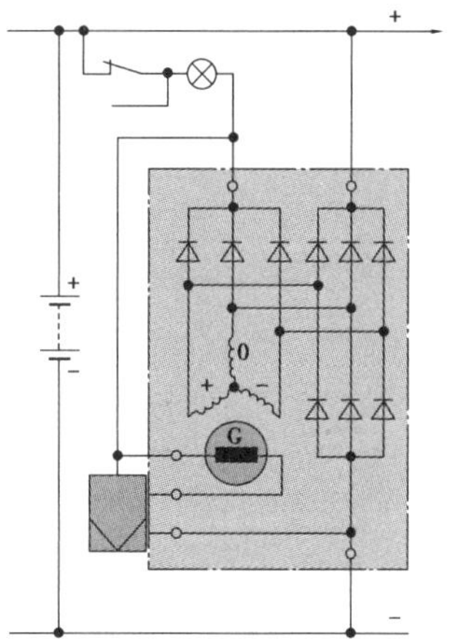
电流的作用			
关键词描述电流回路			
电路中可能损坏的部件			

阅读资料D:交流发电机的特性

　　汽车用硅整流交流发电机的工作特点是转速变化范围大,对于一般汽油发动机来说,其转速变化约为1∶8,柴油机约为1∶5。分析汽车用交流发电机的特性必须以转速的变化为基础进而分析各有关量的变化。

　　交流发电机的工作特性是指发电机经整流后输出的直流电压 U、电流 I 和转速 n 之间的关系,包括输出特性、空载特性和外特性。

(1)输出特性

交流发电机的输出特性也称负载特性或输出电流特性,它是指发电机向负载供电时,保持输出电压恒定时,发电机的输出电流与转速之间的关系,交流发电机的输出特性,即 $I = f(n)$ 的函数关系。其输出特性曲线如图 2-29 所示。

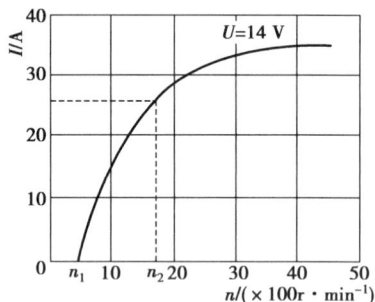

图 2-29　交流发电机的输出特性曲线

从交流发电机的输出特性曲线可知:

①当发电机的转速很低时,其端电压低于额定电压,此时发电机不能向外供电;当发电机的转速达到空载转速 n_1 时,电压达到额定值;当发电机的转速高于空载转速 n_1 时,发电机才有能力在额定电压下向外供电。空载转速值 n_1 常用作选择发动机与发电机之间传动比的主要依据。

②当发电机的转速超过 n_1 时,发电机输出电流将随着转速的升高而增大;当发电机的转速等于 n_2 时,发电机输出额定功率(即额定电流与额定电压之积),将转速 n_2 称为满载转速。空载转速和满载转速是交流发电机的主要性能指标,在产品说明书中均有规定。在使用中,只要测量这两个数据,与规定值相比较,就可判断发电机性能是否良好。

③当发电机转速达到一定后,发电机的输出电流就不再随转速的升高而增大。这时的电流值称为发电机的最大输出电流或限流值。这个性能表明,交流发电机具有自身控制电流的能力,不再需要限流器。交流发电机的最大输出电流约为额定电流的 1.5 倍。

交流发电机之所以能自动限制输出电流,是因为当发电机转速升高,使负载电流增加到一定数值后,如再提高转速,尽管定子绕组中的感应电动势增加,但因定子绕组的阻抗增大,内部电压降增大。另外,电枢反应引起的感应电动势下降,两者共同作用,使得发电机的输出电流几乎不变,即具有限定输出电流的作用。交流发电机不需设置限流器,其限制电流值的大小与定子绕组的电感 L 有关,也就是与定子绕组的匝数等有关。

(2)空载特性

当发电机空载运行时,发电机端电压 U 和转速 n 之间的关系,即负载电流 $I = 0$ 时 $U = f(n)$ 的函数关系,称为发电机的空载特性,发电机的空载特性曲线如图 2-30 所示。

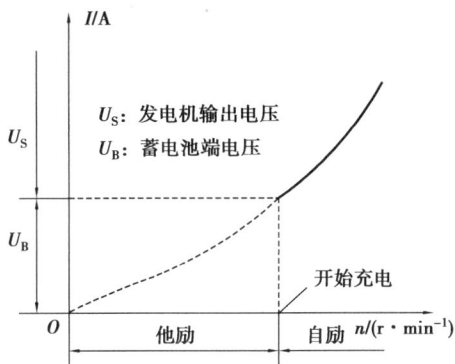

图 2-30　交流发电机的空载特性曲线

从图 2-30 所示曲线可知,随着转速的升高,端电压上升较快,由他励转入自励时,即能向蓄电池进行补充充电,这进一步证实了低速充电性能好的优点。空载特性是判断硅整流发电机性能是否良好的重要依据。

(3) 外特性

当发电机转速一定时,发电机端电压 U 与输出电流 I 之间的关系,即为 n 常数时, $U = f(I)$ 的函数关系,称为发电机的外特性,发电机的外特性曲线如图 2-31 所示。

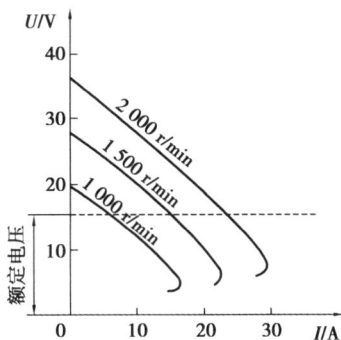

图 2-31　交流发电机的外特性曲线

外特性曲线表明,在一定的转速下,随着负载即输出电流的增加,发电机的端电压会很快下降,且转速越高,下降的斜率越大。这是由于随着输出电流的增加,发电机定子绕组的压降也会增加,而且转速越高,定子绕组的阻抗越大,压降就越大。同时,输出电流的增加会使电枢反应加强,这都将引起发电机的端电压下降,而端电压的下降又会使磁场电流减小,从而导致端电压的进一步下降。

另外,当输出电流增大到一定值时,如负载再增加,其输出电流不仅不会增加,反而会同端电压一起下降,即在外特性曲线上存在一个转折点。当发电机短路时,其短路电流很小,这也说明交流发电机具有自身限制电流的功能。一般交流发电机工作在转折点以前。

交流发电机端电压受转速和负载变化的影响较大,要使输出电压稳定,必须配备电压调节器。

当发电机在高转速下运转时,如果突然失去负载,则其端电压会急剧升高,这时发电机中的二极管以及调节器中的电子元件将有被击穿的危险。

工作页 D：交流发电机的特性

如图 2-32 所示为两台博世 N1-14V 系列发电机的特性曲线。请查出两台发电机的效率曲线,并画入图 2-32 中。在此请完成以下任务。

(1)两台发电机的输出额定电压是多少?

(2)请说出效率 η 的一般计算公式。

(3)给出了发电机转速,请在表 2-6 中补充空缺的电流值。

(4)请计算由发电机输出的电功率 P_{el},并填入表 2-6 中。

(5)根据给出的转速计算出发电机的效率,并填入表 2-6 中。

表 2-6 发电机功率与效率计算表

转速/(r·min⁻¹)	N1-14 V 40/110 A				N1-14 V 29/90 A			
	I/A	P_{el}/W	P_1/kW	η/%	I/A	P_{el}/W	P_1/kW	η/%
1 500	13		0.5		10		0.5	
2 000	62		1.6		55		1.25	
3 000			2.75				2.15	
4 500			3.6				2.6	
6 000			4.4				2.9	
7 500			5				3.15	
9 000			5.6				3.4	
10 500			6.35				3.7	

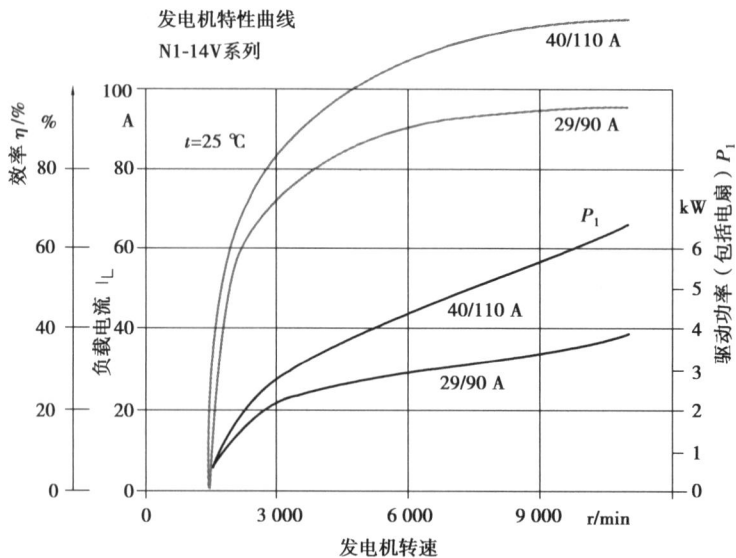

图 2-32 发电机特性曲线图

2.2.2.2　电压调节器原理

学习方法推荐:关键词法

教师活动:

教师提供阅读资料,说明工作任务及时间。

学生活动:

学生分别安静独立地阅读给定资料,画出关键词,完成工作页,并整理出逻辑关系的思维导图。

学习方法推荐:旋转木马法

教师活动:

学生阅读完成后,教师给学生分成旋转木马 A、B 小组,提出要求让学生进行旋转木马互相讲述。

学生活动:

学生按照教师要求进行旋转木马讲述。

阅读资料:电压调节器原理

(1)电压调节器的作用

由于交流发电机的转子是由发动机通过皮带驱动旋转的,且发动机和交流发电机的速比为 1.7 ~ 3,因此交流发电机转子的转速变化范围非常大,这样将引起发电机的输出电压发生较大变化,无法满足汽车用电设备的工作要求。为了满足用电设备恒定电压的要求,交流发电机必须配用电压调节器才能工作。

电压调节器是把发电机输出电压控制在规定范围内的装置,其功用是在发电机转速变化时,自动控制发电机电压保持恒定,使其不因发电机转速高时电压过高烧坏用电设备和导致蓄电池过充电;也不会因发电机转速低而电压不足导致用电设备工作失常。

(2)电压调节器的类型

随着电子技术的发展,目前交流发电机几乎全部采用电子调节器。其电压调节精度高,且不产生火花,还具有质量轻、体积小、寿命长、可靠性高、电波干扰小等优点。电子调节器的发展经历了晶体管调节器、集成电路调节器、多功能集成电路调节器及计算机控制电压调节器等阶段。电子调节器外形如图 2-33 所示。

图 2-33　晶体管调节器和集成电路调节器
(a)晶体管调节器;(b)集成电路调节器

电子调节器按所匹配的交流发电机搭铁类型可分为两种:内搭铁型调节器和外搭铁型调节器。适用于内搭铁型交流发电机的电子调节器称为内搭铁型电子调节器,适合用于外搭铁型交流发电机的电子调节器称为外搭铁型电子调节器。

对于晶体管调节器来说,在使用过程中,最好使用汽车说明书中指定的调节器,如果采用其他型号替代,除标称电压、功率等规定参数与原调节器相同外,代用调节器必须与原调节器的搭铁形式相同,否则,发电机可能由于励磁电路不通而不能正常工作。

(3)电压调节器工作原理

1)基本原理

根据电磁感应原理,发电机的感应电动势为 $E_\Phi = C_1 n \Phi$,即感应电动势 E_Φ 与发电机转速 n 和磁通 Φ 成正比;发电机的空载电压 $U = E_\Phi = C_1 n \Phi$,发电机在汽车上是按固定的传动比驱动旋转的,其转速 n 随发动机转速变化而在很大范围内变化。如果要在转速 n 变化时维持发电机电压恒定,就必须相应地改变磁极磁通 Φ。因为磁极磁通 Φ 取决于磁场电流的大小,所以在发电机转速变化时,只要自动调节磁场电流,就能使发电机电压保持恒定。电压调节器就是利用自动调节磁场电流使磁极磁通改变这一原理来调节发电机输出电压的。

交流发电机在低速时就要能发出足够的电压供汽车用电器及对蓄电池充电使用,在低速时需以较大的电流供应磁场线圈以产生强力磁场,使发电机能产生足够的电压。当交流发电机的转速升高后,必须降低流过磁场线圈的电流,以减弱磁场强度,来保持发电机的电压不继续升高,以免烧坏电器。电压调节器通常利用功率管的开关特性,使磁场电流接通与切断,从而调节磁场电流,以控制发电机输出电压。

2)晶体管电压调节器基本电路

①晶体管调节器结构

晶体管电压调节器一般由 1~2 个稳压管、1~3 个二极管、2~3 个三极管、若干个电阻、电容器等电子元件组成。如图 2-34 所示为晶体管电压调节器的基本电路,VT_2 为大功率晶体管;VT_1 为小功率晶体管;VS 为稳压管;R_1、R_2 为分压器;R_3 为 VT_1 的负载电阻。

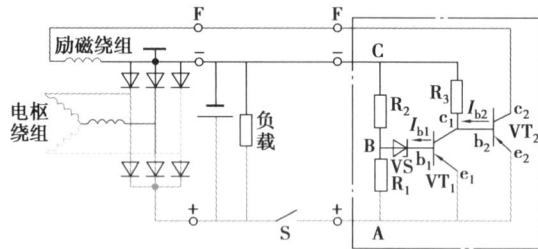

图 2-34　晶体管电压调节器基本电路

②工作原理

U_{AB} 电压反向加在稳压管 VS 上,$U_{AB} = U_{AC} R_1 / (R_1 + R_2)$。$R_1$ 的阻值是这样确定的:当发电机输出电压 U_{AC} 达到规定的调整值时(如桑塔纳为 13.5~14.5 V),U_{AB} 电压正好等于稳压管 VS 的反向击穿电压。

a. 点火开关闭合,发电机启动运转

蓄电池正极上的电压通过 S→+极接柱后分成多路分别加到电压调节电路。

加到电压调节电路的第一路电压经 R_1、R_2 电阻分压后的电压 U_{AB} 加到稳压管 VS 上。因该电压较低,不足以使 VS 反向击穿而导通,故 VT_1 管处于截止状态。

加到电压调节电路的第二路电压作用在 VT_2 的基极,VT_2 的基极为高电平而导通,由此形成的电流通路为:蓄电池正极→点火开关 S→调节器"+"接线柱→VT_2 e-c 极间→调节器"F"接线柱→发电机"F"接线柱→励磁绕组→蓄电池负极(搭铁)。励磁绕组电路导通,发电机产生电动势,此时由蓄电池提供励磁电流,称为他励。

　　b. 发电机随转速上升电压高于蓄电池电压

　　当发电机启动运转,且转速达到 1 000 r/min 时,发电机开始发电,其定子绕组中产生的交变电压经二极管整流以后送给有关电路。

　　一路直接加到蓄电池上给其充电,补充能量。

　　另一路经点火开关 S→+极接柱后,通过分压电阻 R_1 的电压 U_{AB} 作用在稳压器 VS 上,此时,因该取代电压仍不能使 VS 稳压二极管反向齐纳击穿而导通,故 VT_1 管处于截止状态。

　　加到电压调节电路的第二路电压作用在 VT_2 的基极,VT_2 的基极为高电平而导通,由此形成的电流通路为:发电机正极→点火开关 S→调节器"+"接线柱→VT_2 e-c 极间→调节器"F"接线柱→发电机"F"接线柱→励磁绕组→发电机负极(搭铁)。

　　此阶段发电机的输出电压高于蓄电池的电压,发电机的励磁电流由他励转变为自励。

　　③发电机电压随转速上升超过额定值

　　随着转速变化,当发电机输出电压高于调整值时,U_{AB} 升至 VS 反向击穿电压,VS 导通,VT_1 导通,VT_2 截止,切断励磁电路,发电机输出电压下降;当输出电压低于调整值时,U_{AB} 低于 VS 反向击穿电压,VS 截止,VT_1 截止,VT_2 导通,接通励磁电路,发电机输出电压上升。如此反复调节输出电压在规定的范围。

　　3)晶体管调节器的工作特性

　　调节器通过三极管 VT_2 的通断控制磁场电流。随着转速的提高,大功率三极管 VT_2 的导通时间减小,截止时间增加,这样可使得磁场电流平均值减小,磁通减小,保持输出电压 U_B 不变。发电机的输出电压 U_B、磁场电流 I_f(平均值)随转速 n 的变化关系称为电子调节器的工作特性,如图 2-35 所示。

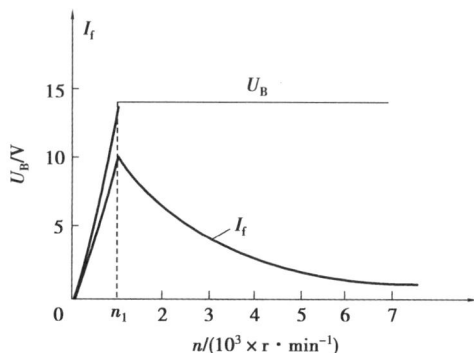

图 2-35　电子调节器工作特性曲线

　　从电子调节器的工作特性曲线可知,n_1 为调节器开始工作转速,称为工作下限,随着发电机转速的升高,磁场电流减小。当发电机转速很高时,大功率三极管可不导通,磁场电流被切断,发电机仅靠剩磁发电。电子调节器的工作转速上限很高,调节范围很大。

工作页:电压调节器原理

1.请描述交流发电机电压调节器的功能。

2.搭建电路如图2-36所示,调节输入电压时,记录电流并填入表2-7中。

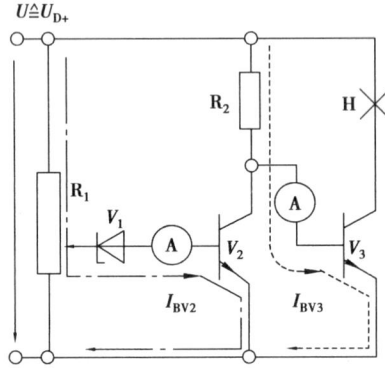

图2-36　搭建电路图(H为灯泡)

表2-7

输入电压/V	I_{BV2}/mA	V_2(低阻/高阻)	I_{BV3}/mA	V_3(低阻/高阻)	灯泡 亮/灭	磁场 大/小/无
12	0		10.9			
12.5	0		11.4			
13	0		11.9			
13.5	0.1		12			
14	0.5		5.1			
14.5	1.2		0.2			
15	2.78		0.4			
15.5	4.11		0.7			
▷	名称:					
	特性:					

输入电压低:

输入电压高:

3. 请描述电压调节器工作的基本原理。

4. 晶体管电压调节器一般由哪些电子元件组成?

5. 根据图 2-34 描述电压调节器的工作过程。

6. 请描述晶体管电压调节器的工作特性。

2.2.2.3　电压调节器工作过程

教学方法推荐:小组拼图法

教师活动:

按照小组拼图法,教师把学生分成两个原始小组,并形成专家小组,提供与之有关的阅读资料 A、B,分别进行个体学习、小组学习,形成小组学习成果。学生完成学习后进行点评和总结。

学生活动:

学生原始小组个人独立学习对应资料,并完成工作页。然后在专家小组讨论,形成小组学习成果,制作海报。再在原始小组进行交流学习,完成其他阅读资料的学习,并完成工作页。

阅读资料 A:集成电路电压调节器

集成电路电压调压器是利用集成电路(IC)组成的调节器,可分为全集成电路调节器和混合集成电路调节器两类。前者是将二极管、三极管、电阻、电容等电子元件同时制在一块硅基片上,实现了调节器的小型化。可将其装在发电机的内部,减少外部接线。后者是由厚膜或薄膜电阻与集成的单片芯片或分立元件组成,使用广泛的是厚膜混合集成电路调节器,如上海桑塔纳轿车采用的发电机调节器应用了混合电路加集成电路技术,集成电路和保护电阻共同贴在一块陶瓷基片上,封装在各个金属盆中,并与电刷连成一体,便于安装和维护。

集成电路调节器除具有晶体管调节器的优点外,还具有耐高温(可在 1 300 ℃高温下正常工作)、更加耐震、使用寿命长等特点。

集成电路电压调节器是通过对汽车电源电压变化的检测,利用晶体管的开关特性控制硅整流交流发电机励磁电流的相应变化,达到稳定发电机输出电压的目的。其有内搭铁和外搭铁之分,而且以外搭铁使用较多。

按检测电源电压的方式不同,集成电路调节器可分为硅整流发电机电压检测法和蓄电池电压检测法两种,大功率硅整流发电机多采用后者。

(1) 发电机电压检测法

发电机电压检测法的线路如图 2-37 所示。加在分压器 R_1、R_2 上的电压是磁场二极管输出端 L 的电压 U_L,而硅整流发电机输出端 B 的电压为 U_B。因为 $U_L = U_B$,所以调节器检测点 P 加到稳压管 VD_1 两端的反向电压 U_P 与发电机的端电压 U_B 成正比。

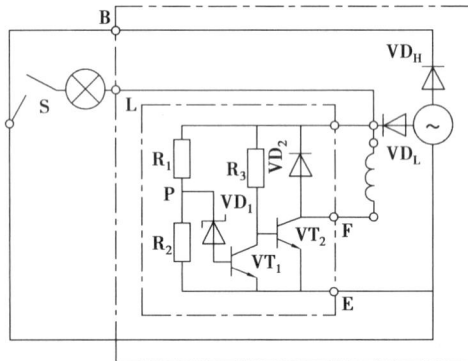

图 2-37　发电机电压检测法的线路图

(2) 蓄电池电压检测法

蓄电池电压检测法的线路如图 2-38 所示。加在分压器 R_1、R_2 上的电压为蓄电池端电压,通过检测点 P 加到稳压管 VD_1 上的反向电压与蓄电池的端电压成正比。

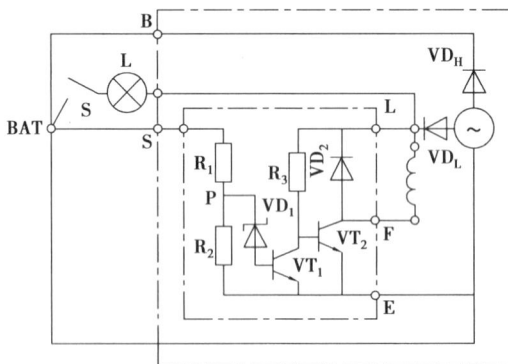

图 2-38　蓄电池电压检测法的线路图

上述两种基本电路中,如果采用发电机电压检测法线路,发电机的引出线可以少一根。但其不足之处在于,当图 2-37 中 B 点到蓄电池正极之间的电压降较大时,蓄电池的充电电压将会偏低,使蓄电池充电不足。一般大功率发电机要采用蓄电池电压检测法线路的电压调节器。

在采用图 2-38 中的蓄电池电压检测法线路时，当 B 点与蓄电池正极之间或 S 点与蓄电池正极之间断线时，不能检测出发电机的端电压，发电机电压将会失控。为了克服这一不足之处，线路上应采取一定的措施。如图 2-39 所示为实际采用的蓄电池电压检测法线路，在这个线路中，在调节器的分压器与发电机 B 之间增加了一个电阻 R_6 和一个二极管 VD_2，这样，当 B 点与蓄电池正极之间或 S 点与蓄电池正极之间出现断线时，由于 R_6 的存在，仍然能检测出发电机的端电压 U_B，使调节器正常工作，可以防止发电机电压过高的现象。

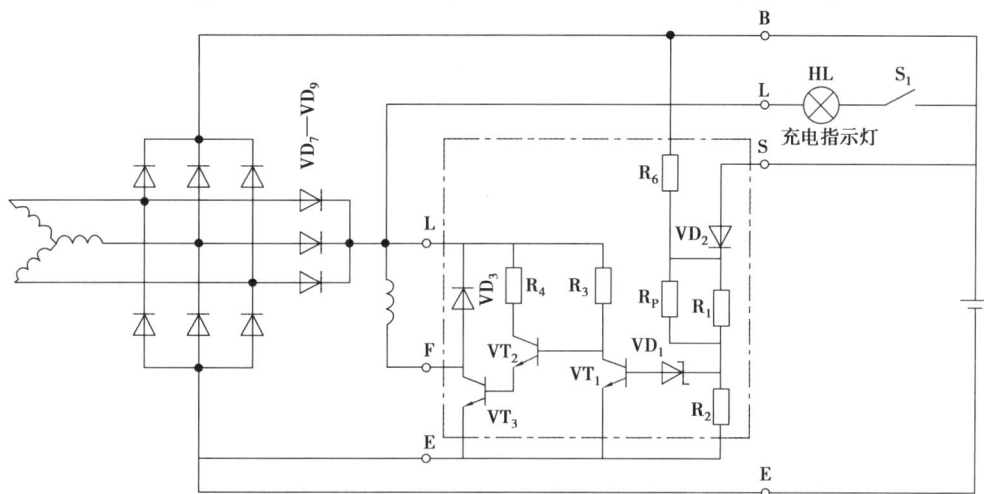

图 2-39　实际采用的蓄电池电压检测法线路

其电路工作情况如下：由 R_1、R_2 组成分压器，在 R_1 两端并联热敏电阻 R_P，用来改善受温度影响而造成的充电电压不稳定。稳压管从该分压器上获得比较电压。当发电机电压低于规定值时，稳压管 VD_1 和晶体管 VT_1 截止，VT_2、VT_3 导通，发电机励磁绕组中有励磁电流通过，其电流路径为：3 个磁场二极管 VD_7、VD_8、VD_9 共阴极组的输出端 L→发电机励磁绕组→导通的 VT_3"c-e"→3 个共阳极组接法二极管的 E 端，发电机端电压升高。当发电机电压低于规定值时，经 S 端通过二极管 VD_2 加在分压器上的电压超过稳压管稳定电压，稳压管 VD_1 反向击穿而导通，VT_1 导通，VT_2、VT_3 截止，使励磁电路断开，发电机端电压下降。当发电机电压又低于规定值时，稳压管 VD_1 和 VT_1 截止，VT_2、VT_3 导通，如此反复进行，使发电机电压保持在一恒定值。此外，该线路采用了磁场二极管 VD_7、VD_8、VD_9，省去了充电指示继电器，仅利用简单的充电指示灯 HL 即可指示发电机工作的情况。

工作页 A：集成电路电压调节器

1. 集成电路电压调压器是利用（　　　　　　　　　）组成的调节器，可分为（　　　　　　　　　　）调节器和（　　　　　　　　　）调节器两类。按检测电源电压的方式不同，集成电路调节器可分为（　　　　　　　）检测式和（　　　　　　　）检测式两种。

2. 请比较发电机电压检测法和蓄电池电压检测法的特点。

阅读资料 B：计算机控制的电压调节

目前,越来越多的汽车采用的分立式电压调节器已经被淘汰,取而代之的是将电压调节器电路接在汽车上的电子控制模块或组件中,其原理与晶体管电压调节器相似,控制模块关于电压调节是基于蓄电池的电压和蓄电池温度等信息,当获得了期望的输出电压时,控制模块根据需要接通或切断晶体管,该晶体管使交流发电机的励磁绕组接地来控制输出电压。

计算机控制的电压调节系统是由计算机以每秒 400 个脉冲的固定频率向励磁绕组提供电流脉冲(脉冲宽度调制技术),通过改变占空比,得到正确的励磁电流平均值,从而控制发电机的输出电压。

脉冲宽度调制 PWM(Pulse Width Modulation)是通过对一系列脉冲的宽度进行调制,来等效地获得所需要波形(含形状和幅值)。

占空比是指在输出的 PWM 中,高电平保持的时间与该 PWM 的时钟周期的时间之比,如一个 PWM 的频率是 1 000 Hz,那么它的时钟周期就是 1 ms,就是 1 000 μs,如果高电平出现的时间是 200 μs,那么低电平的时间就是 800 μs,那占空比就是 200:1 000,即 PWM 的占空比为 1:5。

计算机控制调压电路如图 2-40 所示,计算机工作时,可使发电机励磁电路间歇性地搭铁,保持发电机的电压在规定值范围内。

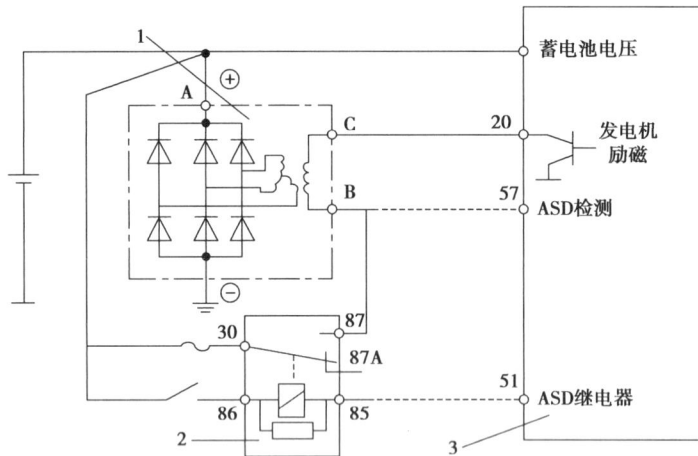

图 2-40 计算机控制电压调节电路

1—交流发电机;2—继电器;3—控制单元

发电机正常工作时励磁电路为:发电机"+"→继电器→发电机磁场接线柱 B→励磁绕组→磁场接线柱 C→ECU 发电机励磁接线柱 20→三极管→搭铁→发电机"−"。在继电器触点闭合时,只要计算机控制三极管导通构成发电机磁场接地,就能接通励磁电路。三极管截止,则切断励磁电路。

如果计算机检测到发电机的输出电压低于规定电压值,它会使励磁电路接地的相对时间增长,即增大占空比,三极管的相对导通率增大,平均励磁电流增大,形成较强的磁场,提高发电机的电压或增大发电机的输出功率。如果计算机检测到发电机的输出电压高于规定电压值,它就会使励磁电路接地的相对时间缩短,即占空比减小,三极管的相对导通率减小,平均励磁电流减小,形成较弱的磁场,减小发电机的输出电压。

这类系统的显著特点就是能根据车辆电器的需求、环境温度和其他输入来维持并控制蓄电池的充电率(图2-41),而且这种系统能发挥计算机的诊断能力,用于诊断充电系统中诸如低输出电压或高输出电压之类的故障。

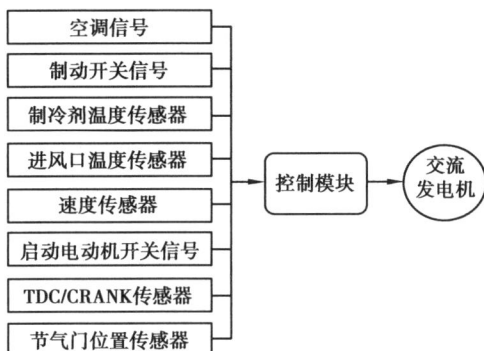

图 2-41 控制模块根据不同的输入信号控制发电机的输出

工作页 B:计算机控制的电压调节

1.请解释下列名词:

(1)脉冲宽度调制 PWM

(2)占空比

2.计算机控制的电压调节系统是由计算机以每秒( )个脉冲的固定频率向励磁绕组提供电流脉冲(脉冲宽度调制技术),通过改变( ),得到正确的励磁电流,从而控制发电机的( )。

3.根据图 2-40 回答以下问题:

(1)在图上画出发电机正常工作时的励磁电路,并写出电流流程。

(2)请分析电压调节过程。

2.2.3 制订工作计划

教师活动:

教师提供实验车型的维修手册,指导学生完成工作计划。

学生活动:

学生首先个体工作,制作工作计划,再进行小组合作制订"汽车充电系统故障诊断"工作计划表(表2-8),把每一步的细节和注意事项写出来,并进行小组间分享与完善。

表 2-8 "汽车充电系统故障诊断"工作计划表

序号	工作步骤内容	设备工具	安全环保	标准规范	检测值	检测结论
预估时间			成本预算			

✿ 典型工作环节三　诊断充电系统故障

2.3.1　交流发电机检测

教学方法建议：工作站学习法

教师活动：

教师提供实验车型的维修手册、学习资料和实训工作站，学生按组完成实际操作，教师对各工作站进行巡视和指导。

学生活动：

学生根据教师要求，在 A、B、C 三个工作站轮换工作，查阅学习资料，完成各工作站的工作页和实操内容。

工作页 A:交流发电机解体与检测

1. 依据交流发电机的解体步骤,对交流发电机进行分解作业,并记录分解步骤。

2. 如图 2-42 所示,对发电机元件进行检测,并记录检测数据。

图 2-42 发电机元件检测

(1)转子检测

转子绕组阻值: 转子绕组搭铁电阻:

(2)定子检测

定子线圈阻值: 定子线圈搭铁电阻:

(3)整流二极管检测

表 2-9

二极管	1	2	3	4	5	6	7	8	9
正向阻值/Ω									
反向电阻/Ω									
正向压降/mV									

对以上检测结果进行分析,各元器件是否有故障?

工作页 B:发电机就车检测

1. 发电机怠速无负载的电压。

将电压测量表连到发电机 B+(或蓄电池 B+)和蓄电池负极。检测时除了被迫使用的用电器外(如点火装置),不许打开其他的用电器。

请符合专业地在电路图上画出电压测量表,并将数据填入表 2-10 中。

表 2-10

无负载的充电电压	额定值	测量值
发动机每分钟转速/发电机每分钟转速		
充电电压		

2. 发电机怠速负载的电压。

将电压测量表接到发电机 B+（或蓄电池 B+）和起动机蓄电池负极。将钳形电流表接到充电线路上。打开尽可能多的用电器直至达到希望的充电电流。充电电流约为最大电流或型号标志牌上的值的 50%，将数据填入表 2-11 中。

表 2-11

负载电压:电机部分负载	额定值	测量值
发动机每分钟转速/发电机每分钟转速		
充电电压		
充电电流		

3. 发电机在额定转速负载时的电压(电机满负荷)。

将电压测量表接到发电机 B+（或蓄电池 B+）和起动机蓄电池负极。将钳形电流表接到充电线路上。打开尽可能多的用电器直至达到最大充电电流或型号标志牌上的最大充电电流。当荷载最大时充电电压的值不得降到低于静态电压,将数据填入表 2-12 中。

表 2-12

调节电压: 电机满负荷/ 额定功率	额定值	测量值
发动机每分钟转速/ 发电机每分钟转速		
充电电压		
充电电流		

（1）观察结果:

（2）可能的故障原因:

4. 发电机负载时蓄电池正极导线和接地的检测。

测量发电机壳体/起动机蓄电池负极之间的电压降。请符合专业地在电路图上画出电压测量表,并将数据填入表 2-13 中。

表 2-13

测量		额定值	测量值
接地检测	U/V	0.4 ~ 0.5	
蓄电池正极导线检测	U/V	0.4 ~ 0.5	

（1）观察结果：

（2）过高的电压降有何影响？

工作页 C:发电机功能检测

1. 发电机功能／电机荷载。

（1）工作任务：

①将 Bosch FSA 连到车辆上（万能示波器，蓄电池电压频道 CH1，电机充电电流频道 CH2）。

②请根据表 2-14 执行测量任务并将测量值填入表中。

③请将得出的测量值填入波形图 2-43 中。

表 2-14

	1	2	3	4	5
发电机荷载（发动机怠速运行）	无荷载	打开近光灯	+风扇	+后窗玻璃加热	+负载电阻
蓄电池电压/V					
电机充电电流/A					

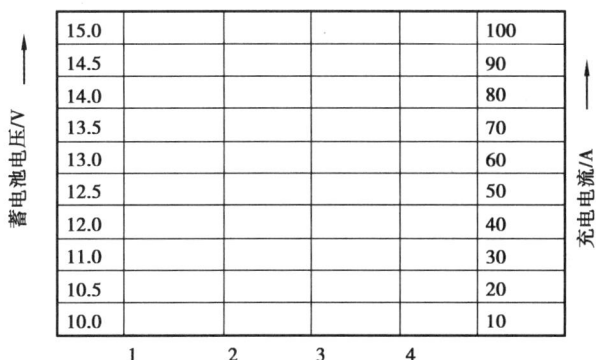

蓄电池电压/V					充电电流/A
15.0					100
14.5					90
14.0					80
13.5					70
13.0					60
12.5					50
12.0					40
11.0					30
10.5					20
10.0					10
	1	2	3	4	

图 2-43 电压、电流变化曲线

（2）分析:随着荷载的增加蓄电池电压和电机电流如何发生变化？

2. 发电机功能/电机转速的影响。

（1）工作任务：

①将 Bosch FSA 连到车辆上。

②附加连接一个电压表至电机的 B+。

③请根据表 2-15 执行测量任务并将测量值填入表中。

④请将得出的测量值填入波形图 2-44 中。

（2）电机荷载：打开近光灯和后窗玻璃加热。

表 2-15

	1	2	3	4
发动机转速/(r·min⁻¹)	怠速	2 000	3 000	4 000
蓄电池电压/V				
发电机电压/V				
发电机充电电流/A				

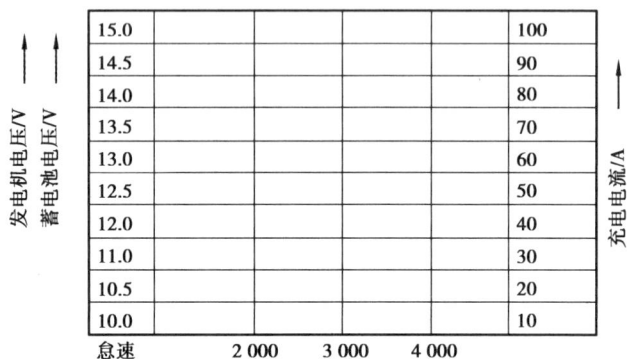

图 2-44　不同转速的电压、电流变化

（3）分析：

①随着转速的增加蓄电池电压和电机电流如何发生变化？

②蓄电池电压与在发电机上直接测量的电压的差别是从哪里来的？

2.3.2　任务计划实施

教师活动：

教师讲解及示范操作车辆充电指示灯常亮的故障检测方法，观察指导学生作业。

学生活动：

学生根据教师的讲解和示范动作，分组完成车辆充电指示灯常亮的故障检测与诊断，找出故障点，并撰写工作报告（表 2-16）。

表 2-16　车辆充电指示灯常亮故障诊断实施过程记录

设备准备	
故障现象	
故障分析	故障电路：　　　　　　　　　　故障可能原因：
检测过程	
故障点	
修复后检验	
工位复位	

❀ 典型工作环节四　验收交付

教学方法建议：角色扮演法

教师活动：

教师提前安排学生两人一组，观察角色扮演学生的表演过程，同时观察其他学生的表现及倾听的认真程度。

学生活动:

学生分组,两人一组。其中,事先安排好的两个学生为一组,一个扮演客户,另一个扮演SA,交车给客户,并提炼交车要点。

请记录服务顾问交车时的要点:

学习情境三

检修启动系统故障

学习情境描述

一辆大众迈腾轿车,行驶总里程 6 万 km,客户发现起动机在启动过程中无法带动发动机。现要求你实施汽车维修企业作业流程,对客户车辆启动系统进行检查,找出故障原因并进行维修,作业过程中需遵守汽车维修作业规范。

学习目标

1. 根据维修手册进行起动机的拆装作业,识别出各元件名称及作用。
2. 讲解起动机的工作过程。
3. 识读起动机的工作电路。
4. 根据工作页要求进行起动机电路检测与诊断。
5. 根据作业流程实施汽车启动系统维修。
6. 进行自我阅读及提炼。
7. 通过小组合作完成任务。

典型工作环节一 接受任务

教学方法建议:两人角色扮演

学生活动:

学生分组,两人一组。其中,事先安排好的两个学生为一组,一个扮演客户,另一个扮演 SA 维修接待,在实车上把客户任务真实再现。学生理解并记录需向客户了解的信息。学生接车后填写客户任务工单(表3-1)。

教师活动:

教师观察角色扮演学生的表演过程,同时观察其他学生的表现及倾听的认真程度。

表 3-1 客户任务工单

车主姓名		日期	
车型		车牌号	
发动机号		底盘号	
联系电话			
通信地址			
车主描述及要求：			
检查维修建议：			
车辆预检记录：			
预估取车时间：		预估维修费用：	
车主确认签字：			

❄ 典型工作环节二 制订方案

3.2.1 故障原因分析

教学方法推荐：关键词卡片法

教师活动：

　　教师提供阅读资料及汽车启动系统电路图,指导学生独立查找发动机不能启动的原因,并书写在笔记本上。

　　学生活动:

　　学生个人独立阅读教师提供的阅读资料及启动系统电路图,分析关于发动机不能启动的原因,形成个人的结论,工整地记录在笔记本上。

阅读资料:起动机故障

　　启动系统常见故障主要有起动机不转、起动机运转无力及起动机空转等。当启动系统出现故障时,故障的原因可能是蓄电池、起动机、启动继电器、点火开关、启动系统线路等出现故障。

(1)启动发动机时起动机不转

　　1)故障现象

　　将点火开关转到启动挡时,起动机不转动,无动作迹象。

　　2)故障原因

　　起动机不转的原因可以归纳为3个方面:电源及线路部分、启动继电器、起动机故障等。

　　①电源及线路部分故障

　　a.蓄电池严重亏电。

　　b.蓄电池正、负极柱上的电缆接头松动或接触不良。

　　c.控制线路断路。

　　②启动继电器故障

　　a.继电器线圈绕组烧毁可断路。

　　b.继电器触点严重烧蚀或触点不能闭合。

　　③起动机故障

　　a.起动机电磁开关触点严重烧蚀或两触点高度调整不当而导致触点表面不在同一平面内,使触盘不能将两个触点接通。

　　b.换向器严重烧蚀而导致电刷与换向器接触不良。

　　c.电刷弹簧压力过小或电刷卡死在电刷架中。

　　d.电刷与励磁绕组断路或正电刷搭铁。

　　e.磁场绕组或电枢绕组有断路、短路或搭铁故障。

　　f.电枢轴的铜衬套磨损过多,使电枢轴偏心或电枢轴弯曲,导致电枢铁芯"扫膛"(即电枢铁芯与磁极发生摩擦或碰撞)。

　　3)故障诊断与排除

　　根据故障排除从易到难的一般原则,首先应检查蓄电池储电情况和蓄电池搭铁线、相线的连接是否松动,然后作进一步的检查。故障诊断与排除程序如图3-1所示,其主要过程如下:

　　①打开前照灯开关或按下喇叭按钮,若灯光较亮或喇叭声音洪亮,说明蓄电池存电较足,故障不在蓄电池;若灯光很暗或喇叭声音很小,说明蓄电池容量严重不足;若灯不亮或喇叭不响,说明蓄电池或电源线路有故障,应检查蓄电池相线及搭铁电缆的连接有无松动以及蓄电

池储电是否充足。

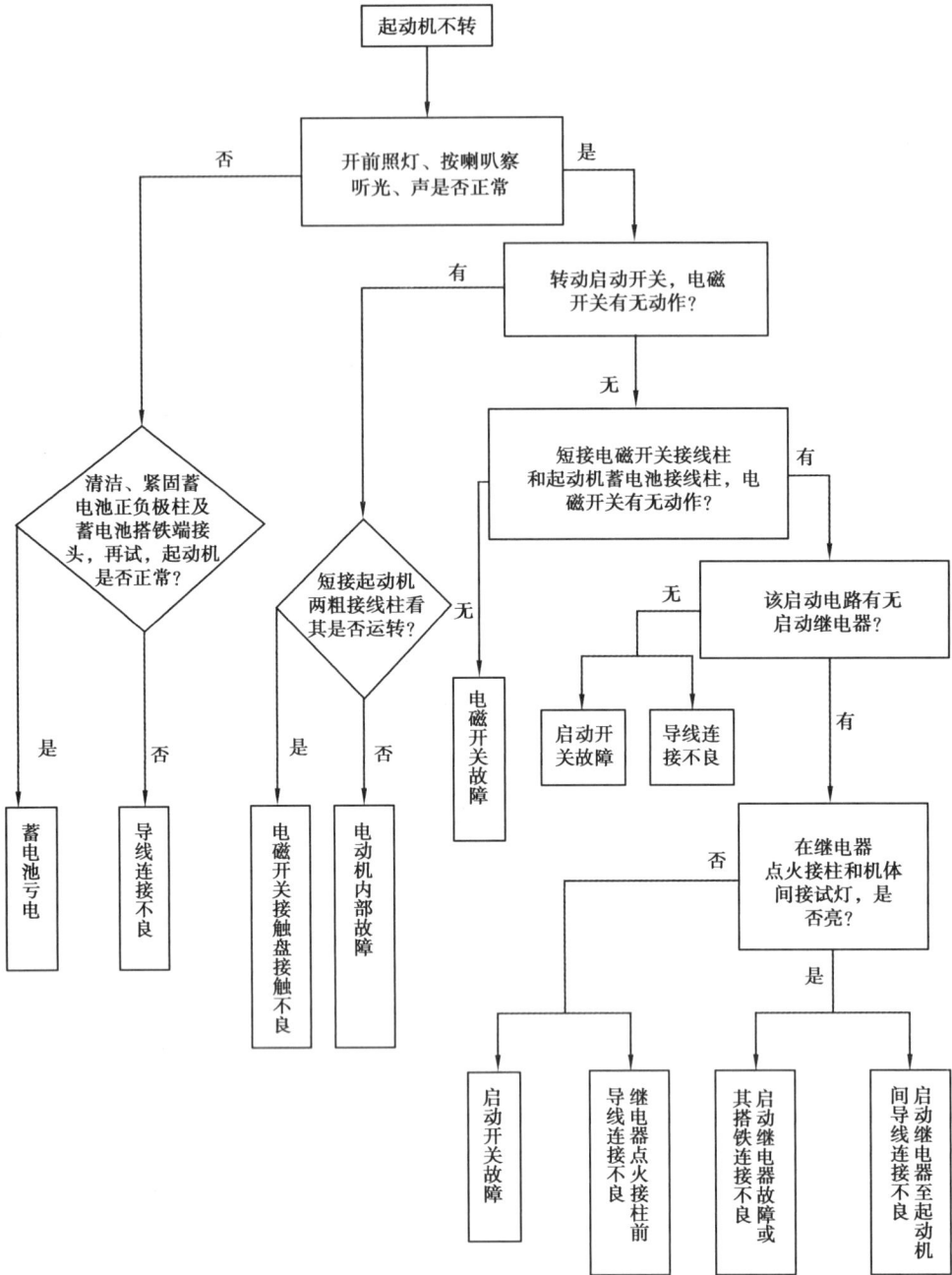

图 3-1 起动机不转故障的诊断与排除程序

②若灯亮或喇叭响,说明故障发生在起动机、电磁开关或控制电路。可用螺钉旋具将电磁开关的 30# 接柱与 C 接柱接通。若起动机不转,则起动机有故障;若起动机空转正常,说明电磁开关或控制电路有故障。

③诊断电磁开关或控制电路故障时,可用导线将蓄电池正极与电磁开关 50# 接柱接通(时间不超过 3～5 s),如接通时起动机不转,说明电磁开关故障,应拆下检修或更换电磁开

关;如接通时起动机转动,说明开关回路或控制回路有断路故障。

④判断是开关回路还是控制回路故障时,可以根据是否有启动继电器吸合的响声来判断。若有继电器吸合的响声,说明是开关回路有断路故障;若无继电器吸合的响声,说明是控制回路有断路故障。

⑤排除线路的断路故障,可用万用表或试灯逐段检查排除。

(2)起动机转动无力

1)故障现象

将点火开关旋至启动挡,驱动齿轮发出"咔哒"声向外移出,但是起动机不转动或转动缓慢无力。

2)故障原因

①蓄电池亏电。

②起动机内部电路短路(电枢绕组)。

③起动机电磁开关内部触点烧蚀或接触不良。

④电刷接触不良。

⑤起动机电源线路接触不良。

3)诊断思路与方法

诊断流程如图3-2所示。

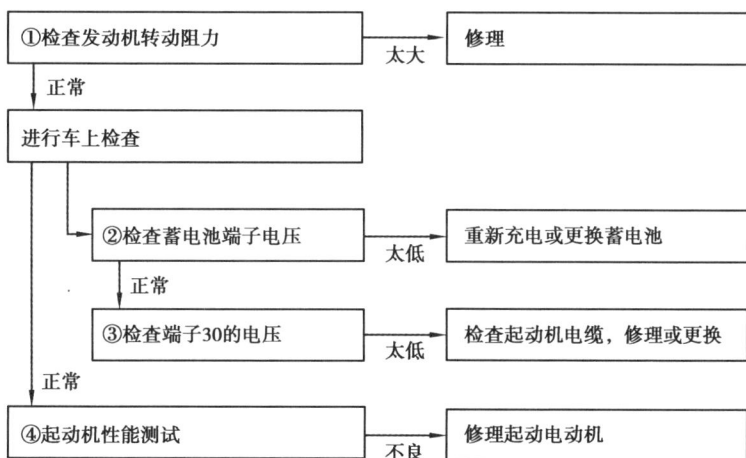

图3-2 起动机运转无力故障诊断图

①检查蓄电池容量和电源导线的连接情况,确认蓄电池容量是否足够,线路连接是否良好。

②若故障依然存在,要区分故障在起动机或发动机本身,还是在主电路接线柱之前的电路,方法是用螺丝刀短接起动机电磁开关的主电路两个接线柱。若短接后启动有力且运转正常,说明起动机电磁开关内主触点和接触盘接触不良;若短接后启动仍然无力,则可认为电动机有故障,需进一步拆检。故障可能是由主开关接触不良、电刷和换向器之间电阻过大或接触不良、单向离合器打滑等引起。

③如果在接通启动开关后,起动机有连续的"咔哒"声。若短接起动机电磁开关的两个主

接线柱,起动机转动正常,说明电磁开关保持线圈断路或短路。

(3)起动机空转

1)故障现象

接通点火开关,起动机只是空转,不能带动发动机运转。

2)故障原因

①起动机空转时,有较轻的摩擦声音的原因是起动机驱动齿轮不能与飞轮轮齿啮合。

②起动机空转时,速度较快但无碰齿声音的原因是单向离合器打滑或电磁开关铁芯(开关盘)行程太短。

③起动机空转时,有严重的碰撞轮齿的声音的原因是飞轮轮齿或起动机驱动齿轮严重磨损。

3)诊断思路与方法

①起动机空转时,有较轻的摩擦声音,起动机驱动齿轮不能与飞轮轮齿啮合而产生空转,即驱动齿轮还没有啮合到飞轮轮齿中,电磁开关就提前接通,说明主回路的接触盘行程过短,应拆下起动机,进行起动机接通时刻的调整。

②起动机空转时,有严重的碰擦轮齿的声音,说明飞轮轮齿或起动机驱动齿轮严重磨损,应拆下起动机进一步检查,根据实际情况更换驱动齿轮或飞轮轮齿。

③起动机空转时,速度较快但无碰齿声音,说明起动机单向离合器打滑,即驱动齿轮已经啮入飞轮轮齿中,但不能带动飞轮旋转,只是起动机电枢轴在空转,应更换单向离合器总成。

3.2.2 关联知识学习

3.2.2.1 起动机的构造与特性

教学方法推荐:小组拼图法

教师活动:

按照小组拼图法,教师把学生分成4个原始小组,并形成专家小组,提供与之有关的阅读资料A、B、C、D,分别进行个体学习、小组学习,形成小组学习成果。学生完成学习后进行点评和总结。

学生活动:

学生原始小组个人独立学习对应资料,并完成工作页。然后在专家小组讨论,形成小组学习成果,制作海报。再在原始小组进行交流学习,完成其他阅读资料的学习,并完成工作页。

阅读资料A:起动机概述

(1)启动系统的作用

内燃机无法自行启动,需要动能以便满足从燃烧循环到压缩与气体交换循环所需的力矩,主要克服发动机机件的惯性力、摩擦力、压缩阻力。启动系统的作用就是为启动发动机提供所需要的外力。

发动机的启动是指借助外力作用,发动机由静止状态过渡到自行运转的过程。发动机由静止状态过渡到自行运转的最低转速,汽油机为 60 ~ 100 r/min,柴油机为 100 ~ 200 r/min。电力启动具有操作简便、启动迅速、有重复启动能力、可以远距离控制的特点,在现代汽车上得到广泛应用。

(2) 起动机的类型

车用起动机种类繁多,形态各异,主要有 3 种分类方法。

1) 按总体结构不同分类

车用起动机可分为普通起动机、永磁式起动机和减速起动机 3 种类型。

①普通起动机。该起动机无特殊结构和装置,如桑塔纳轿车配用的 QD1225 型起动机。

②永磁式起动机。该起动机用永磁材料(铁氧体或钕铁硼等)作为磁极,取代了普通起动机中的电磁铁,使其结构简化,体积变小,质量减轻,如奥迪 100 型轿车配用的减速起动机。

③减速起动机。该起动机的最大特点是在传动机构设有减速装置,减速装置能将电动机转速降低,转矩增大后驱动齿轮。与同功率的普通起动机相比,减速起动机的质量和体积可减小 30% ~ 35%,其缺点是结构和工艺比普通起动机复杂,如切诺基吉普车配用的 DW1.4 型减速起动机。

2) 按传动机构不同分类

车用起动机可分为强制啮合式起动机、惯性啮合式起动机、电枢移动式起动机和齿轮移动式起动机 4 种类型。

①强制啮合式起动机。该起动机是依靠电磁力或人力拉动杠杆机构,拨动驱动齿轮强制啮入飞轮齿圈。其工作可靠性高,被现代汽车广泛采用。

②惯性啮合式起动机。该起动机最大的特点是驱动齿轮借旋转时的惯性力啮入飞轮齿圈。其工作可靠性较差,目前已很少采用。

③电枢移动式起动机。该起动机工作时,依靠起动机磁极的电磁力使电枢产生轴向移动,使驱动齿轮啮入飞轮齿圈。该起动机结构比较复杂,东欧国家采用较多,如太脱拉 Tl11、T138 等汽车。

④齿轮移动式起动机。该起动机依靠电磁开关推动电枢轴孔内的啮合杆,使驱动齿轮啮入飞轮齿圈,如奔驰 2026 型越野汽车用博世 K·B 型起动机。

3) 按电动机磁场的励磁方式不同分类

直流电动机按励磁方式不同可分为并励电动机、永磁电动机、串励电动机、复励电动机等。不同励磁方式的直流电动机描述见表 3-2。

表 3-2　不同励磁方式电动机的比较

内部电路原理图				
名称	并励电动机	永磁电动机	串励电动机	复励电动机

续表

描述(如何产生磁场,励磁绕组如何控制)	励磁绕组与电枢绕组并联	由永磁体建立磁场。发电机只拥有一个电枢绕组	励磁绕组与电枢绕组串联	有一个串励绕组和一个并励绕组
特性曲线(转速-扭矩特征曲线)	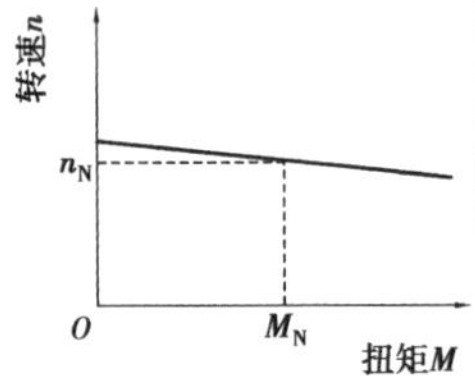	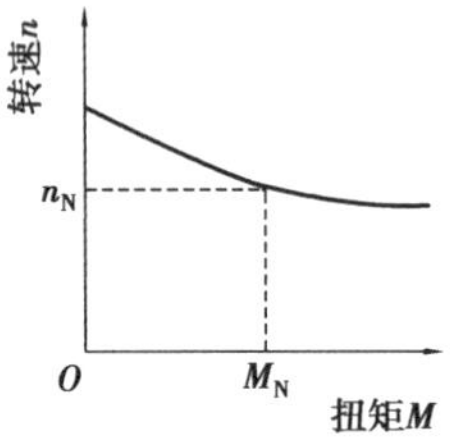	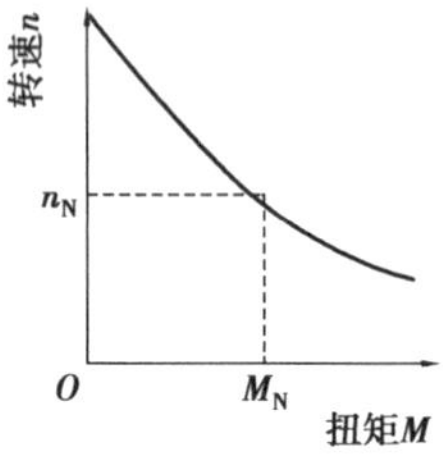	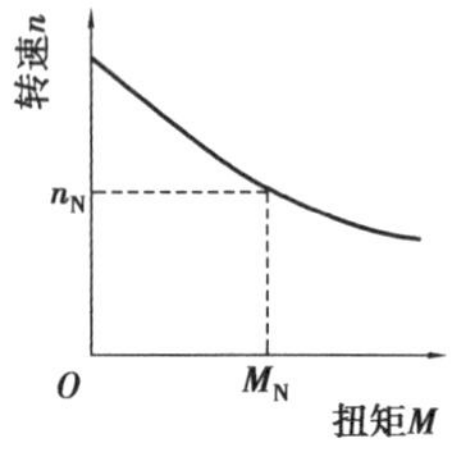
特性	负载时转速下降少启动力矩小	价格便宜构造简单扭矩小,通常需要额外的动力	启动力矩很大无荷载时有"转速过快"的趋势	绕组用量大启动力矩大负载时转速下降少
应用范围	风扇电机,车窗电机,不适用启动电机	作为小型汽油发动机汽车的启动电机	轿车和小型商用车启动电机	大型柴油发动机的启动电机

(3)启动系统的要求

为了完成启动的任务,不管何种起动机都要满足以下要求:

①启动时应该平顺,起动机的齿轮与发动机的飞轮齿圈啮合要柔和,不应发生冲击。

②发动机启动后,起动机的小齿轮应能自动打滑或脱离啮合。

③发动机在工作中,起动机的小齿轮不能再进入啮合,防止发生冲击。

④启动系统结构应简单、工作可靠。

(4)启动系统的组成

如图3-3所示,启动系统在广义上主要由蓄电池、起动机、启动继电器、点火开关、空挡启动开关及相互连接的线束(启动电路)组成。在狭义上由起动机及其控制电路组成。

1)蓄电池

蓄电池为起动机提供启动发动机所需的大电流。

2)点火开关

点火开关用来接通起动机控制电路并且控制全车的用电器工作。汽车的点火开关装在转向柱上,通常有5个挡位,如图3-4所示。

（a）

（b）

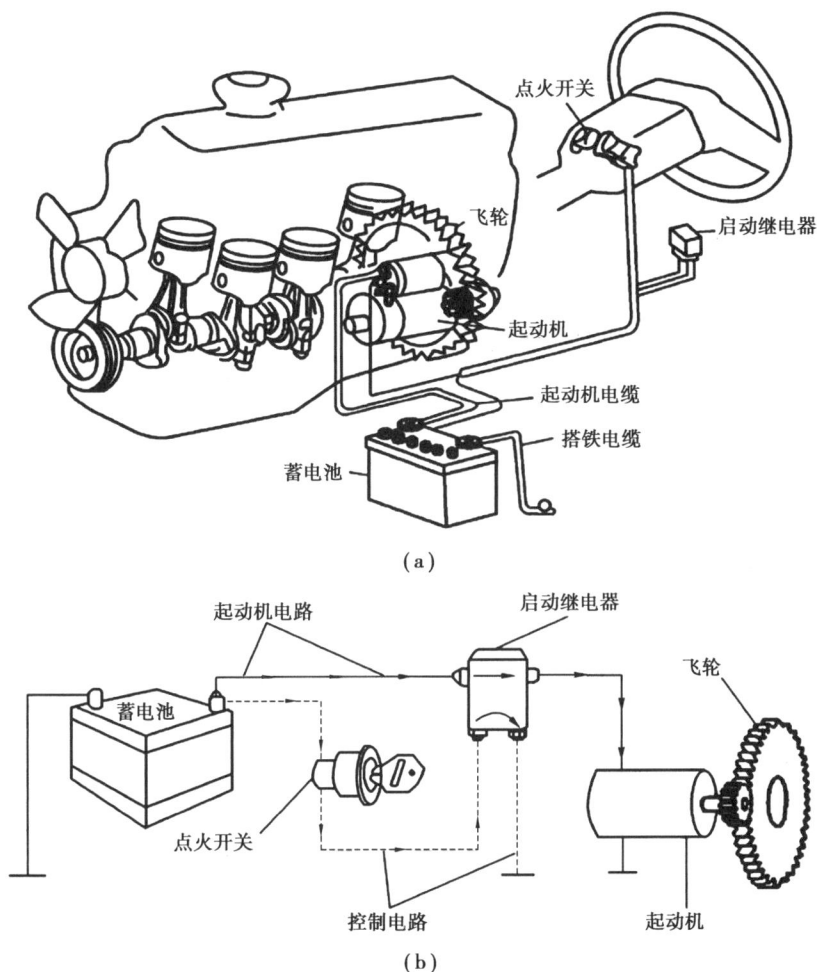

图 3-3　启动系统的组成

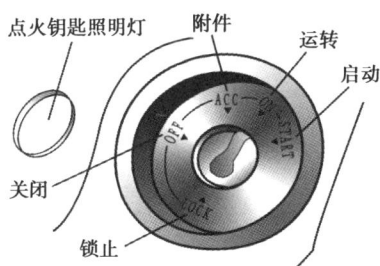

图 3-4　点火开关各挡位置图

①锁止（LOCK）

钥匙在此位置才能拔出,也在此位置锁住转向盘,以防汽车无钥匙被移动或被开走。

②关闭（OFF）

在此位置全车电路不通,但转向盘可以转动,以便不启动发动机移动汽车使用。

③附件（ACC）

在此位置汽车附属电器的电路接通,如点烟器、收音机等,但点火系统不通。不启动发动机听收音机时应开在此位置。

④点火(ON)

在此位置时点火系统及汽车各用电器均接通,一般汽车行驶时均在此位置。

⑤启动(START)

由运转(ON)位置顺时针方向旋转钥匙即为启动位置,手放松时,钥匙又可回到运转(ON)位置。在启动位置,点火系统及启动系统均接通以启动发动机。

3)启动继电器

起动机的工作电流很大,为50~300 A,不方便直接控制,一般使用点火开关以较小的电流(3~5 A),经启动继电器中线圈产生的磁力来控制触点的开闭,以控制主电路的通断。

4)起动机

起动机是启动系统中的重要组成部分,起动机由直流串励式电动机、传动机构和电磁开关(也称控制装置)3 个部分组成。

起动机主要完成以下两个作用:

①利用起动机小齿轮与发动机飞轮齿圈啮合,以摇转发动机使其能启动。

②发动机启动后,小齿轮与飞轮齿圈必须立刻分离,以免起动机受损。

5)空挡启动开关

空挡启动开关是一种常开开关,是防止变速器不在空挡或发动机运转中,启动系统突然产生作用而发生危险或损坏齿轮的安全装置。

装用自动变速器的汽车,都安装了空挡启动开关。自动挡车只有选挡杆在空挡 N 或驻车挡 P 位置时,启动线路才能接通,发动机才能启动,如图3-5所示。

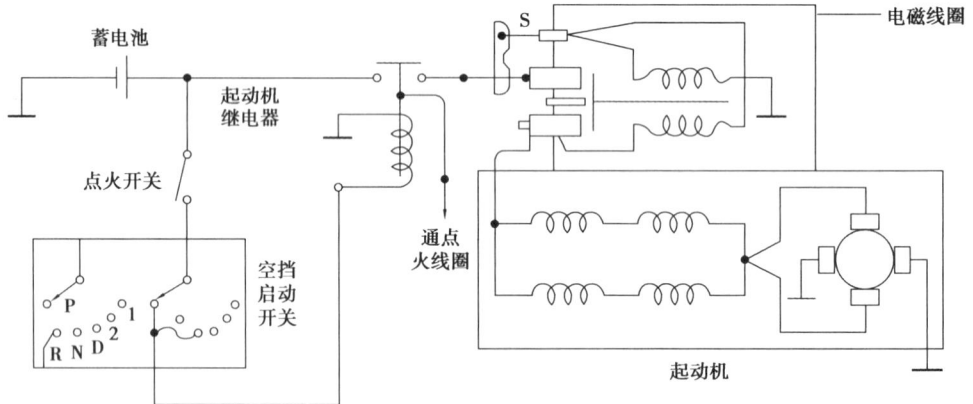

图 3-5　空挡启动开关电路图

工作页 A:起动机概述

1.内燃机无法自行启动,需要动能以便克服(　　　　)、(　　　　)、(　　　　)。发动机的启动是指借助(　　　　),发动机由(　　　　)状态过渡到(　　　　)的过程。发动机启动需要的最低转速,汽油机为(　　　　)r/min,柴油机为(　　　　)r/min。

2.画出起动机类型的思维导图。

3.填写表 3-3 中不同励磁方式电动机中的空项。

表 3-3

内部电路原理图			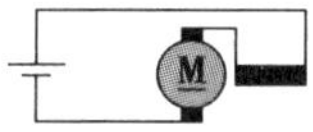	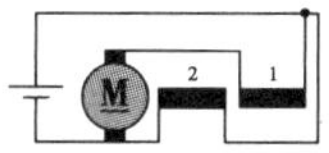
名称				
描述(如何产生磁场,励磁绕组如何控制)				
特性曲线(转速-扭矩特征曲线)	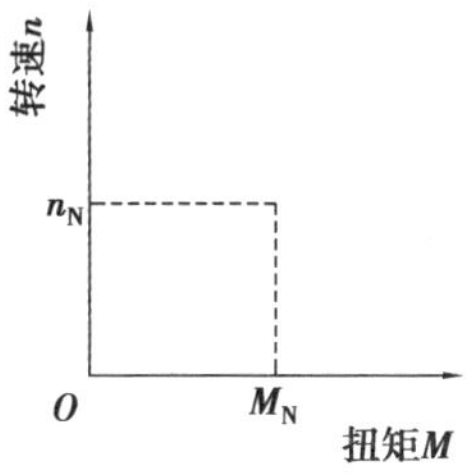	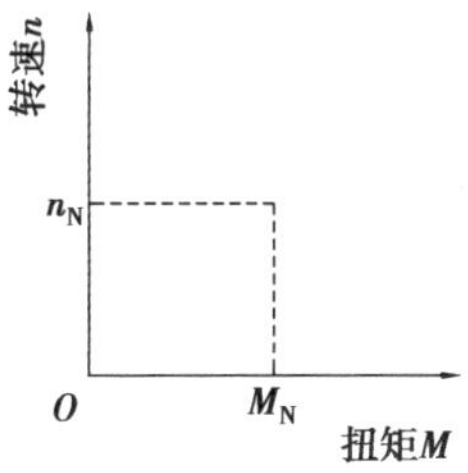	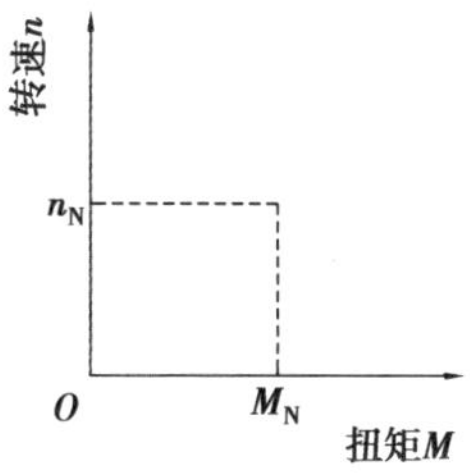	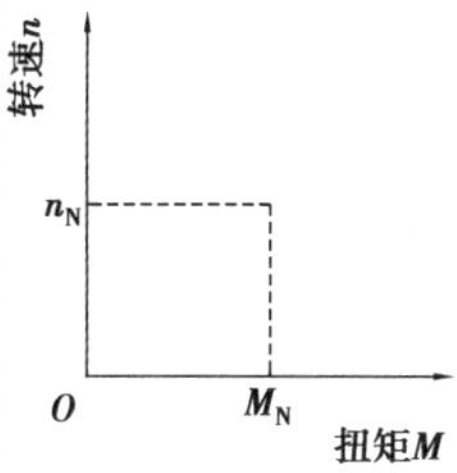
特性				
应用范围				

4.汽车启动系统应满足哪些要求?

阅读资料 B:强制啮合式起动机构造

起动机一般由直流串励式电动机、传动机构和电磁开关(也称控制装置)3 个部分组成。如图 3-6 所示为其和发动机飞轮的啮合关系,如图 3-7 所示为起动机的组成。由图可知,把点火开关旋至启动挡时,电动机产生转矩开始转动,同时电磁开关把传动机构中的小齿轮推出,使其与发动机的飞轮齿圈啮合,这样就把电动机的转矩通过传动机构传递给飞轮,使发动机启动。

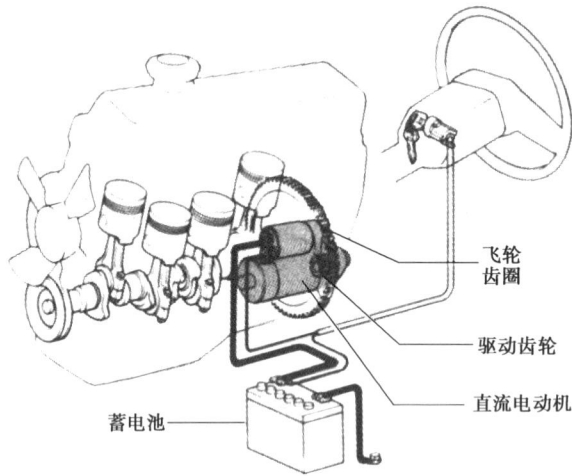

图 3-6　起动机和发动机飞轮的啮合关系

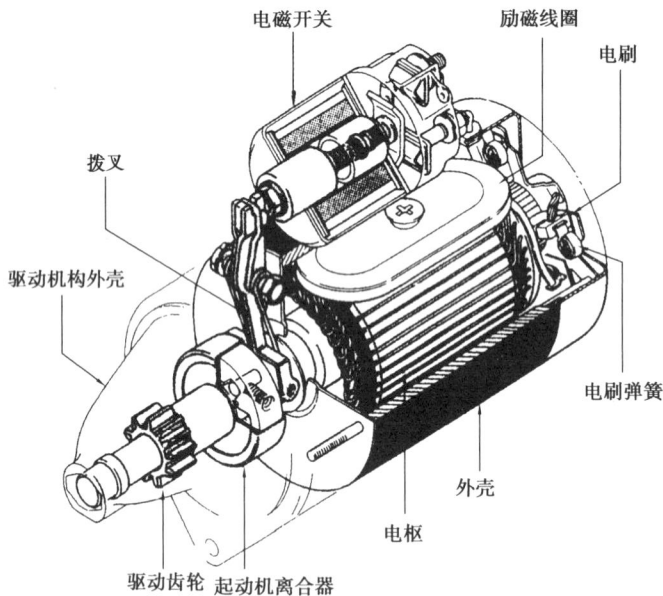

图 3-7　起动机的组成

(1)直流串励式电动机

直流电动机是将电能转化为机械能的装置,其功用是产生发动机启动时所需要的电磁转矩。一般采用直流串励式电动机。"串励"是指电枢绕组与磁场绕组串联。

1)结构

直流串励式电动机由电枢、磁极、电刷和电刷架、外壳、端盖等组成,如图 3-8 所示。

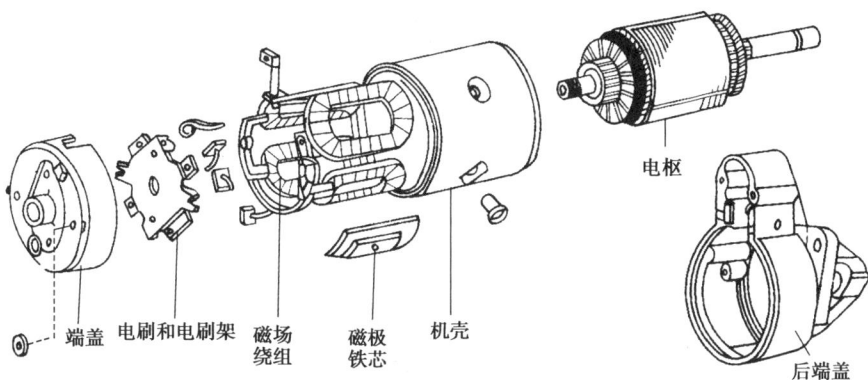

图 3-8　直流串励式电动机结构组成

①电枢

电枢是电动机的转子,其作用是产生电磁转矩。如图 3-9 所示,它由电枢铁芯、电枢绕组、换向器和电枢轴等组成。

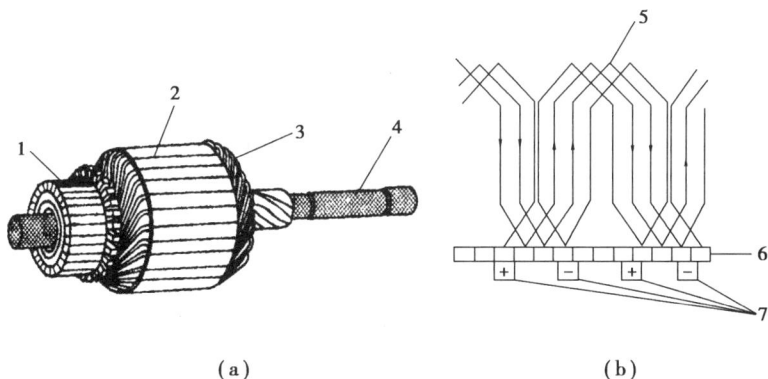

（a）　　　　　　　　　　　（b）

图 3-9　起动机电枢结构与电枢绕组展开图

（a）电枢结构；（b）电枢绕组展开图

1—换向器；2—铁芯；3—电枢绕组；4—电枢轴；5—电枢绕组；6—换向器；7—电刷

电枢铁芯由许多相互绝缘的硅钢片叠加而成,其外圆表面带槽,用来安放电枢绕组。电枢绕组采用较粗的矩形裸铜导线绕制而成,绕线形式一般采用波形绕法,如图 3-9（b）所示。与每一绕组两端相连接的换向器片相隔 90°,这种绕法电阻较低,有利于提高转矩。

换向器的作用是将通入电刷的直流电流转换为电枢绕组中导体所需的交变电流,以使不同磁极下导体中电流的方向保持不变。如图 3-10 所示,换向器由截面呈燕尾形的铜片（又称换向片）围合而成,电枢绕组各线圈的端头均焊接在换向器的铜片上,铜片之间采用云母（或硬塑料）片绝缘。电枢轴上除了固装电枢铁芯和换向器外,还伸出一定长度的花键,与传动机构总成的内花键相配合传递电磁转矩。

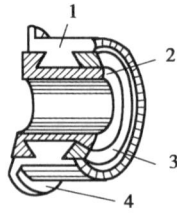

图 3-10　起动机换向器结构
1—换向片;2—轴套;3—压环;4—焊线凸缘

②磁极

磁极的作用是在电动机中产生磁场。它由固定在机壳上的铁芯和励磁绕组组成,如图 3-11 所示。一般采用 4 个磁极,功率大于 7. 35 kW(10 hp)的起动机有的采用 6 个磁极。每个磁极上套装有励磁绕组。4 个励磁绕组相互串联(或两两串联之后并联),按一定方向连接,使 4 个磁极形成 N、S 极相间排列的形式,如图 3-12 所示。

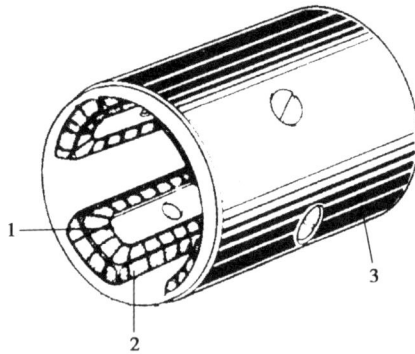

图 3-11　磁极
1—磁极铁芯;2—励磁线圈;3—外壳

(a)　　　　　　　　　　　　　　　　　(b)

图 3-12　磁场绕组连接方式
(a)串联电路;(b)先串联再并联电路

③电刷和电刷架

电刷和电刷架的作用是将电流引入电动机。电刷用含铜量石墨制成。如图3-13所示,电刷装在电刷架中,借弹簧压力将它紧压在换向器上。一般有4个电刷架,固定在前端盖上,其中两个为绝缘电刷,两个为搭铁电刷。

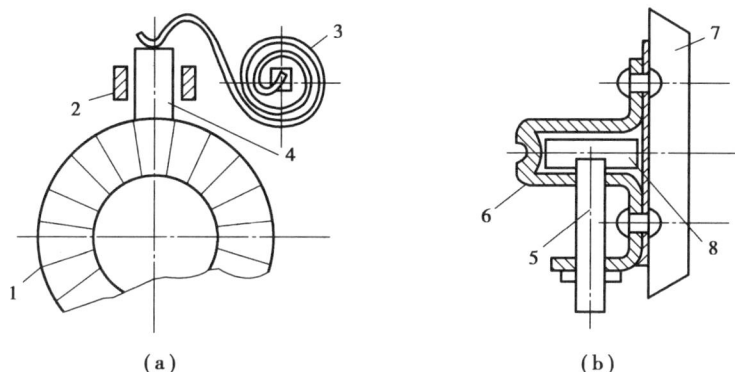

图3-13　电刷与电刷架组合示意图

(a)正视图;(b)侧视图

1—换向器;2,6—电刷架;3,5—盘形弹簧;4,8—电刷;7—前端盖

④壳体

壳体由低碳钢板卷曲焊接而成,一般有4个检查窗口,便于电刷和换向器的日常维护,中部有一绝缘接柱,内部与励磁绕组相连。

⑤端盖

端盖有前后两个,前端盖上装有4个电刷架,后端盖内装有青铜石墨轴承套或铁基含油轴承套,以支承电枢轴,两个端盖分别装在壳体的两端,靠两个长螺栓与起动机壳体紧固在一起。

2)工作原理

直流电动机是将电能转化为机械能的装置,是根据通电导体在磁场中受到电磁力作用这一原理而制成的。

如图3-14所示,在磁场中放一线圈abcd,线圈两端分别与两换向片A、B连接,两电刷分别与两换向片接触。在线圈旋转过程中,线圈电流方向为:蓄电池正极→绝缘电刷→换向片A→线圈→换向片B→负电刷→蓄电池负极。图3-14(a)所示线圈中电流方向为a→b→c→d,线圈受逆时针方向转矩作用而转动。当线圈转过半周如图3-14(b)所示,线圈中电流方向为d→c→b→a,线圈受转矩作用仍按逆时针方向转动。当电源连续对电动机供电时,可保证电动机线圈一直按同一方向转动。

一个线圈产生转矩太小,且转速不稳定,实际上,电动机电枢采用多匝线圈,换向片数也随线圈的增多而相应增加。

直流串励式起动机具有启动转矩大,轻载转速高、重载转速低的特性,因此,汽车用起动机大多数为直流串励式起动机。

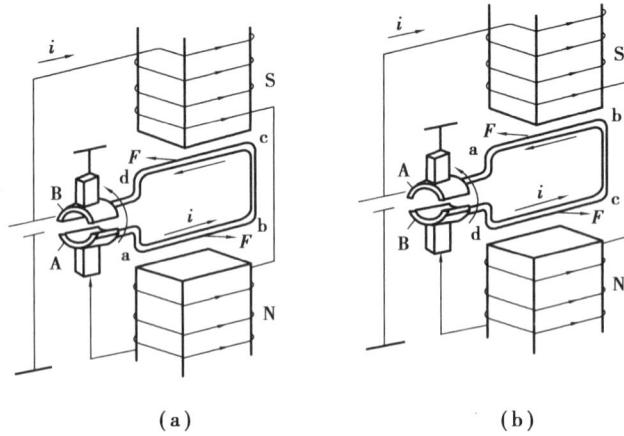

图 3-14 直流电动机工作原理

（a）电流方向 a→d；（b）电流方向 d→a

（2）传动机构

传动机构的作用是把直流电动机产生的转矩传递给飞轮齿圈，再通过飞轮齿圈把转矩传递给发动机的曲轴，使发动机启动，发动机启动后，飞轮齿圈与驱动齿轮自动打滑脱离。减速型起动机的传动机构中设有减速机构，起减速增矩的作用。起动机小齿轮齿数与飞轮齿圈齿数比为 1:15 ~ 1:20，即传动比为 15:1 ~ 20:1。传动机构一般由驱动齿轮、单向离合器、拨叉、啮合弹簧等组成，其工作过程如图 3-15 所示。

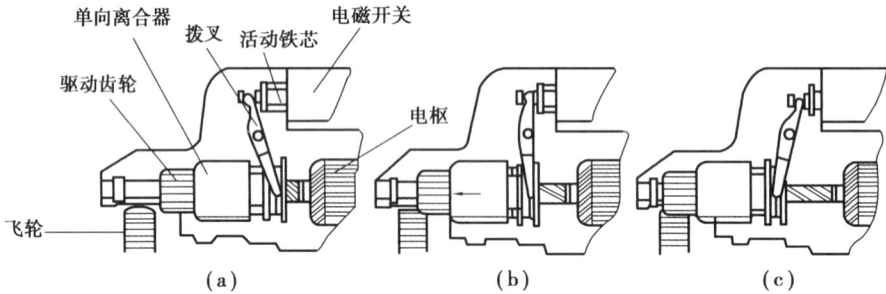

图 3-15 传动机构工作过程

（a）发动机静止状态；（b）驱动齿轮与飞轮齿圈正在啮合；（c）完全啮合

单向离合器的作用是单方向传递转矩，即启动发动机时将电动机转矩传给发动机曲轴，而在发动机启动后自动打滑，保护起动机电枢不致飞散。常见的单向离合器主要有滚柱式、摩擦片式和弹簧式 3 种类型。

1）滚柱式单向离合器

滚柱式单向离合器具有结构简单、体积小、质量轻、工作可靠等优点，在汽车上得到广泛应用。

滚柱式单向离合器的结构如图 3-16 所示，其驱动齿轮与外壳制成一体，外壳内装有十字块和 4 套滚柱、压帽与弹簧。十字块与传动花键套筒固定连接。在花键套筒的另一端套有啮合弹簧和拨环，拨环由传动叉拨动。整个离合器总成套装在起动机电枢轴的花键部位，可轴向移动和随轴转动。滚柱式单向离合器通过改变滚柱在楔槽中的位置来实现分离和接合，以实现起动机驱动发动机,而发动机不能驱动起动机的单向传递动力的作用。

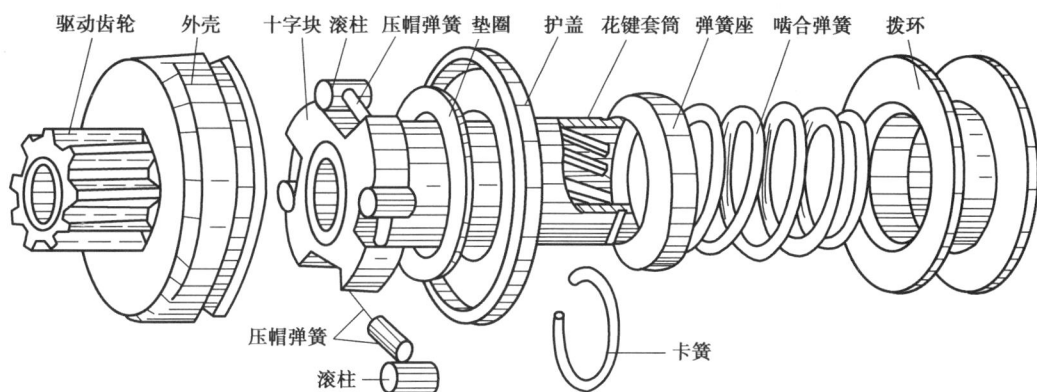

图 3-16　滚柱式单向离合器

滚柱式单向离合器的工作原理如图 3-17 所示。当起动机电枢轴旋转时,转矩经套筒带动十字块旋转,滚柱在压帽与弹簧的作用下滚入楔形槽窄端,将十字块与外壳卡紧,使十字块与外壳之间能传递力矩,如图 3-17(a)所示。发动机启动后,飞轮齿圈带动驱动齿轮旋转。当转速超过电枢转速时,滚柱滚入宽端打滑,发动机的转矩就不会传递至起动机,从而防止电枢超速飞散,起到保护起动机的作用,如图 3-17(b)所示。

（a）　　　　　　　　　　　（b）

图 3-17　滚柱式单向离合器工作示意图

（a）发动机启动时；（b）发动机启动后

1—驱动齿轮；2—外壳；3—十字块；4—滚柱；5—压帽与弹簧；6—飞轮齿圈

2）摩擦片式单向离合器

摩擦片式离合器结构较复杂,能传递较大的转矩,并能在超载时自动打滑,但其摩擦片容易磨损,需经常检查、调整。

摩擦片式单向离合器的结构如图 3-18 所示,花键套筒 10 套在电枢轴的螺旋花键上,它的外表面有三线螺旋花键,套有内接合鼓（主动鼓）9,内接合鼓上有 4 个轴向槽,用来插放主动摩擦片 8 的内凸齿,被动摩擦片 6 的外凸齿插在与驱动齿轮成一体的外接合鼓 1 的槽中。主被动摩擦片相间排列。单向离合器工作时,利用两者的摩擦力经凸齿传递转矩。

其工作原理如下:发动机启动时,内接合鼓开始瞬间是静止的,在惯性力的作用下,内接合鼓由于花键套筒的旋转而左移,从而使主被动摩擦片压紧在一起。电枢转矩经内接合鼓、

89

主被动摩擦片和外接合鼓传给驱动齿轮。发动机启动后,飞轮齿圈转速高于驱动齿轮,内接合鼓沿传动套筒的螺旋花键右移,使主被动摩擦片出现间隙而打滑,避免了超速飞散。

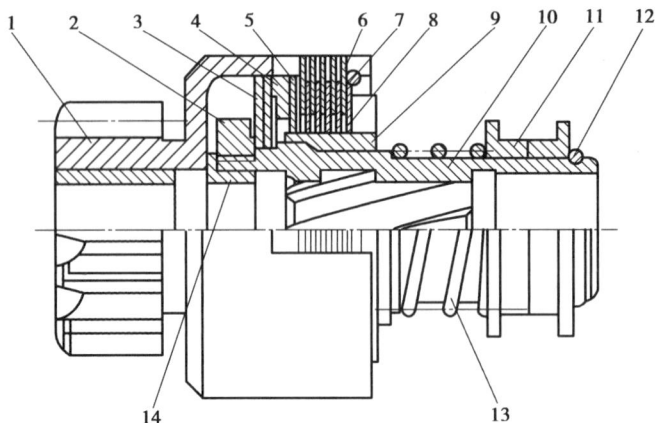

图 3-18　摩擦片式单向离合器

1—驱动齿轮外结合鼓;2—螺母;3—弹性圈;4—压环;5—调整垫圈;

6—被动摩擦片; 7,12—卡环;8—主动摩擦片;9—内结合鼓;

10—花键套筒;11—移动衬套;12—缓冲弹簧;14—挡圈

3)弹簧式单向离合器

弹簧式单向离合器结构简单,寿命长,成本低,但其轴向尺寸较大,在小型起动机上采用受到限制。

弹簧式单向离合器的结构如图 3-19 所示,花键套筒 6 套在电枢轴的螺旋花键上,驱动齿轮 1 套在轴的光滑部分,两者间用两个月形键连接,使驱动齿轮 1 与花键套筒 6 之间不能轴向移动,但可以相对转动。在驱动齿轮柄和花键套筒外装有扭力弹簧 4,弹簧的两端各有 1/4 圈内径较小,分别箍紧在齿轮柄和花键套筒上。

其工作原理如下:启动发动机时,电枢轴带动花键套筒 6 稍有转动,扭力弹簧 4 顺着其螺旋方向将齿轮柄与花键套筒 6 包紧,起动机转矩扭力弹簧传给驱动齿轮启动发动机。发动机启动后,驱动齿轮转速高于花键套筒,扭力弹簧放松,齿轮与花键套筒松脱打滑,发动机的转矩不能传给起动机电枢。

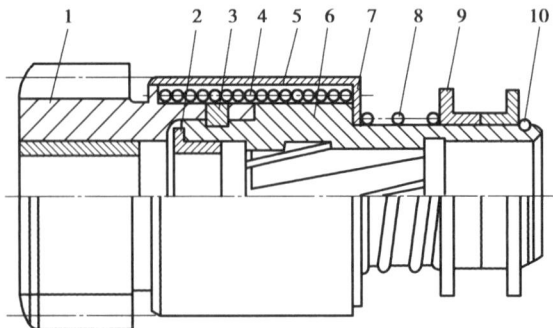

图 3-19　弹簧式单向离合器

1—驱动齿轮;2—挡圈;3—月形键;4—扭力弹簧;5—护圈;6—花键套筒;

7—垫圈;8—缓冲弹簧;9—移动衬套;10—卡簧

(3)电磁开关(控制装置)

电磁开关在起动机上称为控制装置,它的作用是控制驱动齿轮与飞轮齿圈的啮合与分离,同时控制电动机电路的接通与切断。在现代汽车上,起动机均采用电磁式控制电路。电磁式控制装置利用电磁开关的电磁力操纵拨叉,使驱动齿轮与飞轮啮合或分离。

1)电磁开关(控制装置)的结构

电磁开关的结构如图 3-20 所示,主要由吸引线圈 3、保持线圈 4、复位弹簧 1、活动铁芯 5、接触片 2 等组成。吸引线圈和保持线圈绕向相同,其公共端接电磁开关接线柱(或称端子50),吸引线圈 3 的另一端接起动机磁场接线柱"C"(或称磁场端子 C),保持线圈 4 的另一端搭铁。磁场接线柱"C"与起动机内部励磁绕组相连,主接线柱"30"与蓄电池正极相连。

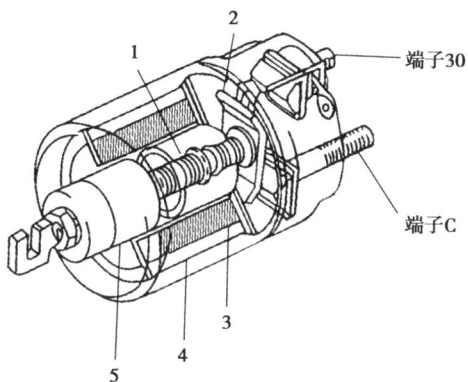

图 3-20　电磁开关的结构

1—复位弹簧;2—接触片;3—吸引线圈;4—保持线圈;5—活动铁芯

2)基本工作过程

电磁开关的工作过程如图 3-21 所示,具体启动过程如下:

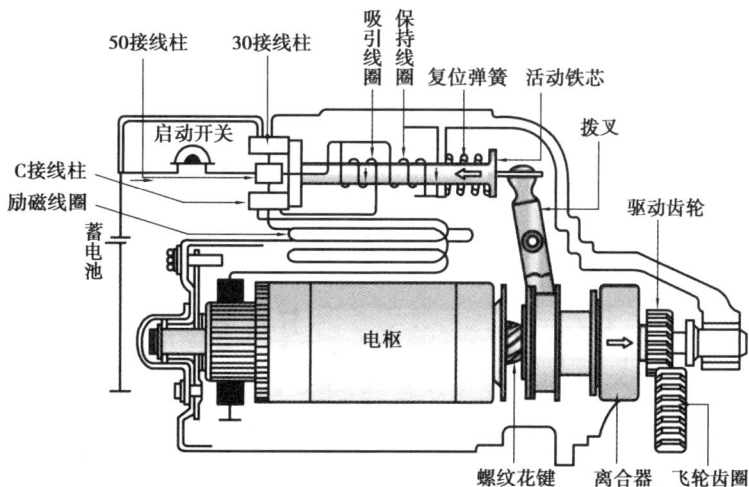

图 3-21　起动机电磁开关工作过程

91

①当启动开关接通启动时

如图 3-22 所示,启动发动机时,当点火开关转到启动挡时,电路电流由蓄电池正极经点火开关启动端子到起动机电磁开关接线柱(端子 50)。电流分两路:一路经较细的保持线圈(又称并联线圈)到外壳搭铁产生吸力;另一路经较粗的吸引线圈(又称串联线圈),经电磁线圈的端子 C 及起动机磁场线圈与电枢线圈搭铁。此时,起动机电路中串联了吸引线圈,电机缓慢旋转,吸引线圈与保持线圈的电流绕向相同,磁场方向相同,活动铁芯在两个线圈磁场力的共同作用下克服回位弹簧的作用向左移动,通过拨叉使驱动齿轮与飞轮啮合。当驱动齿轮与飞轮啮合后,接触盘将主接线柱 C、30 内侧触头接通,于是起动机的主电路接通。

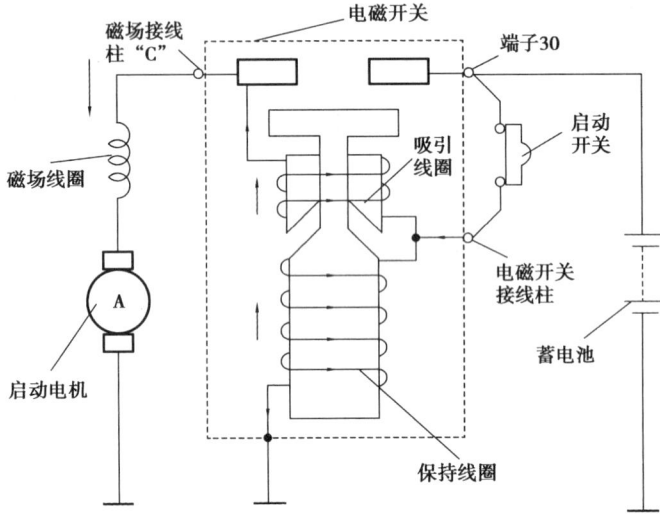

图 3-22　启动开关接通时的工作原理

②起动机主开关接通时

如图 3-23 所示,当起动机主开关(端子 30 与 C)接通时,起动机的电流回路为:蓄电池正极→主接线柱 30→接触盘→磁场接线柱 C→励磁绕组→电刷→电枢绕组→电刷→搭铁→蓄电池负极。这时直流电动机产生电磁转矩,通过单向离合器带动曲轴旋转,启动发动机。

保持线圈依然通电,电流回路为:蓄电池正极→启动开关→电磁开关接线柱→保持线圈→搭铁→蓄电池负极。保持线圈的电磁吸力使电磁开关铁芯保持在使两主接线柱闭合位置。

图 3-23　起动机主开关接通时工作原理

③点火开关复位到"ON"时

发动机启动后,松开点火开关,则点火开关自动由"START"回到"ON",此时电磁开关接线柱的电流切断。因起动机主开关30、C端子仍闭合,故电流改由30端子经C端子流入吸引线圈,通过保持线圈后搭铁,此时吸引线圈的电流方向与原来方向相反,而保持线圈的电流方向仍不变,吸引线圈与保持线圈两线圈的电流方向相反,产生的磁力互相抵消,如图3-24所示。电磁开关的磁力消失后,铁芯及接触盘在回位弹簧的作用下回位,断开主接线柱端子30与C的连接,起动机断电,停止运转。拨叉将驱动小齿轮拨回到原来位置。

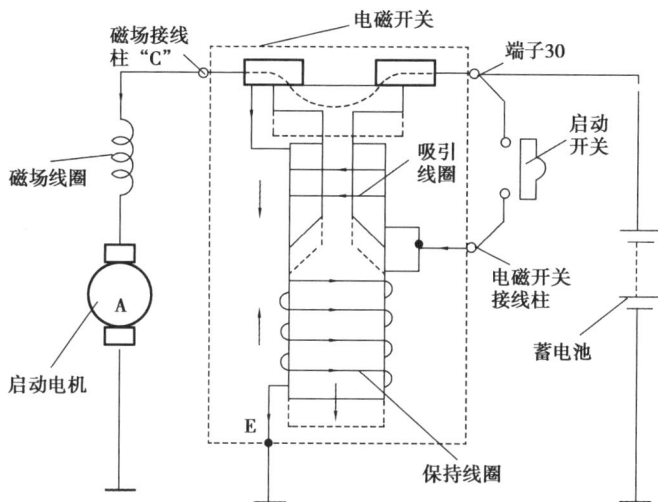

图3-24　点火开关复位"ON"时工作原理

工作页B:强制啮合式起动机构造

1.起动机一般由(　　　　　　　)、(　　　　　　　)和(　　　　　　　)(也称控制装置)3部分组成。直流电动机由(　　　　　　　)、(　　　　　　　)、(　　　　　　　)和外壳等组成,传动机构一般由(　　　　　　　)、(　　　　　　　)、拨叉、啮合弹簧等组成。常见的单向离合器主要有(　　　　　)、(　　　　　)和(　　　　　)3种类型。

2.请根据图3-25所示说出部件1到10的名称,填入表3-4中,并将序号填入原理图3-26中。

表3-4　起动机组成名称

编号	名称	编号	名称
1		6	
2		7	
3		8	
4		9	
5		10	

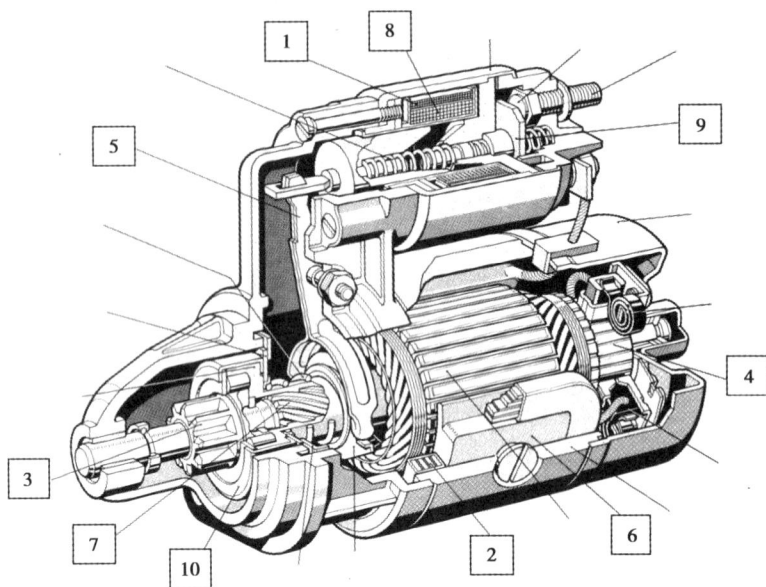

图 3-25　强制啮合式起动机构造

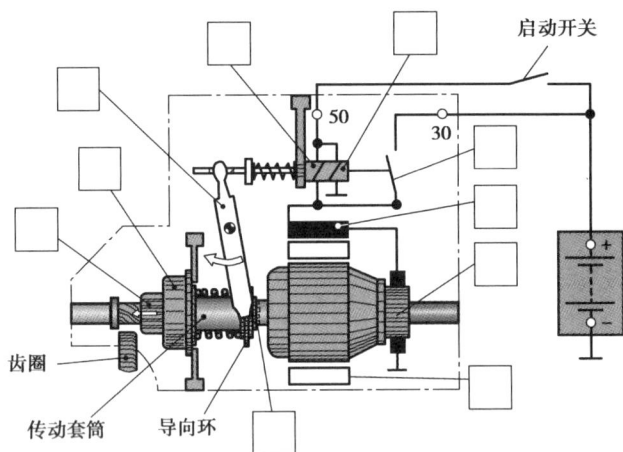

图 3-26　起动机电路原理图

3. 说明起动机电磁开关的工作过程。

阅读资料 C：起动机控制电路

　　启动系统的控制电路是指除起动机本身电路以外的电路。启动系统的控制电路随车型的不同而有所不同，大体上可以分为无启动继电器的控制电路、带有启动继电器的控制电路和带有保护继电器的控制电路。

（1）无启动继电器的控制电路

丰田车系无启动继电器的控制电路及其工作过程如图 3-27—图 3-29 所示。

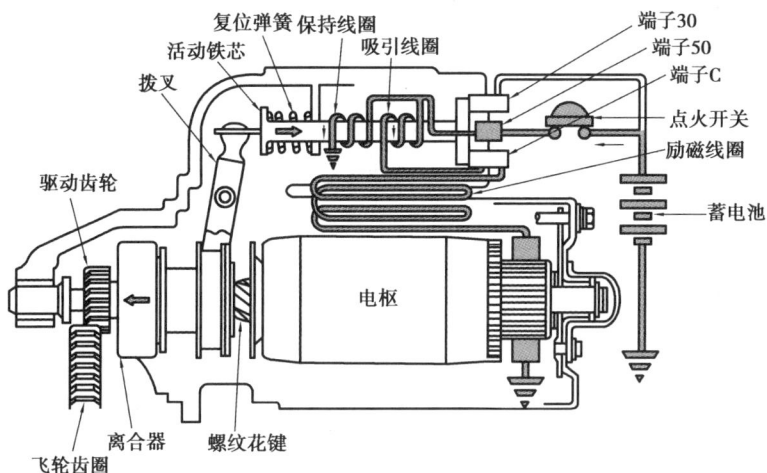

图 3-27　点火开关位于启动位置时

如图 3-27 所示，当点火开关位于启动挡时，电流的流向为：蓄电池"＋"→点火开关启动开关→端子 50→保持线圈→搭铁，同时吸引线圈中也通过电流，方向为：蓄电池"＋"→点火开关启动开关→端子 50→吸引线圈→端子 C→励磁线圈→电枢→搭铁。此时吸引线圈和励磁线圈中的电流非常小，电动机低速运转。同时吸引线圈和保持线圈中产生的磁场吸引活动铁芯向右运动，克服回位弹簧的作用力，拉动拨叉向左运动，拨叉使离合器的小齿轮向左和飞轮的齿圈啮合。这个过程电动机的转速低，可以保证齿轮之间平顺啮合。

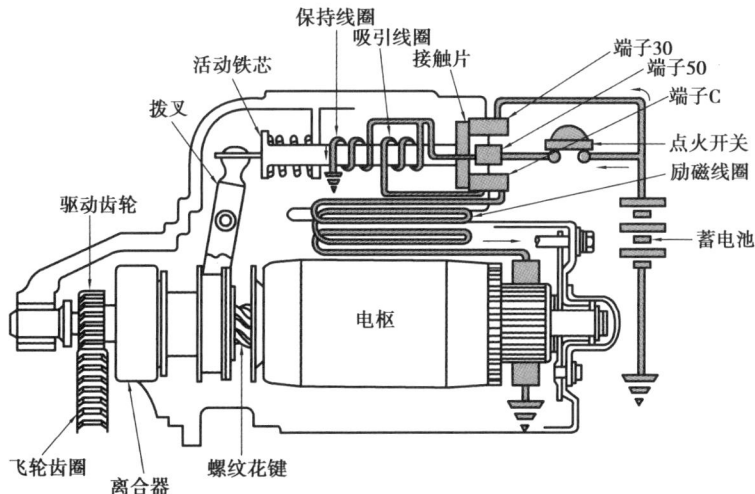

图 3-28　小齿轮和飞轮齿圈完全啮合时

当小齿轮和飞轮齿圈完全啮合以后，如图 3-28 所示，与活动铁芯连在一起的接触片向右运动，和端子 30 及端子 C 接触，从而接通了主开关，通过起动机的电流增大，电动机的转速升高。而电枢轴上的螺纹使小齿轮和飞轮齿圈更加牢固地啮合。此时吸引线圈两端的电压相等，无电流通过。保持线圈产生的磁场力使活动铁芯保持在原位不动。此时的电流方向分别为:蓄电池"+"→点火开关启动开关→端子50→保持线圈→搭铁;蓄电池"+"→端子30接触片→端子C→励磁线圈→电枢绕组→搭铁。

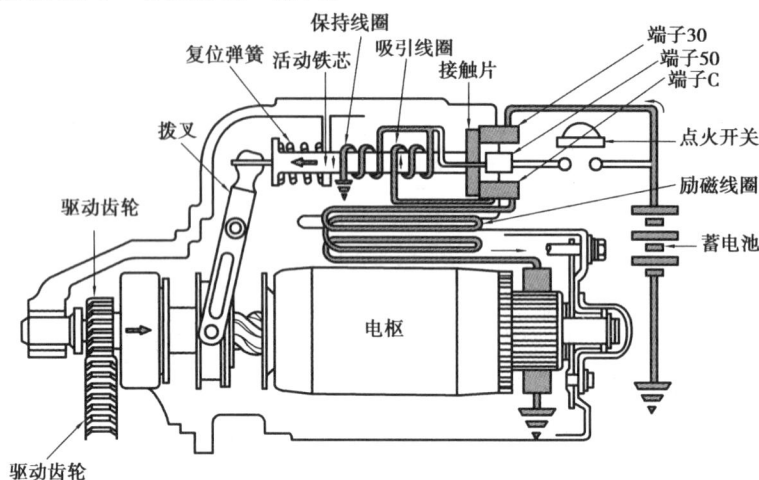

图 3-29 启动完成后

发动机启动以后,点火开关会从"START"挡回到"ON"挡,这就切断了端子50上的电压。这时,接触片和端子30及端子C仍保持接触。如图 3-29 所示,电路中的电路流程为:蓄电池"+"→端子30→接触片→端子C→吸引线圈→保持线圈→搭铁。同时电流还经过端子C→励磁线圈→电枢→搭铁。此时吸引线圈和保持线圈的电流方向相反,产生的磁场力相互抵消,在复位弹簧的作用下,活动铁芯向左运动,使得小齿轮与飞轮齿圈脱离,同时,接触片和两个端子断开,切断电动机中的电流,整个启动过程结束。

(2)带启动继电器的控制电路

安装启动继电器的目的是减小通过点火开关的电流,防止点火开关烧损。启动继电器有4个接线柱,分别标有"起动机""电池""搭铁"和"点火开关",点火开关与搭铁接线柱之间是继电器的电磁线圈,起动机和电池接线柱之间是继电器的触点。接线时,"点火开关"接线柱接点火开关的启动挡,"电池"接线柱接电源,"搭铁"接线柱直接搭铁,"起动机"接线柱接起动机电磁开关上起动机接线柱,如图 3-30 所示。

发动机启动时,将点火开关启动挡接通,继电器的电磁线圈通电,使触点闭合,电源的电流便经继电器的触点通往起动机电磁开关的起动机接线柱,电磁开关通电后,便控制起动机进入工作状态,从电路中可以看出,启动期间流经点火开关启动挡和继电器线圈的电流较小,大电流经过继电器开关流入起动机,保护了点火开关。

(3)空挡启动开关或离合器启动开关的起动机控制电路

装用自动变速器的汽车需安装启动安全开关(又称抑制开关)。启动安全开关是一种常开开关,是防止变速器不在空挡或发动机运转中,启动系统突然产生作用而发生危险或损坏齿轮安全装置。启动安全开关串接在启动继电器控制电路中,使启动电路必须选择在空挡 N 或驻车挡 P 时才能作用。

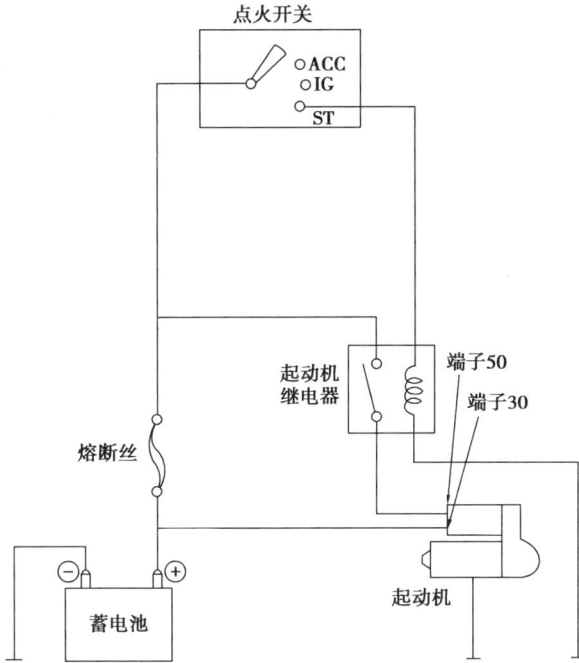

图 3-30 带启动继电器的控制电路

有些装用手动变速器的汽车,装用离合器启动开关,起到启动安全保护的作用。启动时只有踩下离合器踏板,使离合器开关接合,起动机才能启动,以防止变速器不在空挡时启动发动机发生危险。离合器启动开关串接在启动继电器控制电路中,只有当离合器启动开关接通时,离合器启动继电器线圈通电,触点闭合,才能使启动线路接通。

带空挡启动开关或离合器启动开关控制的起动机控制电路如图 3-31 所示,其为卡罗拉轿车启动系统电路图。

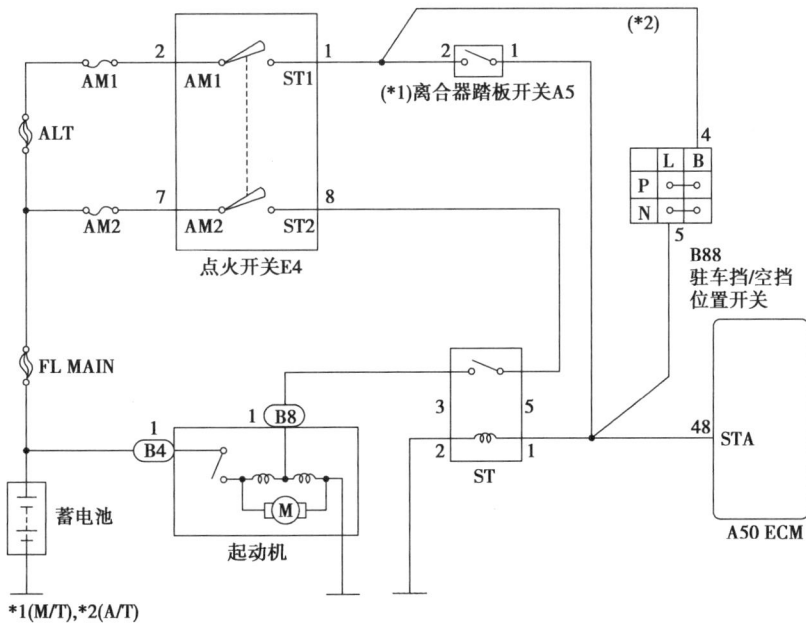

图 3-31 卡罗拉轿车启动系统电路图

1）起动机控制电路

起动机主电路是否接通,依赖于控制电路。只有在控制电路导通的情况下,主电路才能接通。控制电路流程为:蓄电池"+"→FL MAIN 保险→AM2 保险→点火开关（AM2-ST2）→ST 继电器开关→起动机电磁开关→保持线圈→搭铁。

2）起动机控制电路的控制电路

起动机控制电路的导通受控于 ST 继电器线圈是否有电。

①自动挡车电路流程为:蓄电池"+"→FL MAIN 保险→AM1 保险→点火开关（AM1-ST1）→驻车挡/空挡位置开关(4-5)→ST 继电器线圈→搭铁。

②手动挡车电路流程为:蓄电池"+"→FL MAIN 保险→AM1 保险→点火开关（AM1-ST1）→离合器踏板开关 A5→ST 继电器线圈→搭铁。

3）起动机主电路

起动机主电路是真正让电动机旋转的电路,其电路流程为:蓄电池"+"→起动机主接线柱→起动机开关触盘→直流电动机电枢绕组→搭铁。

工作页 C:起动机控制电路

1. 根据图 3-27 所示完成下列各题。

（1）在图中画出启动开关闭合时起动机电路,写出电路流程。

（2）在图中画出起动机主触点闭合时起动机电路,写出电路流程。

（3）在图中画出启动开关断开时起动机电路,写出电路流程。

2. 根据图 3-30 所示完成下列各题。

（1）在图中画出启动开关闭合时起动机电路,写出电路流程。

（2）在图中画出起动机主触点闭合时起动机电路,写出电路流程。

（3）在图中画出启动开关断开时起动机电路,写出电路流程。

3.根据图 3-31 所示完成下列各题。

（1）在图中画出启动开关闭合时起动机电路,写出电路流程。

（2）在图中画出起动机主触点闭合时起动机电路,写出电路流程。

（3）在图中画出启动开关断开时起动机电路,写出电路流程。

阅读资料 D:起动机的特性

（1）直流串励式电动机的工作特性

在直流电动机中,励磁绕组与电枢绕组的连接方式可分为串励式、并励式和复励式 3 种形式,如图 3-32 所示。汽车起动机所用的电动机为直流串励式电动机,其工作特性有转矩特性、转速特性和功率特性。

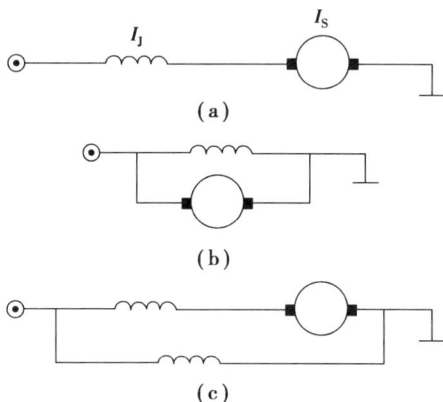

图 3-32 直流电动机的励磁方法
（a）串励式;（b）并励式;（c）复励式

1）转矩特性

如图 3-32（a）所示,由于励磁绕组与电枢绕组是串联的,因此其励磁电流 I_J 与电枢电流 I_s 相等,在磁路未饱和时,磁通量 ϕ 与励磁电流 I_J 成正比,即 $\phi = C_1 I_J = C_1 I_s$（C_1 为常数）,电动机产生的电磁转矩为

$$M = C_m \phi I_s = C_m C_1 I_s I_s = CI_s^2$$

式中　C_m——电动机的结构常数;

　　　C——常数。

在磁路未饱和时,直流串励式电动机的电磁转矩 M 与电枢电流 I_s 的平方成正比。但在磁路饱和时,磁极磁通量 ϕ 为常数,电磁转矩与电枢电流成直线关系,如图 3-33 所示的 M 曲线。

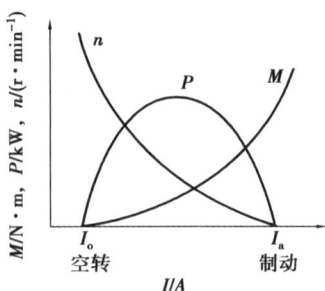

图 3-33 起动机的特性

由上式可知,当电枢电流相同时,直流串励式电动机产生的电磁转矩比并励式直流电动机产生的电磁转矩$(M=CI_s)$要大得多,这是汽车起动机采用直流串励式电动机的原因之一。

当电枢在电磁转矩的作用下转动时,电枢绕组在转动的同时切割磁力线而产生感应电动势,根据右手定则可判定其方向与电枢电流I_s的方向相反,称为反电动势E_f。且$E_f=C_m\phi n$(C_m为电动机的结构常数),这样,外加电压U除一部分降落在电枢绕组的电阻R_S和励磁绕组的电阻R_J上外,另一部分则用来平衡反电动势E_f,即

$$U=E_f+I_S R_S+I_S R_J$$

$$I_S=\frac{U-E_f}{R_S+R_J}=\frac{U-C_m\Phi n}{R_S+R_J}$$

在启动瞬间,发动机的阻力矩很大,起动机处于完全制动的情况下,$n=0$,$E_f=0$。此时电枢电流I_S将达到最大值(称为制动电流),产生最大转矩(称为制动转矩),从而使起动机易于启动,这就是汽车上采用直流串励式电动机的另一个主要原因。

2)转速特性

由电动机的电压平衡方程式可知,起动机的转速为

$$n=\frac{U-I_S(R_S+R_J)}{C_m\Phi}$$

由上式可知,直流串励式电动机在轻载时I_S小,转速高;重载时I_S大,转速低,如图3-33所示的曲线n。

直流串励式电动机在重载时转速低而转矩大的特性,可以保证启动安全可靠。但是在轻载和空载时转速很高,容易造成电枢绕组飞散。直流串励式电动机不可在轻载或空载下运行。

3)功率特性

起动机的输出功率P(kW)可以通过测量电枢轴上的输出转矩M和电枢的转速n来确定,即

$$\frac{P=Mn}{9\,550}$$

式中 M——起动机输出转矩,N·m;

  n——起动机的转速,r/min。

从上式可知,在完全制动($n=0$)和空载($M=0$)两种情况下,起动机的输出功率都等于零。如图3-33中P曲线所示,在I_S接近全制动电流一半时,起动机的输出功率最大。因为起

动机工作时间很短,所以允许在最大输出功率状态下工作。通常把起动机的最大输出功率称为起动机的额定功率。

(2)影响起动机功率的使用因素

1)接触电阻

蓄电池的极桩与启动电缆线、启动电缆线与搭铁、接触盘与主接线柱内侧触头、起动机电刷与换向器片等接触不良,导致启动主电路电阻增大,启动电流下降,使起动机功率下降。另外,起动机的电缆线不要随意更换,最好使用与车型配套的电缆线,否则电缆线过长、过细都会使电阻增大,使起动机输出功率下降。

2)蓄电池的容量

蓄电池的容量越小,则内阻越大,启动电流下降,使起动机输出功率下降。在使用蓄电池时,要经常保持蓄电池充足电。

3)温度

温度低时会引起蓄电池的内阻增大,容量下降,导致起动机输出功率下降。

(3)起动机型号

《汽车电气设备产品型号编制方法》(QC/T 73—1993)的规定,起动机的型号由以下部分组成:

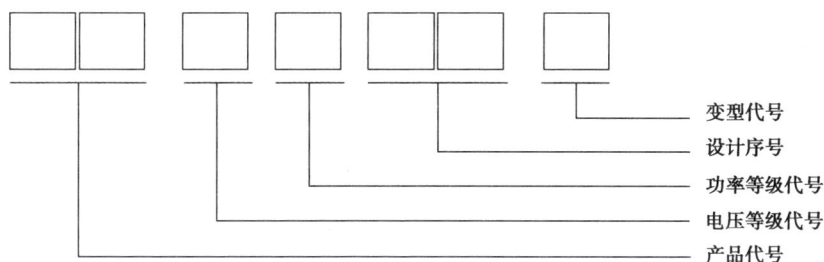

变型代号
设计序号
功率等级代号
电压等级代号
产品代号

①产品代号:QD 表示起动机,QDJ 表示减速起动机,QDY 表示永磁型起动机(包括永磁减速型起动机)。

②电压等级代号:1 表示 12 V;2 表示 24 V。

③功率等级代号:参见表 3-5。

④设计序号和变型代号:与其他电气产品中的有关规定相同。

表 3-5　起动机的功率等级代号

功率等级代号	1	2	3	4	5	6	7	8	9
功率/kW	<1	1~2	2~3	3~4	4~5	5~6	6~7	7~8	>8

例如,QD1225 表示额定电压为 12 V,功率为 1~2 kW,第 25 次设计的起动机。

工作页 D:起动机的特性

某型起动机的特性曲线如图3-34 所示。

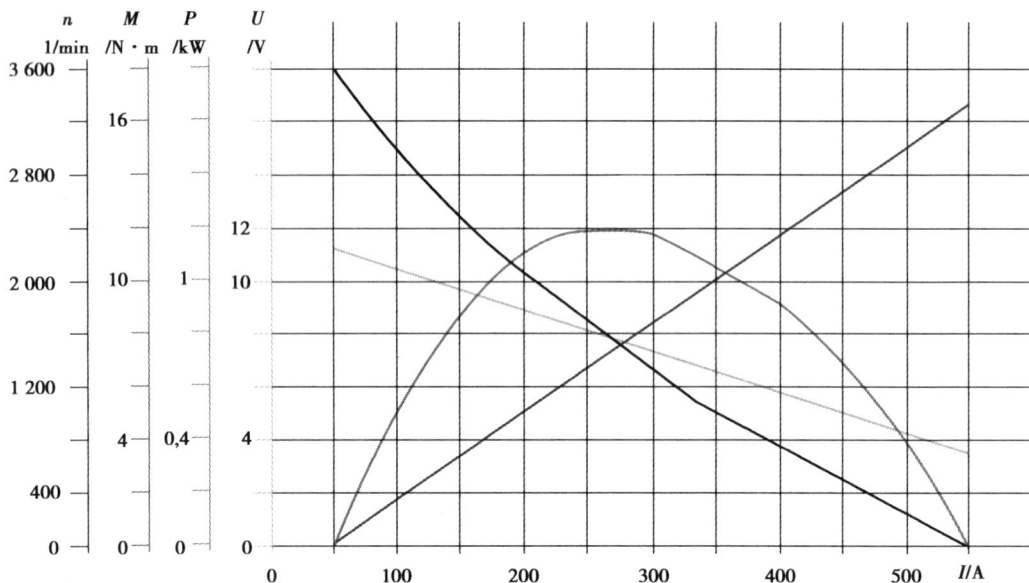

图 3-34 起动机特性曲线

(1)请从图形中查找以下值,并填入表3-6 中。

表 3-6

起动机锁死时的转矩	
起动机锁死时的电流消耗	
发动机最大功率时的启动转速	
发动机最大功率时的转矩	

(2)起动机转速升高时转矩会怎样?

(3)计算表3-7 中的数据。

表 3-7　起动机的功率、效率计算表

启动电流 I /A	输出功率 P /kW	电压 U /V	输入功率 P_{zu}/kW	起动机效率 η/%
50	0	11.2		
100	0.52	10.5		
150	0.86	9.7		
200	1.1	8.8		
250	1.18	8.1		

启动电流 I/A	输出功率 P/kW	电压 U/V	输入功率 P_{zu}/kW	起动机效率 η/%
300	1.16	7.3		
350	1.04	6.6		
400	0.9	5.8		
450	0.69	5		
500	0.37	4.2		
550	0	3.4		

（4）从车辆和起动机已知以下数据：飞轮齿数 135 齿；起动机齿数 9 齿，请计算：

①传动比 i。

②在内燃机上的最大启动转矩。

③起动机功率最大时内燃机的转速。

④起动机功率最大时内燃机的转矩。

3.2.3 制订工作计划

教师活动：

教师提供实验车型的维修手册，指导学生完成工作计划。

学生活动：

学生首先个体工作，制作工作计划，再进行小组合作制订"启动系统电路故障诊断"工作计划表（表3-8），把每一步的细节和注意事项写出来，并进行小组间分享与完善。

表 3-8　"启动系统电路故障诊断"工作计划表

序号	工作步骤内容	设备工具	安全环保	标准规范	检测值	检测结论
预估时间			成本预算			

❋ 典型工作环节三　诊断启动电路故障

3.3.1　起动机检测

教学方法推荐:工作站法

教师活动:

教师提供实验车型的维修手册等资料和工作站(A、B 工作站各两个),提供阅读资料,要求学生完成实际操作和工作页,教师对各工作站进行巡视和指导。

学生活动:

学生根据教师要求,阅读各工作站给出的资料,完成工作站的学习内容和实操内容,并完成工作页。

工作页 A:起动机拆装与检测

1.请拆装给定的起动机,写出分解步骤。

记录起动机的型号:

记录起动机分解的步骤:

记录起动机组装的步骤：

2. 根据信息页起动机元件检测的内容对起动机各元件进行检测,将以下各项检查的结果
记录在表 3-9 中。

表 3-9　起动机元件检测表

序号	检测项目			标准情况	检测情况	结论
1	磁场绕组	磁场绕组断路的检查		通(0 Ω)		①合格 ②不合格
		磁场绕组搭铁的检查		不通(∞)		
		磁场绕组短路的检查		每个磁极对改锥的吸引力相同		
2	电枢绕组	断路检验	试验台	电流表读数均应不变		①合格 ②不合格
			万用表	$R=0$ Ω		
		搭铁检验	试验台	搭铁灯不亮		
			万用表	$R=\infty$		
		短路检验	试验台	钢片不振动		
			万用表	$R=\infty$		
3	电枢轴弯曲度			≯0.15 mm		①合格 ②不合格
4	电刷高度			7 ~ 10 mm		①合格 ②不合格
5	电磁开关线圈	吸引线圈电阻值(Ω)		0.6 Ω 以下		①合格 ②不合格
		保持线圈的阻值(Ω)		1 Ω		

工作页 B:启动系统检测

1.请根据阅读资料的起动机不解体检测内容对给定起动机进行检测,并记录结果。

吸引线圈性能测试结果记录:

保持线圈性能测试结果记录:

驱动齿轮复位测试结果记录:

驱动齿轮间隙的检查结果记录:

空载测试结果记录:

2.客户申诉启动困难,因为起动机力量不足无法带动发动机。在检测起动机前,必须对蓄电池的酸含量和酸密度进行检测。为定位故障源,要执行一个启动测试。

测试电路如图 3-35 所示。

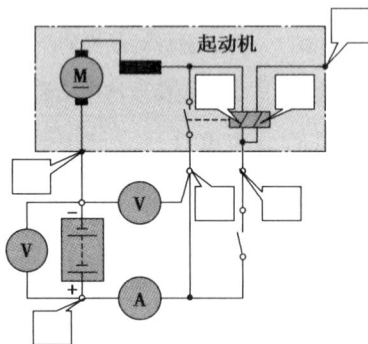

图 3-35　起动机测试电路

(1)请填充端子标志。

(2)请用 H 标出保持线圈,用 E 标出吸引线圈。

(3)请用绿色标出起动机主电路。

(4)请将啮合前的通电电路涂上红色,启动时的通电电路涂上蓝色。

(5)请用关键词描述短路测试的过程。

①

②

③

④

⑤

（6）在端子30（起动机主电路）上测量到电压为 8.5 V，蓄电池上的电压为 9.5 V。请对该数值进行判断，并说出理由。

（7）请说出高电压降的可能原因。

3.通过启动测试的结果可以确定，客户申诉的起动机启动电路的消耗过低。为找到故障方位，对电路的电压降进行测量。

（1）请在起动机测量的电路图 3-36 上填入表 3-10 中相应检测的检测号。

（2）请在表 3-10 中填入空缺的额定值并对测量结果进行评估（正常及不正常）。启动期间蓄电池的电压为 9.5 V。

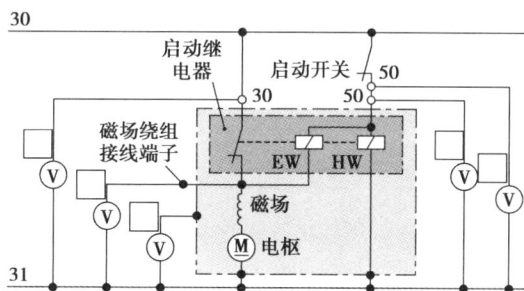

图 3-36 启动电路测试

表 3-10 启动电路测试内容

检测编号	测量	额定值	测量值	评价
1	端子 50 的电压（起动机）			
2	端子 50 的电压（行驶开关）			
3	端子 30 的电压（起动机）			
4	起动机壳体与接地之间的电压			
5	磁场端子的电压			

（3）如果结果评价均为正常，启动电流过低可能的原因是什么？

107

3.3.2 任务计划实施

教师活动：

教师讲解及示范车辆启动系统的故障检测方法,观察指导学生作业。

学生活动：

学生根据教师的讲解和示范动作,分组完成车辆发动机不能启动的故障检测与诊断过程,找出故障点,并撰写工作报告(表3-11)。

表3-11　车辆启动系统故障诊断实施过程记录

设备准备	
故障现象	
故障分析	故障电路:　　　　　　　　　　故障可能原因:
检测过程	
故障点	
修复后检验	
工位复位	

✳ 典型工作环节四　验收交付

教学方法推荐:角色扮演法

教师活动:

教师提前安排学生两人一组,观察角色扮演学生的表演过程,同时观察其他学生的表现及倾听的认真程度。

学生活动:

学生分组,两人一组。其中,事先安排好的两个学生为一组,一个扮演客户,另一个扮演SA,交车给客户,并提炼交车要点。

请记录服务顾问交车时的要点:

_____

_____

_____

_____

_____

_____

学习情境四

检修汽车照明系统故障

学习情境描述

一辆大众迈腾轿车,行驶总里程6万km,客户发现车辆在夜间行驶时远光灯不亮,现要求你实施汽车维修企业作业流程,对客户车辆进行远光灯电路检查,找出故障原因并进行维修,作业过程中需遵守汽车维修作业规范。

学习目标

1. 识别汽车外部及内部照明装置。

2. 进行前照灯灯光调整。

3. 识读汽车照明电路图。

4. 根据工作页进行汽车照明电路检测与诊断。

5. 根据作业流程实施汽车维修作业。

6. 能进行自我阅读及提炼。

7. 能通过小组合作完成任务。

✲ 典型工作环节一　接受任务

教学方法建议:两人角色扮演

学生活动:

学生分组,两人一组。其中,事先安排好的两个学生为一组,一个扮演客户,另一个扮演SA维修接待,在实车上把客户任务真实再现。学生理解并记录需向客户了解的信息。学生接车后填写客户任务工单(表4-1)。

教师活动:

教师观察角色扮演学生的表演过程,同时观察其他学生的表现及倾听的认真程度。

表4-1　客户任务工单

车主姓名		日期	
车型		车牌号	
发动机号		底盘号	

续表

联系电话	
通信地址	
车主描述及要求：	
检查维修建议：	
车辆预检记录：	

预估取车时间：	预估维修费用：

车主确认签字：	

❀ 典型工作环节二　制订方案

4.2.1　故障原因分析

教学方法推荐：餐垫法

教师活动：

教师提供维修信息、阅读资料和餐垫图纸，指导学生独立查找汽车灯光不亮的原因，并书写在餐垫上周边对应位置。教师带领学生一起逐条对每组的结果进行分析评价，判断对错，总结原因。

学生活动：

学生分组，首先个人独立阅读教师提供的阅读资料及维修资料，在阅读资料上画出关于汽车灯光不亮的原因，形成个人的结论，工整地书写在餐垫上自己的对应位置。学生小组合作讨论达成共识，把本组的"汽车灯光不亮"的原因工整地书写在餐垫的中间位置上，把餐垫贴在白板上展示。学生领会理解，修改本组餐垫并把最终结果工整地记录在笔记本上。

(1)汽车照明系统的作用

汽车照明系统是为了保证车辆在黑夜、恶劣天气等能见度不好的条件下,以及复杂交通状况下的行车安全和运行速度而设置的,主要用于车外照明、车内照明、辅助照明等。

在《机动车运行安全技术条件》(GB 7258—2017)等国标中,对汽车的照明装置灯光的配备、安装位置、亮度、照明要求、使用条件、改装限制等都有严格要求和规定,所有在中国境内使用的汽车都必须遵循这些规定,否则将不能上路行驶。

(2)汽车照明系统的组成

汽车照明系统主要由电源(蓄电池和发电机)、熔断丝、灯控开关、灯光继电器、变光器、车灯及其线路组成。不同车型所配置的照明设备不完全相同,其控制线路也各不相同。

用于车外照明的灯光包括前照灯、雾灯、牌照灯等;用于车内照明的灯光包括仪表灯、顶灯、阅读灯等;用于辅助(工作)照明的灯光包括行李厢灯、发动机罩灯等。一般来说,汽车照明系除了主要用来照明外,还用于汽车装饰。随着汽车电子技术应用程度的不断提高,汽车照明系统正向智能化方向发展。

(3)汽车照明系统的基本要求

在《机动车运行安全技术条件》(GB 7258—2017)等国标中,对汽车的照明装置灯光的数量、位置、光色、最小几何可见度、使用要求、改装等都有严格要求和规定,所有在中国境内使用的汽车都必须遵循这些规定,否则将不能上路行驶。其中,对照明、信号装置的基本要求如下:

①机动车的灯具应安装牢靠、完好有效,不得因机动车振动而松脱、损坏、失去作用或改变光照方向。所有灯光的开关应安装牢固、开关自如,不得因机动车振动而自行开关。开关的位置应便于驾驶人操纵。

②机动车不得安装遮挡外部照明和信号装置透光面的装置。除转向信号灯、危险警告信号灯、紧急制动信号灯、校车标志灯及消防车、救护车、工程救险车和警车安装使用的标志灯具外,其他外部灯具不得闪烁。

③用户不得对外部照明和信号装置进行改装,也不得加装强制性标准以外的外部照明和信号装置。

(4)汽车照明系统常见故障及原因分析

汽车照明系统常见故障及原因分析见表4-2。

表4-2　汽车照明系统故障原因分析表

序号	故障现象	故障原因
1	所有灯全不亮	①电池至总开关之间电源线断路 ②灯总开关坏了 ③电源总保险丝烧了

续表

序号	故障现象	故障原因
2	远光灯或近光灯不亮	①导线断路或插头接触不良或灯泡损坏 ②远光灯或近光灯保险丝烧了 ③灯光继电器损坏 ④导线接地 ⑤灯总开关损坏
3	前照灯灯光暗淡	①保险丝松动 ②导线接头松动 ③前照灯开关或继电器接触不良 ④发电机输出电压低 ⑤用电设备漏电,负荷加大,接地不良
4	一侧前照灯亮度正常,另一侧暗淡	①前照灯暗淡的一侧接地不良 ②导线插头接触不良
5	灯泡经常损坏	发电机输出电压过高

4.2.2　关联知识学习

4.2.2.1　汽车照明系统的组成及使用

教学方法:小组拼图法

教师活动:

按照小组拼图法,教师把学生分成 4 个原始小组,并形成专家小组,提供与之有关的阅读资料 A、B、C、D,分别进行个体学习、小组学习,形成小组学习成果。学生完成学习后进行点评和总结。

学生活动:

学生原始小组个人独立学习对应资料,并完成工作页。然后在专家小组讨论,形成小组学习成果,制作海报。再在原始小组进行交流学习,完成其他阅读资料的学习,并完成工作页。

阅读资料 A:汽车外部照明装置

汽车外部灯具光色一般采用白色、橙黄色和红色。执行特殊任务的车辆,如消防车、警车、救护车、工程抢修车,则采用具有优先通过权的红色、黄色或蓝色闪光警示灯。

1)前照灯

前照灯俗称大灯或头灯,装在汽车头部两侧(图 4-1),用来照明车前道路,有两灯制、四灯制之分。四灯制前照灯并排安装时,装于外侧的一对应为近、远光双光束灯;装于内侧的一对应为远光单光束灯。远光灯功率一般为 40 ~ 60 W,近光灯功率一般为 35 ~ 55 W。

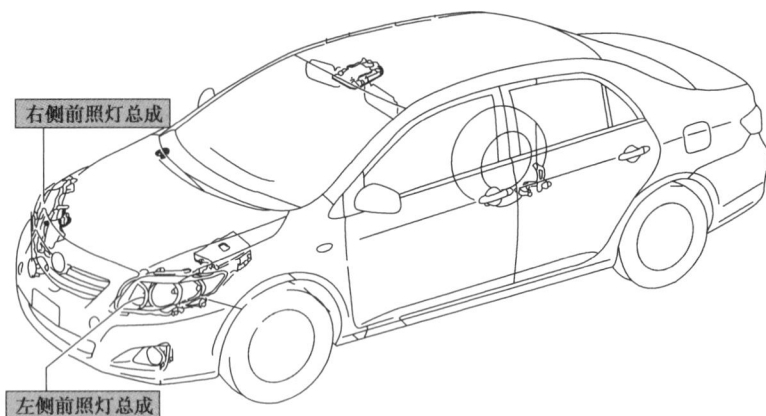

右侧前照灯总成

左侧前照灯总成

图 4-1　汽车前照灯

汽车行进道路照明是汽车夜间安全行车的必备条件。现代汽车车速较高,要求照明设备能提供车前 100 m 明亮均匀的道路照明,并且不应对迎面来车司机造成眩目。随着车速的不断提高,要求道路照明的距离也相应增加。

前照灯应具有防止眩目的装置,确保夜间两车迎面相遇时,不使对方驾驶员因产生眩目而造成事故。

2)雾灯

雾灯安装在汽车头部或尾部。在雾天、下雪、暴雨或尘埃弥漫等情况下,用来改善车前道路的照明情况。前雾灯功率为 45 ~ 55 W,光色为橙黄色。后雾灯功率为 21 W 或 6 W,光色为红色,以警示尾随车辆保持安全间距。如图 4-2 所示为前雾灯的安装位置

3)牌照灯

牌照灯装于汽车尾部牌照上方或左右两侧,用来照明后牌照,功率一般为 5 ~ 10 W,确保行人在车后 20 m 处看清牌照上的文字及数字,如图 4-3 所示。

图 4-2　前雾灯

图 4-3　牌照灯灯光

工作页 A:汽车外部照明装置

1.请写出汽车照明系统的作用。

2. 用于车外照明的灯光包括(　　　　)、(　　　　)、(　　　　)等。

3. 中国境内使用的汽车都必须遵循国标《机动车运行安全技术条件》(GB 7258—2017)的规定，否则将不能上路行驶。(对□　错□)

4. 汽车外部灯具光色一般采用(　　　　)、(　　　　)和(　　　　)。

5. 汽车前照灯包括远光灯和近光灯，其中，远、近光灯的功率为(　　　　)W。

6. 前照灯应具有防止眩目的装置，确保夜间两车迎面相遇时，不使对方驾驶员因产生眩目而造成事故。(对□　错□)

7. 请提炼关键词，总结汽车外部照明灯的结构特点，按要求完成表4-3的填写。

表4-3　汽车照明灯特点

车灯	类别		
	前照灯	雾灯	牌照灯
作用			
数量、颜色			
安装位置			
灯泡			
国标要求			

阅读资料B:汽车内部照明装置

车内最重要的照明莫过于各控制器件和变速器的安全操作，以及反映操作情况的相应信息流(它们都应尽可能少分散驾驶员的注意力)，要求有良好照明的仪表板和各种控制器件的单独照明灯(如音响和导航系统的照明灯)，以满足轻松和安全操作的基本要求。视觉和声音信号则应当按其优先顺序传给驾驶员。

常见内部照明灯具有顶灯、阅读灯、门灯、踏步灯、仪表照明灯、工作灯、行李厢灯等，如图4-4所示。

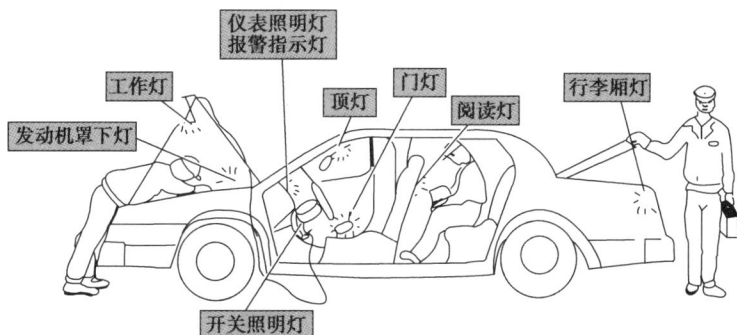

图4-4　内部照明装置

1）顶灯

轿车及载货汽车一般仅设一只顶灯（图4-5），用作室内照明，当驾驶员或乘员需要灯光照明时就可开启，也可以在驾驶员用遥控钥匙开启车门时自动点亮，在锁车后延迟关闭，便于驾驶员操纵车辆。顶灯还可以兼起监视车门是否可靠关闭的作用，只要有车门未可靠关紧，顶灯就发亮。

2）阅读灯

阅读灯（图4-6）装于乘员席前部或顶部，聚光时乘员看书不会给驾驶员产生眩目现象，照明范围小，有的还有光轴方向调节机构。

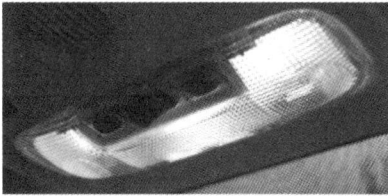

图4-5　顶灯

图4-6　阅读灯

3）行李厢灯

行李厢灯（图4-7）装于轿车或客车行李厢内，当开启行李厢盖时，自动发亮。

4）门灯

门灯（图4-8）装于轿车外张式车门内侧底部，光色一般为红色。夜间开启车门时，门灯发亮，以告示后来行人、车辆注意避让。

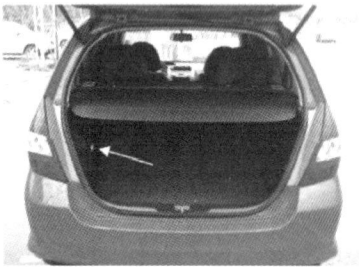

图4-7　行李厢灯

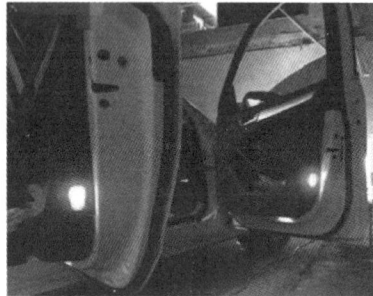

图4-8　汽车门灯

5）踏步灯

踏步灯装在大中型客车乘员门内的台阶上，夜间开启车门时，照亮踏板，便于乘客上下车。

6）仪表照明灯

仪表照明灯（图4-9）装在仪表板反面，用来照明仪表指针及刻度板，亮度可调。

图 4-9　仪表照明灯

7) 工作灯

工作灯(图 4-10)是车辆维修时可以移动使用的一种随车低压照明工具,电源来自发电机或蓄电池,也有自带充电电池的。常带有挂钩或夹钳,插头有点烟器式和两柱插头式两种。

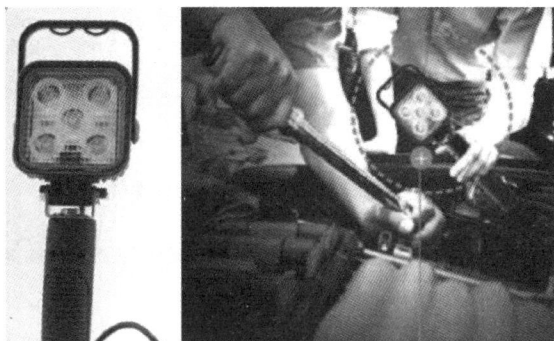

图 4-10　工作灯

工作页 B:汽车内部照明装置

1.车内常见内部照明灯有(　　　　　)、(　　　　　)、(　　　　　)、(　　　　　)、(　　　　　)、(　　　　　)、(　　　　　)等。

2.请在图 4-11 所示的汽车示意图中标出位于不同位置的照明灯的名称,并在实车上找到这些灯的具体位置。

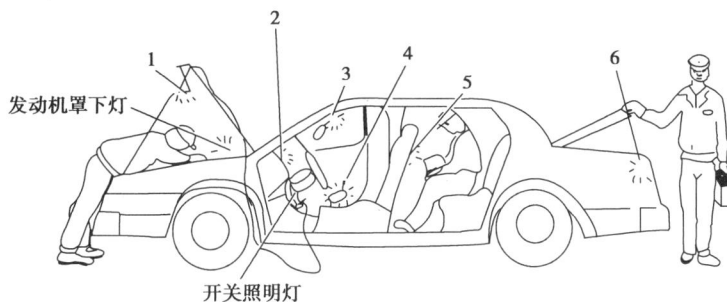

图 4-11　汽车照明灯

1:＿＿＿＿＿＿＿＿；　　　2:＿＿＿＿＿＿＿＿；　　　3:＿＿＿＿＿＿＿＿；
4:＿＿＿＿＿＿＿＿；　　　5:＿＿＿＿＿＿＿＿；　　　6:＿＿＿＿＿＿＿＿。

3.顶灯可以在驾驶员用遥控钥匙开启车门时自动点亮,在锁车后立刻关闭,便于驾驶员操纵车辆。(对□　错□)

4.行李厢灯装于轿车或客车行李厢内,当开启行李厢盖时,自动发亮。(对□　错□)

5.工作灯的电源来自汽车(　　　　　)或(　　　　　)。

阅读资料 C:照明系统控制开关的使用

1)控制开关的类型

汽车上各照明、信号灯具的开关通常都集中在方向盘的下方,俗称组合开关,或安装在仪表台上,都在驾驶员触手可及的地方。但车型不同控制开关的样式不同。目前市场上主要有两种类型,即旋钮式和拨杆式。

①旋钮式。在德系品牌车型上比较常见(福特、荣威等品牌车型也采用该类型开关),位置在中控台左侧出风口下方。开启车灯时,需要将旋钮向顺时针方向拧动,如图 4-12 所示。

图 4-12　旋钮式车灯开关

②拨杆式。除德系车型外,其他品牌的车灯开关大多采用这种类型。位置在方向盘的下方。开启车灯时,需要将拨杆外侧旋钮向逆时针方向拧动,如图 4-13 所示。

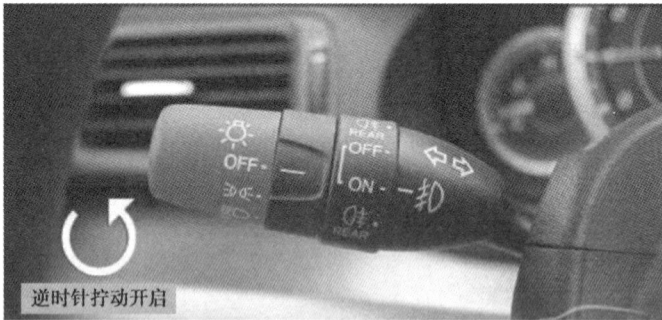

图 4-13　拨杆式车灯开关

2)照明灯具的操纵方法

①前照灯。前照灯的打开方式有两种:一是在 AUTO 挡时随着外部光线的变暗会自动开启;二是将旋钮拨动到近光灯标志处。此时前照灯的照明为近光,若需切换成远光可将拨杆往外拨一次,此时仪表上会有远光灯开启指示灯点亮,如图 4-14 所示。往里拨动时,无论灯光总开光是否打开,远光灯都会亮,手松开时,远光灯灭,拨杆回到原位置。不停拨动,远光灯闪亮,警示前车要超车,此时为超车灯。

②雾灯。开启示宽灯后,将旋钮拧到雾灯标志处,就可以开启雾灯。如图 4-15 所示,前雾灯是可以单独开启的,而后雾灯只能与前雾灯同时开启,无法单独开启。

大众大多数车型的雾灯开启方法比较特别,将旋钮拧至任意灯光挡位,向外拉一下旋钮,可开启前雾灯,拉两下则开启前后雾灯,如图 4-16 所示。

往里拨:远光灯闪动一次 往外拨:远光灯长时间开启

当仪表板上出现蓝色的远光灯标志时，则表示远光灯已经开启

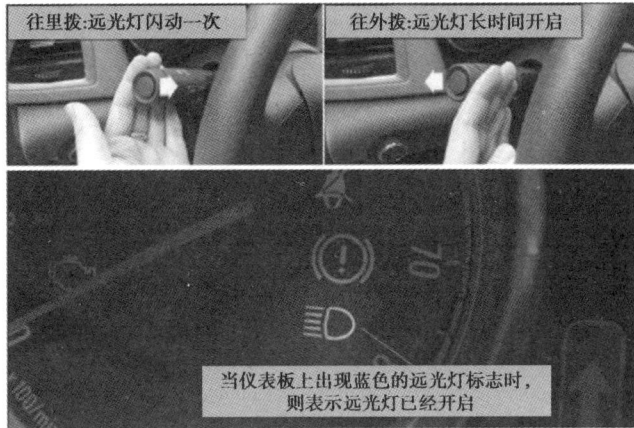

图 4-14 前照灯打开方法示意图

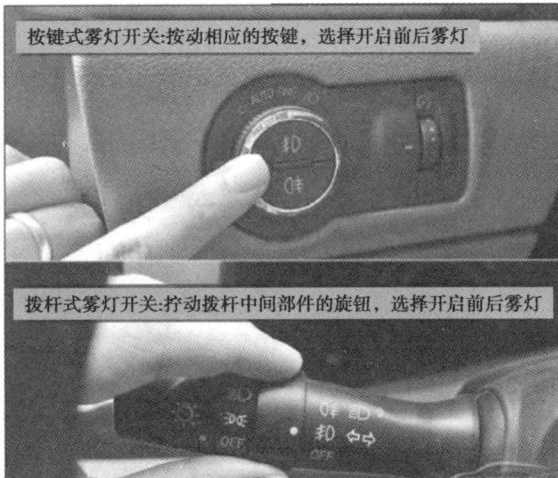

按键式雾灯开关:按动相应的按键，选择开启前后雾灯

拨杆式雾灯开关:拧动拨杆中间部件的旋钮，选择开启前后雾灯

图 4-15 雾灯打开示意图

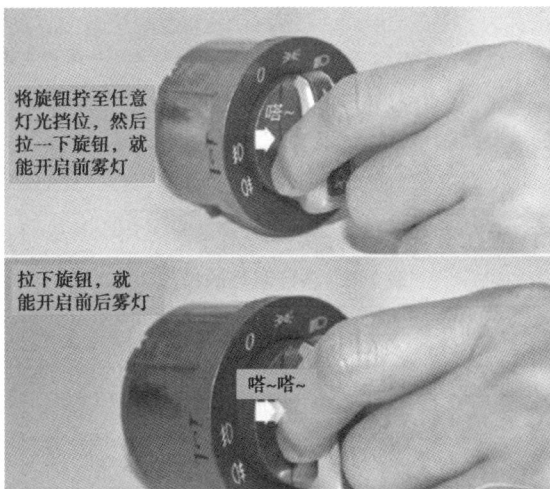

将旋钮拧至任意灯光挡位，然后拉一下旋钮，就能开启前雾灯

拉下旋钮，就能开启前后雾灯

嗒~嗒~

图 4-16 大众车型雾灯打开方法

③牌照灯。开启示宽灯之后牌照灯点亮。

④内部照明灯。如图 4-17 所示,将开关处于中间位置时为关闭,将开关向上拨到点亮标志时为常亮状态,将开关拨到门控标志时,打开车门时灯点亮,关闭车门后延时一段时间后自动熄灭。

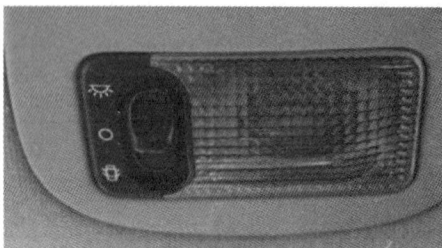

图 4-17　内部照明灯开关

工作页 C:照明系统控制开关的使用

1. 常见的汽车照明系统控制开关有(　　　　　)和(　　　　　)两种,其中,德系品牌、福特等车上常见的是(　　　　　);其他品牌车辆多采用(　　　　　)。

2. 请在图 4-18 所示拨杆式控制开关的图上标出各符号的含义。

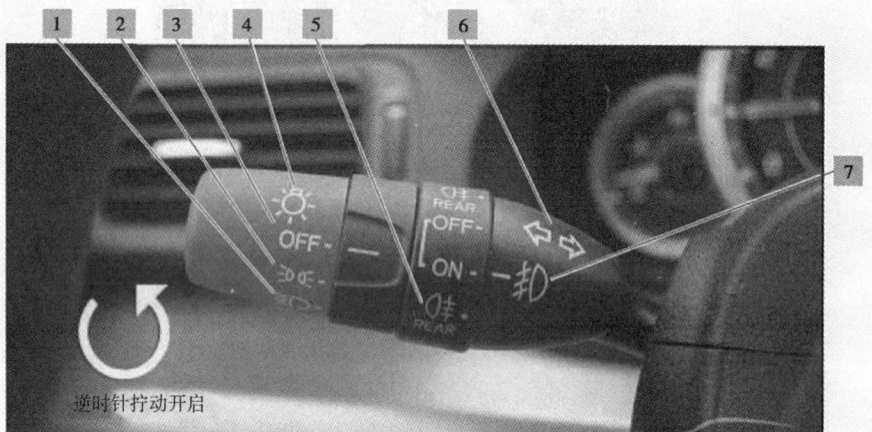

图 4-18　拨杆式控制开关

1:＿＿＿＿＿＿;　　　2:＿＿＿＿＿＿;　　　3:＿＿＿＿＿＿;　　　4:＿＿＿＿＿＿;

5:＿＿＿＿＿＿;　　　6:＿＿＿＿＿＿;　　　7:＿＿＿＿＿＿。

3. 完成表 4-4 的填写,并在实车上进行实际操作,完成后,请在"操作"一列打"√"。

表 4-4　各照明灯的操作

灯光名称	开关操作方法	操作
示宽灯、尾灯、牌照灯、仪表照明灯	右旋 1 下,到 ≡○○ε	
仪表照明灯亮度调节		

续表

灯光名称		开关操作方法	操作
前照灯	近光灯		
	远光灯		
	超车灯		
雾灯	前雾灯		
	后雾灯		
内部照明灯(顶灯)	关闭		
	打开		
	门控		

4.当仪表上出现蓝色远光灯标志时,说明近光灯开启。(对□　错□)

5.前雾灯是可以单独开启的,而后雾灯只能与前雾灯同时开启,无法单独开启。(对□　错□)

6.开启示宽灯之后牌照灯点亮。(对□　错□)

阅读资料 D:汽车车灯灯泡

1)金属灯丝灯

金属灯丝灯(图 4-19)灯丝由钨制成,又称为白炽灯,其熔点约为 3 400 ℃。为了防止在高温下发生氧化(烧毁),并且可以轻易将产生的热量导出,灯泡首先要排气,并充入少量氩和氮的惰性气体,这些惰性气体在工作时会受热膨胀而使灯泡内产生较高的压力,用以减小灯丝中金属钨的蒸发,延长灯泡的使用寿命。

2)卤素灯

卤素灯(图 4-20)为在填充气中添加卤素(溴、碘)的白炽灯。卤素灯在运作时与金属灯丝灯的区别在于:

①金属灯丝和玻璃灯泡的温度更高。

②填充气体的内压更高(最多达到约 40 巴)。

③由于金属灯丝的高温,可以得到更高的光效率。

卤素灯的灯泡是用石英玻璃制成的,如图 4-20(b)所示为 H4 型卤素灯。它的尺寸非常小,运行时,它的温度可以达到 300 ℃。蒸发的钨丝微粒经历了一个化学过程,又沉积到灯丝最热的位置(循环过程)。在卤素灯中,玻璃灯泡保持洁净,因为这个循环过程,蒸发的钨微粒不会沉积到灯泡上。

为了避免前照灯的强光线使对面来车驾驶员产生眩目,同时要保持良好的路面照明,在现代汽车上普遍采用双丝灯泡的前照灯。其中一根灯丝为远光灯丝,光度较强,灯丝放在反射镜的焦点上;另一根灯丝为近光灯丝,光度较弱,位于焦点的上方或前方。

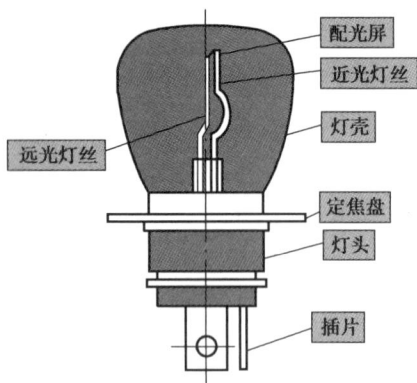

图 4-19　白炽灯

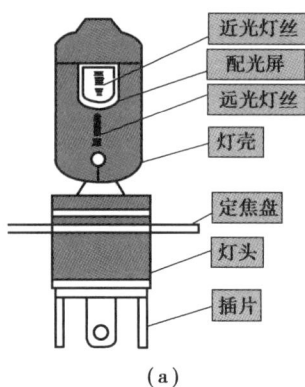

（a）　　　　　　（b）

图 4-20　卤素灯

3）气体放电灯

气体放电灯由内弧管、电极、灯管套和灯座组成，它的电极位于一个很小的球形玻璃灯泡中，在两个电极之间，高压脉冲在氙气气体中触发弧光。灯泡内的金属盐蒸发并电离形成火花放电，如图 4-21 所示。此时，它发出辐射光，并防止电极的侵蚀。与用于反射系统的气体放电灯相反，用于投射系统的灯在玻璃灯泡上没有色调的明暗层次。用于反射系统的气体放电灯需要色调明暗层次来形成明暗界限。

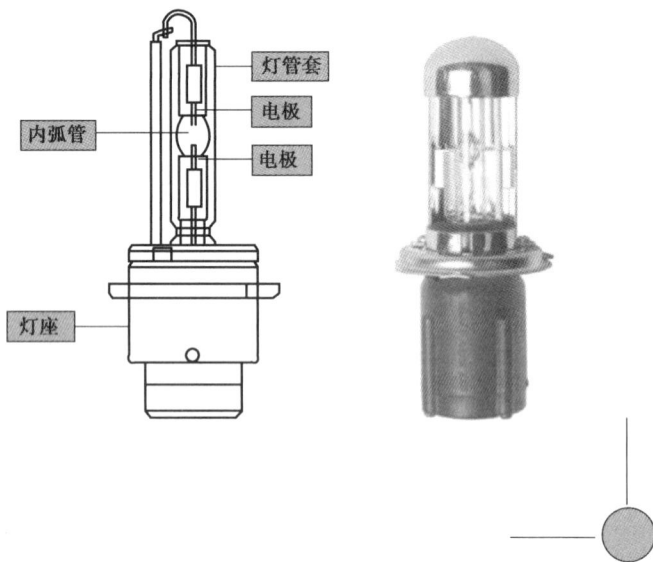

图 4-21　气体放电灯

与卤素灯相比，气体放电灯有一个缺点，它需要 5 s 来达到满照明强度。而卤素灯仅需要 0.2 s。为了使其尽快达到理想的运行状态，气体放电灯串联的控制仪器在起始阶段增大了灯的电流。

与卤素灯相比，气体放电灯具有以下优势：

①更高的照明亮度（图 4-22）。

②更低的电流消耗。

③发光量不依赖汽车的电源电压。

④较低的热量消耗。

⑤更长的使用寿命。

⑥近似日光的光色。

(a)　　　　　　　　　　　　　　(b)

图 4-22　卤素灯与氙气灯前照灯的亮度比较

(a)卤素灯前照灯的亮度;(b)气体放电灯(氙气灯)前照灯的亮度

4)发光二极管(LED)

发光二极管是一种能够将电能转化为可见光的固态的半导体器件,它可以直接把电能转化为光能,如图 4-23 所示。

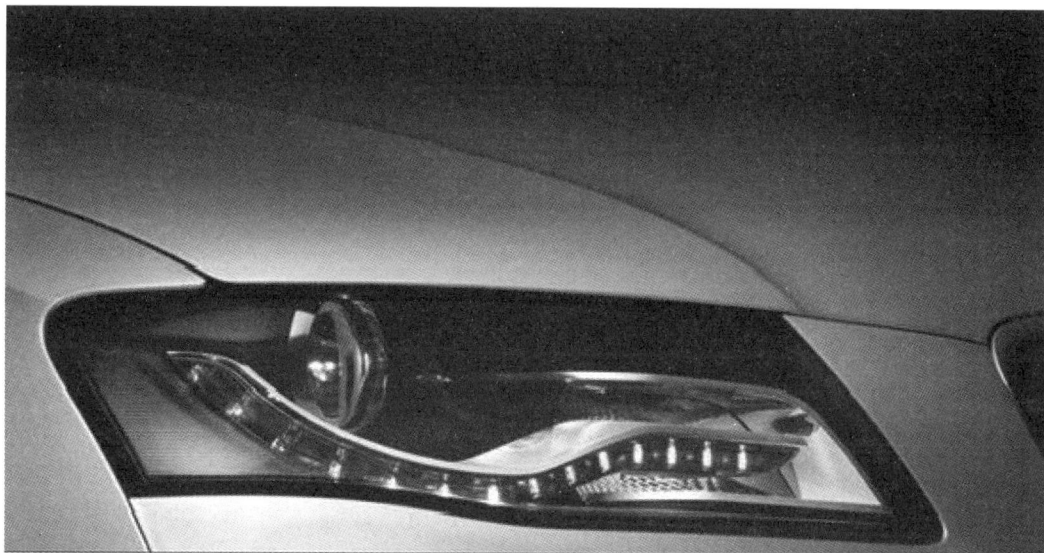

图 4-23　LED 灯

根据需要的照明强度和希望得到的光色,可以将一定数量的二极管一起连接到一个部件中。通过多个二极管并联,可以降低整体运行失灵的可能性。发光二极管寿命约为 10 000 h。它尤其适用于制动灯,与金属灯丝灯和卤素灯相比,它能在短得多的时间内(约为 2 ms)达到最大的光功率。

5)激光灯

继 LED 大灯之后,激光大灯(图 4-24)被称为"合理的下一步",这种激光是一种由激光发光二极管产生的蓝色平行光,相比于 LED 灯光,其可控性和强度要更大。

123

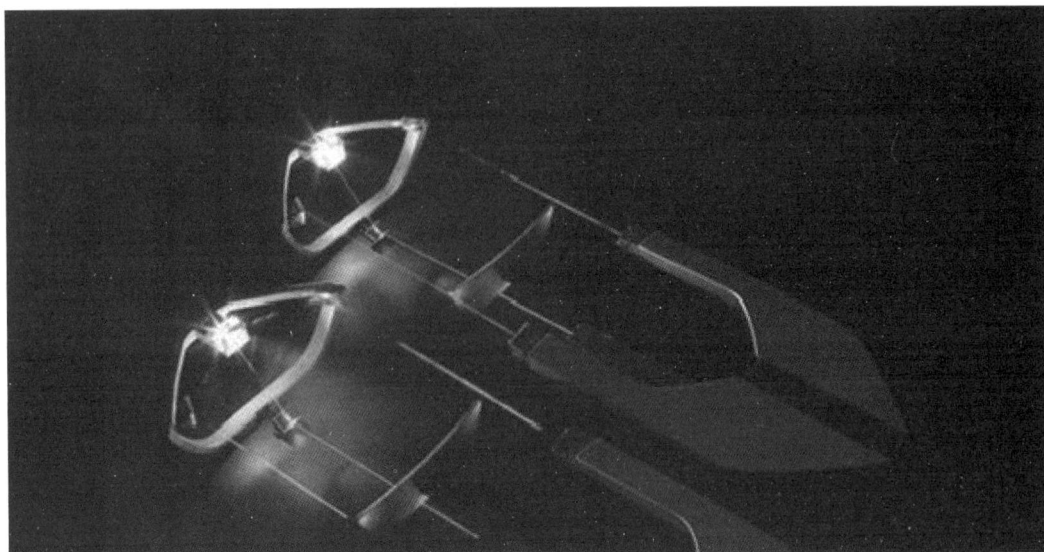

图 4-24　激光灯

激光灯具有 LED 灯组的高效率、寿命长,稳定性好、响应速度快、体积小等优点。激光大灯作为最先进的汽车照明技术,最大的缺点,也是未来其发展最大的困难就是成本太高,比 LED 灯组要高出不少。

工作页 D:汽车车灯灯泡

1. 目前使用的汽车车灯有(　　　　　)、(　　　　　)、(　　　　　)、(　　　　　)、激光灯。

2. 金属灯丝灯内不需要充入气体。(对□　错□)

3. 卤素灯内需要充入卤素(溴、碘)。(对□　错□)

4. 用作前照灯的 H4 是一种(　　　)。

A.双丝灯泡　　　　　　B.单丝灯泡　　　　　　C.卤素灯　　　　　　D.白炽灯

5. 卤素灯 H4 中的远光灯丝(　　　),可得到良好的路面照明。

A.光度较弱,位于焦点的上方或前方　　　　B.光度较强,灯丝放在反射镜的焦点上

C.光度较弱,灯丝放在反射镜的焦点上　　　D.光度较强,位于焦点的上方或前方

6. 卤素灯 H4 中的近光灯丝(　　　),既能照亮路面,又可防止对面车辆驾驶员产生炫目。

A.光度较弱,位于焦点的上方或前方　　　　B.光度较强,灯丝放在反射镜的焦点上

C.光度较弱,灯丝放在反射镜的焦点上　　　D.光度较强,位于焦点的上方或前方

7. 气体放电灯由(　　　　)、(　　　　)、(　　　　)和(　　　　)组成。

8. 氙气大灯是一种气体放电灯。(对□　错□)

9. 与卤素灯相比,气体放电灯有一个缺点,它需要(　　　　)s 来达到满照明强度,但是,(　　　　)灯能在约为(　　　　)s 内达到满照明强度,主要用作制动灯。

10. 发光二极管是一种能够将电能转化为可见光的固态的(　　　),它可以直接把电能转化为光能。

A.半导体器件　　　　B.晶体管器件　　　　C.金属丝　　　　D.导体

11.发光二极管能在(　　)达到最大的光功率,尤其适用于制动灯。

A.2 s　　　　　　　　B.5 s　　　　　　　　C.2 ms　　　　　　　　D.5 s

12.激光大灯是一种由(　　)产生的蓝色平行光,相比于 LED 灯光,可控性和强度要更大。

A.白炽灯　　　　　　B.卤素灯　　　　　　C.气体放电灯　　　　D.激光发光二极管

13.氙气大灯的颜色是蓝色的。(对□　错□)

14.激光大灯的颜色是蓝色的。(对□　错□)

4.2.2.2　汽车前照灯的结构和工作原理

教学方法推荐:概念地图法

教师活动:

教师提供阅读资料和写有关键概念的若干卡片,让学生独立阅读,画出关键词,完成工作页,并在分到的每一个卡片后面写出关键概念的解释。要求学生对照卡片在小组内互相讲述关键概念。

学生活动:

学生在小组内,安静独立地阅读资料,画出关键词,完成工作页,并在分到的每一个卡片后面写出关键概念的解释。学生按照教师要求对照卡片在小组内互相讲述关键概念。

阅读资料:汽车前照灯的结构和工作原理

(1)前照灯的类型

汽车前照灯按结构可分为封闭式前照灯和半封闭式前照灯。封闭式前照灯不可更换灯泡,发光灯丝、反光镜和配光镜做成一体,内部抽成真空。半封闭式前照灯设计成可以更换灯泡的结构,以便更换损坏的灯泡。

汽车前照灯按形状分为圆灯、方灯和异形灯。小尺寸圆灯和小尺寸方灯通常用于组成汽车四灯制照明系统,即汽车左前方有两只灯具,右前方有两只灯具,位于外侧的两只要求是远近光双光束灯,内侧的一对一般是远光单光束灯。异形灯是近几年出现的一种灯具,其结构与车辆外观设计相协调,融为有机的整体。

汽车前照灯按安装的数量分为两灯制和四灯制。两灯制[图 4-25(a)]是指近光灯丝和远光灯丝装在同一个反射镜中,光照由双丝灯泡提供,共同使用一个反光镜(双丝灯泡,如 H4 卤素灯)。四灯制[图 4-25(b)]是指有两组前照灯,第一组中包括近光灯和远光灯或仅有近光灯,第二组中仅有远光灯。

(a)

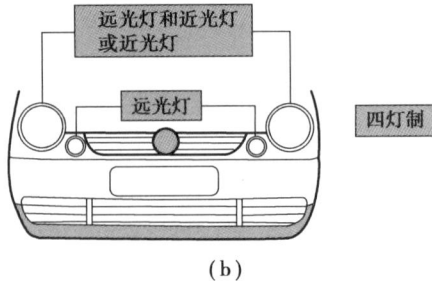

(b)

图 4-25　按照安装位置分类的前照灯

（2）前照灯的结构

前照灯主要由灯泡、反射镜和配光镜 3 个部分组成，如图 4-26 所示。

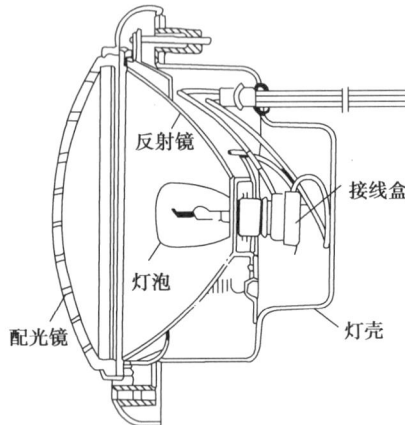

图 4-26　前照灯的结构

1）灯泡

前照灯可以使用以下种类的灯泡：白炽灯、卤素灯、气体放电灯、发光二极管灯、激光灯等（图 4-27）。目前汽车前照灯常用的灯泡有卤素灯、气体放电灯、激光灯。

2）反射镜

反射镜的表面形状呈旋转抛物面、椭圆形或自由形状，一般由 0.6～0.8 mm 的薄钢板冲压而成，或由玻璃或塑料制成。其内表面镀银、铝或铬，然后抛光处理。目前反射镜内面采用真空镀铝的较多。反射镜的作用是将灯泡的光线聚合并导向前方，使光度大大增强，增强几百乃至上千倍，达到 2 万～4 万 cd 以上，以保证汽车前方 150～400 m 足够的照明。

①带抛物面形反射镜的前照灯系统（图 4-28）。抛物面是由抛物线绕其轴旋转形成的曲面。旋转轴线是反射镜的光学轴，反射镜内有一个焦点。抛物面形反射镜适用于单灯丝灯泡和双灯丝灯泡。常与 H4 型卤素双灯丝灯泡配合使用，以形成前照灯远光和近光。

a. 远光：远光灯的灯丝位于抛物面形反射镜的焦点上。发光时，光被反射，集结成束，与前照灯轴线平行射出［图 4-29（a）］。与没有反射镜的相比，带反射镜的白炽灯在照射范围内的光照强度要强 1 000 倍。

图 4-27　前照灯灯泡

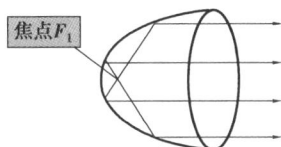

图 4-28　抛物面形反射镜

b. 近光:近光灯灯丝位于抛物面形反射镜焦点的前上方。光的射线与光轴呈一个向下的倾斜角度射出[图 4-29(b)]。在近光灯灯丝下方有一个遮光罩(图 4-30),该装置可以防止光线照射到反射镜的下半部分而向上反射,有效防止夜间两车交会时对驾驶员造成的炫目现象,如图 4-31 所示。在夜间行车时一定要合理使用远、近光灯。

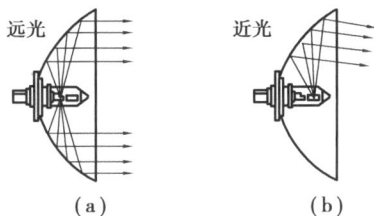

图 4-29　远光与近光

图 4-30　H4 卤素灯泡

(a)

(b)

图 4-31　远光和近光

多级式反射镜(图 4-32):反射镜面由多个不同焦距的抛物面形反射镜的不同部分组成(多焦点反射镜),具有照明效率高、照明效果好等特点。

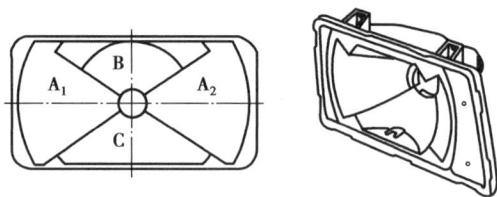

图 4-32　多级式反射镜

②带椭圆形反射镜的前照灯系统(图 4-33)。椭圆形反射镜的曲面是由椭圆绕其轴线旋转一周形成的。椭圆的轴线是反射镜的光学轴。椭圆形反射镜具有两个焦点,适用于单灯丝的近光灯和雾灯。带椭圆形反射镜的前照灯系统主要由椭圆形反射镜、遮光板、配光镜和散光屏组成,如图 4-34 所示。

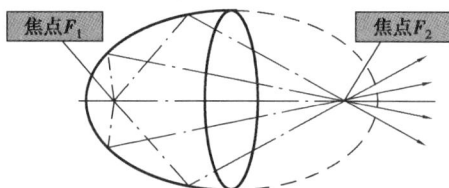

图 4-33　椭圆形反射镜

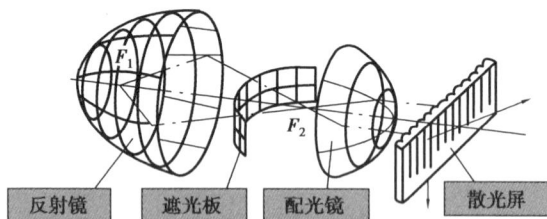

图 4-34　带有散射屏的椭圆形反射镜

在焦点 F_1 处有一个卤素单丝灯泡,从 F_1 射出的光线会经反射镜反射后,通过遮光板聚焦到焦点 F_2,并从 F_2 发射具有聚光作用的配光镜上。配光镜将光线聚成几乎平行的光束,透过散光屏后照亮路面。位于焦点 F_2 前的遮光板使光照形成了清晰的明暗界限。散光屏使光线得到均匀的分配。相对于抛物面形的反射镜,这种反射镜的照明效率更高。

多轴椭圆形反射镜(图 4-35):多轴椭圆形反射镜由两个有着相同顶点、相同长轴但不同短轴的椭圆形组成(制造商将三轴椭圆形反射镜称为 DE 反射镜;将多轴椭圆形反射镜称为 PES 反射镜)。它由反射镜、遮光板和配光镜组成。其形状复杂,使用合成材料制成。其具有特殊的几何形状,有非常高的照明效率,散射的光很少。适用于单丝灯泡或气体放电灯的近光灯或雾灯。

③带有自由形状(不规则形状)反射镜的前照灯系统。自由形状反射镜具有无限多变化的焦点(聚焦点),在空间上没有固定形态,反射镜镜面上的每一个点都对应着道路上需要照明的某一个区域,如图 4-36 所示。运用这种结构,反射镜面上几乎所有的点都可以用于反射出近光,从反射镜所有部位反射的光都会向下照到路面上。制造商给这种反射镜使用过的名称有自由形状反射镜(FF 反射镜)、变化焦点反射镜(VF 反射镜)、数值计算均匀表面反射镜(HNS 反射镜)。

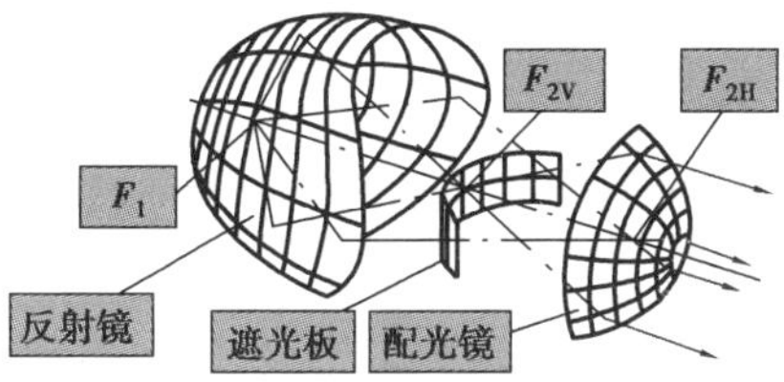

图 4-35　多轴椭圆形反射镜

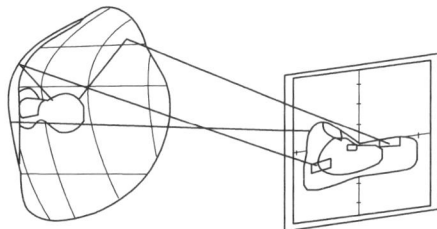

图 4-36　自由形状反射镜

按照各汽车厂家的要求,反射镜表面的形态设计决定了道路光线的分布和照亮程度(图 4-37)。每个单独区域都各自承担相应的功能:

a.区域Ⅰ:不对称部分,照亮道路右侧较远区域。

b.区域Ⅱ:对称部分,照亮光线明暗界限下方的区域。

c.区域Ⅲ:接近视野部分,用于道路的主要照明。

d.区域Ⅳ:接近视野部分,用于道路边缘的照明。

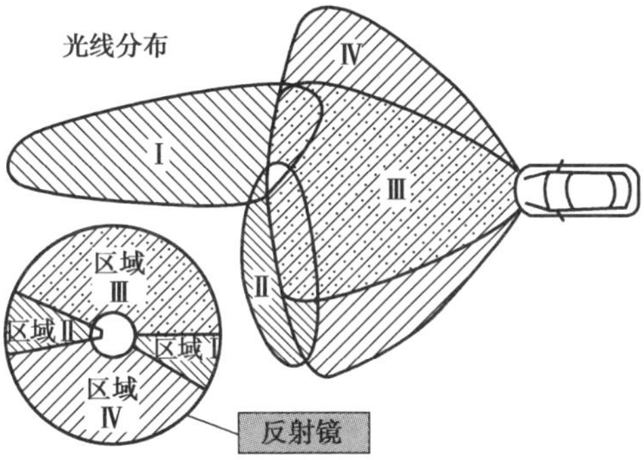

图 4-37　自由形状反射镜的光线分布

自由形状反射镜可以用于所有带有单丝灯或气体放电灯的前照灯。在近光灯中,不需要使用罩盖,产生的所有光都可用于照亮道路。此外,配光镜中不再需要折射部分,只需使用没有条纹的玻璃或塑料片覆盖反射镜就可以了。

④带有自由形状反射镜和投射透镜的前照灯系统(图 4-38)。反射镜表面的设计应用了自由面技术,使反射镜反射的光线能按照设计者要求的方向进行照射,确保尽可能多的光线通过遮光板。经反射镜反射的光线可在遮光板的高度形成光线分配,通过配光镜投射到道路上(生产商使用的名称为超级 DE)。这种技术确保前照灯有更大的照明宽度,以及对道路边缘的更高的照明亮度,光线大部分集中在明暗界线附近。该系统可用于反射单丝灯泡的近光灯和气体放电灯发出的灯光。

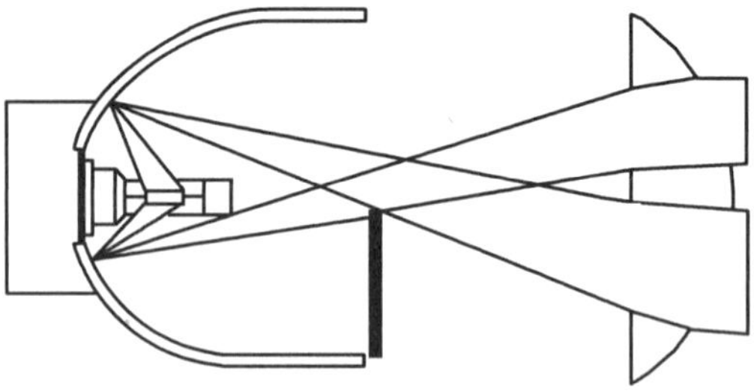

图4-38　带有投射透镜的自由形状反射镜

3）配光镜

配光镜又称散光玻璃。它是用透光玻璃压制而成,由很多块特殊的棱镜和透镜组合。其几何形状比较复杂,外形一般为圆形和矩形。其作用是将反射镜反射出的平行光进行整形,使车前路面和路缘具有良好而均匀的照明。散光玻璃使平行光束在水平方向扩散,使竖直光束向下折射,如图4-39所示。

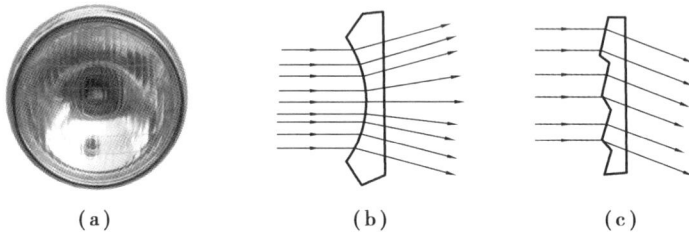

（a）　　　　　　　　　（b）　　　　　　　　　（c）

图4-39　配光镜的结构和工作原理

（a）结构;（b）水平部分（散射）;（c）竖直部分（折射）

(3) 前照灯的防眩目原理

当前照灯射出的强光束突然映进人的眼睛时,就会对视网膜产生刺激,瞳孔来不及收缩造成视盲的现象称为眩目。夜间行车时,强烈光束会使对面行驶的车辆驾驶员眩目,从而容易引发交通事故。为避免此类现象发生,前照灯采取了以下防眩目的措施:

1）采用带有遮光罩的双丝灯泡

如图4-40所示为带有遮光屏的双丝灯泡。其中,一个为近光;另一个为远光。远光灯丝的功率较大,位于反射抛物面的焦点处,而近光灯的灯丝功率相对较小,位于反射镜焦点的上方（前方）。在夜间行车时,若有迎面来车,使用近光灯丝,使光束倾向路面,从而避免迎面车辆驾驶员眩目,并使车前50 m的范围内路面照得十分清楚。当无迎面车时,则使用远光,使前照灯光束射向远方,便于提高车速。

为了取得更好的防眩目效果,获得合适的光束（配光）,在灯泡内设有遮光罩,如图4-41所示。远光灯丝位于反射镜焦点处,而近光灯丝位于焦点的前方且稍高出光学轴线,并在近光丝下面装有金属制的遮光屏,由近光灯丝射向反射镜上部的光线反射后倾向路面,而遮光屏挡住了灯丝射向反射镜下半部的光线,没有向上反射可能引起眩目的光线。

2）采用非对称配光

带有遮光罩的双丝灯泡在会车使用近光时,近光灯仅能照亮前方50 m以内的路面,车速受到限制。为了达到既能防止眩目,又能以较高车速会车的目的,许多前照灯采用不对称光型。其中一种是E形非对称型配光,将近光灯右侧亮区倾斜升高15°,即将本车行进方向光束

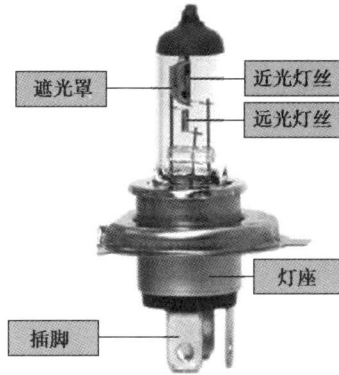

图 4-40　带有遮光屏的双丝灯泡

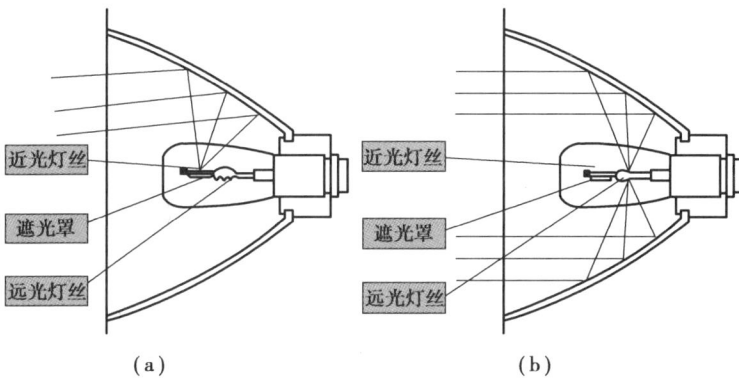

（a）　　　　　　　　　　　　（b）

图 4-41　远光和近光反射效果

照射距离延长；另一种采用 Z 形对称型，该光型能使本车行进方向亮区平行升高，光型效果更加优越，如图 4-42 所示。

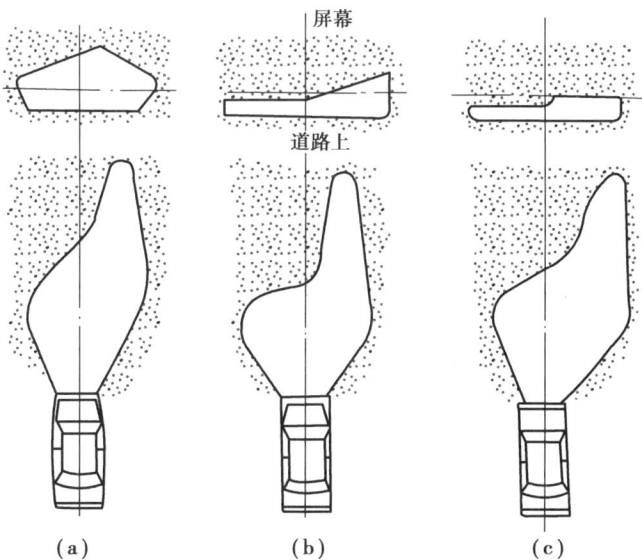

（a）　　　　　　　　　　（b）　　　　　　　　　　（c）

图 4-42　前照灯配光光型

（a）非对称型；（b）E 形非对称型；（c）Z 形非对称型

工作页:汽车前照灯的结构和工作原理

1.请提炼关键词,并按不同的分类方式说明汽车前照灯的种类。注意要清楚表达相互间的关系,以及不同类型前照灯的特点。

2.前照灯主要由(　　　　)、(　　　　)和(　　　　)3 个部分组成。

3.请补充完整如图 4-43 所示中前照灯结构的标注。

1:_____;　　2:_____;　　3:_____。

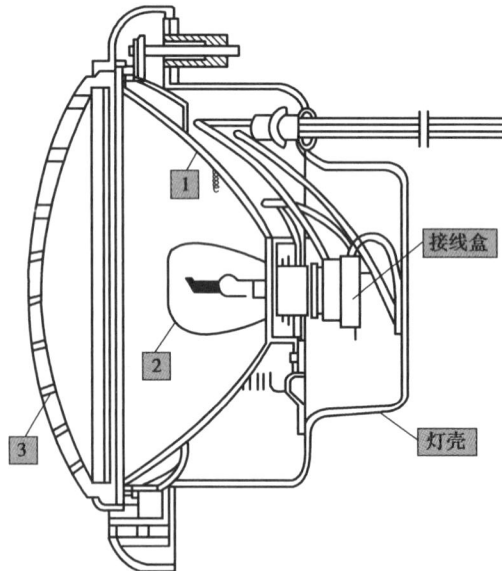

图 4-43　前照灯组成

4.目前汽车前照灯常用的灯泡有( )、卤素灯、气体放电灯。

A.白炽灯　　　　B.卤素灯　　　　C.气体放电灯　　　　D.激光灯

5.反射镜要保证汽车前方( )足够的照明。

A.10～50 m　　B.50～100 m　　C.150～400 m　　D.300～600 m

6.抛物面形反射镜常与( )配合使用,以形成前照灯远光和近光。

A.H4 型卤素双灯丝灯泡　　　　　　B.H7 型卤素单灯丝灯泡

C.气体放电灯　　　　　　　　　　D.发光二极管

7.( )适用于单丝灯泡或气体放电灯的近光灯或雾灯。

A.多级式反射镜　　　　　　　　　B.椭圆形反射镜

C.多轴椭圆形反射镜　　　　　　　D.抛物面形反射镜

8.使用( )的近光灯可以不使用任何遮罩来阻挡光线。

A.自由形状反射镜　　　　　　　　B.椭圆形反射镜

C.多轴椭圆形反射镜　　　　　　　D.抛物面形反射镜

9.自由形状反射镜可以用于所有带有单丝灯或( )的前照灯。

A.发光二极管　　B.气体放电灯　　C.卤素灯　　　　D.激光灯

10.反射镜的作用是将灯泡的光线聚合并导向前方,使光度大大增强。(对□ 错□)

11.配光镜的作用是将反射镜反射出的平行光进行整形,使车前路面和路缘具有良好而均匀的照明。(对□ 错□)

12.多级式反射镜的反射镜面由多个不同焦距的抛物面形反射镜的不同部分组成(多焦点反射镜),具有照明效率高、照明效果好等特点。(对□ 错□)

13.椭圆形反射镜具有两个焦点,适用于双灯丝的近光灯和远光灯。(对□ 错□)

14.椭圆形反射镜的照明效率比抛物面形反射镜的照明效率低。(对□ 错□)

15.自由形状反射镜可以用于所有带有单丝灯或气体放电灯的前照灯。(对□ 错□)

16.自由形状反射镜依靠自身表面的设计就能实现道路光线的分布和照亮程。(对□ 错□)

17.请比较不同形式的反射镜,归纳出其结构特点、适用范围、优势与不足,并用表格的形式来展示归纳总结的结果。

4.2.3　制订工作计划

教师活动:

教师提供实验车型的维修手册,指导学生完成工作计划。

学生活动:

学生首先个体工作,制作工作计划,再进行小组合作制订"汽车灯光电路故障诊断"工作计划表(表4-5),把每一步的细节和注意事项写出来,并进行小组间分享与完善。

表 4-5 "汽车灯光电路故障诊断"工作计划表

序号	工作步骤内容	设备工具	安全环保	标准规范	检测值	检测结论
预估时间		成本预算				

❄ 典型工作环节三　诊断故障电路

4.3.1　汽车前照灯的检测

教学方法推荐:工作站法

教师活动:

教师提供实验车型的维修手册、学习资料和实训工作站,学生按组完成实际操作,教师对各工作站进行巡视和指导。

学生活动:

学生根据教师要求,在 A、B 两个工作站轮换工作,查阅学习资料,完成各工作站的工作页和实操内容。

阅读资料 A:汽车前照灯的故障诊断

(1)汽车前照灯的电路识读

汽车前照灯有 3 种工作状态,即远光灯状态、近光灯状态和超车灯状态。远光灯状态适用于夜间行驶在没有路灯或照明条件较差的道路上使用。近光灯状态适用于夜间行驶在有路灯或照明状态较好的道路上使用。滥用远光灯会给自己和他人造成严重危害,《中华人民共和国道路交通安全法实施条例》第四十八条第五款中明确规定:夜间会车应当在距相对方向来车 150 m 以外改用近光灯,在窄路、窄桥与非机动车会车时应当使用近光灯。此外,同向行驶的车辆,如果后车在近距离内开启远光灯,会严重影响前车驾驶员的视线,出现视线盲区。进行超车、山路行驶中转向、在夜间遇到交叉路口等情况时,应该连续使用 2 ~ 3 次超车灯,提示其他车辆自己的行驶意图。

前照灯的 3 种工作状态都有不同的控制电路,以图 4-44 所示桑塔纳轿车前照灯电路图为例来进行说明。

1)近光灯电路

将点火开关 D 置于"ON"挡,将灯光总开光 E1 置于 2 挡(前照灯挡),此时,近光灯电路接通,近光灯亮。其电路流程为:蓄电池+→中央接线盒 P1 接柱→中央接线盒 P2 接柱→点火开关 30 接柱→点火开关 X → E1 的 X → E1 的 56 →变光开关 E4 的 56 → E4 的 56b → A21 →

```
 ┌─ S22 → C5 →  左大灯近光灯丝L1 ─┐
 │                               ├→搭铁→蓄电池-,如图 4-45 所示。
 └→ S21 → C6 →  右大灯近光灯丝L2 ─┘
```

2)远光灯电路

将点火开关 D 置于"ON"挡,将灯光总开光 E1 置于 2 挡(前照灯挡),将变光开关 E4 向下推,此时,远光灯电路接通,远光灯亮。其电路流程为:蓄电池+→中央接线盒 P1 接柱→中央接线盒 P2 接柱→点火开关 30 接柱→点火开关 X → E1 的 X → E1 的 56 →变光开关 E4 的 56 → E4 的

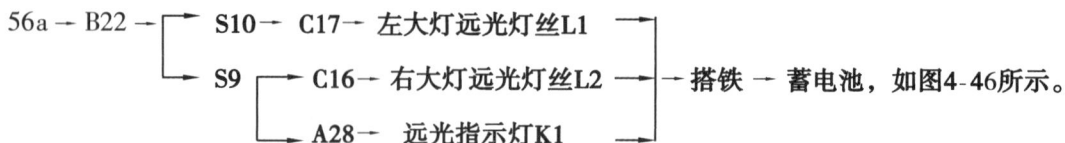

$$56a \rightarrow B22 \rightarrow \begin{cases} S10 \rightarrow C17 \rightarrow \text{左大灯远光灯丝L1} \\ S9 \rightarrow C16 \rightarrow \text{右大灯远光灯丝L2} \\ A28 \rightarrow \text{远光指示灯K1} \end{cases} \rightarrow \text{搭铁} \rightarrow \text{蓄电池,如图4-46所示。}$$

3) 超车灯电路

超车灯状态时,不需打开点火开关和灯光总开关,只需将变光开关 E4 向上拨动,超车灯电路便接通,超车灯亮;松开 E4,E4 回到原位,则灯灭。E4 开关每向上拨动一次,超车灯便闪亮一次。超车灯与远光灯共用一组灯泡,其电路流程为:蓄电池+→中央接线盒 P1 接柱→B23 →变光开关 E4 的 30 → E4 的 56a → B22 →

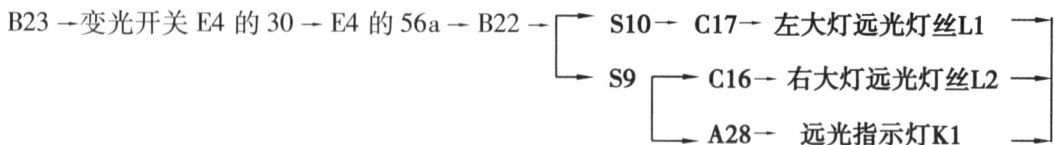

$$\begin{cases} S10 \rightarrow C17 \rightarrow \text{左大灯远光灯丝L1} \\ S9 \rightarrow C16 \rightarrow \text{右大灯远光灯丝L2} \\ A28 \rightarrow \text{远光指示灯K1} \end{cases}$$

→搭铁→蓄电池-,如图 4-47 所示。

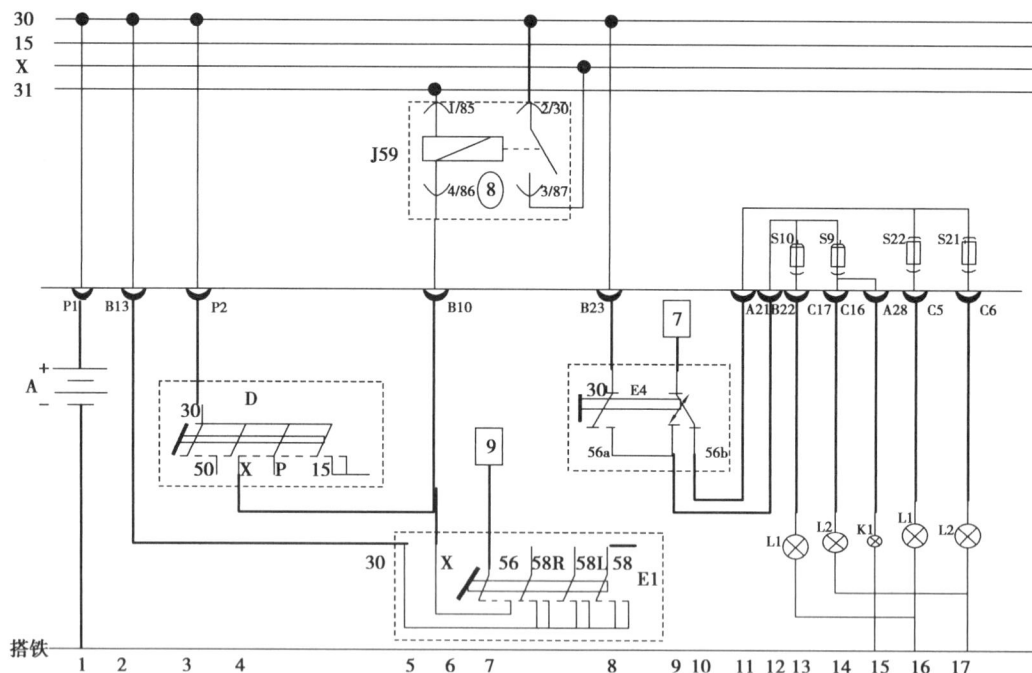

图 4-44　前照灯电路

A—蓄电池;S9,S10—远光保险;21,S22—近光保险;D—点火开关;J59—卸荷继电器;
E4—变光开关;E1—灯光总开关;L1—左前照灯;L2—右前照灯;K1—远光指示灯

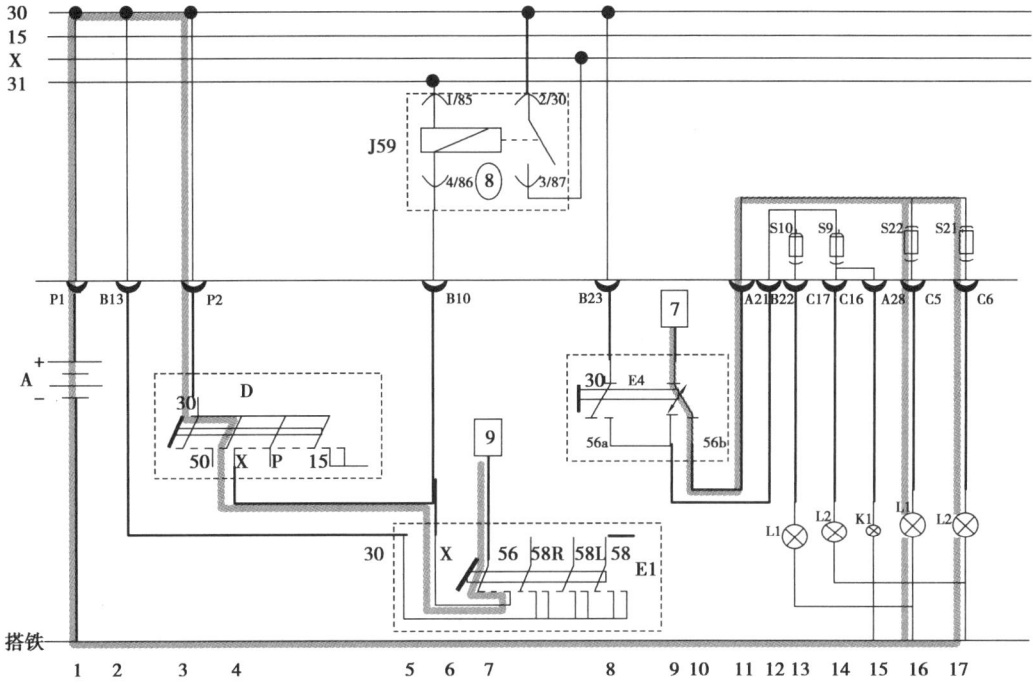

图 4-45　近光灯电路

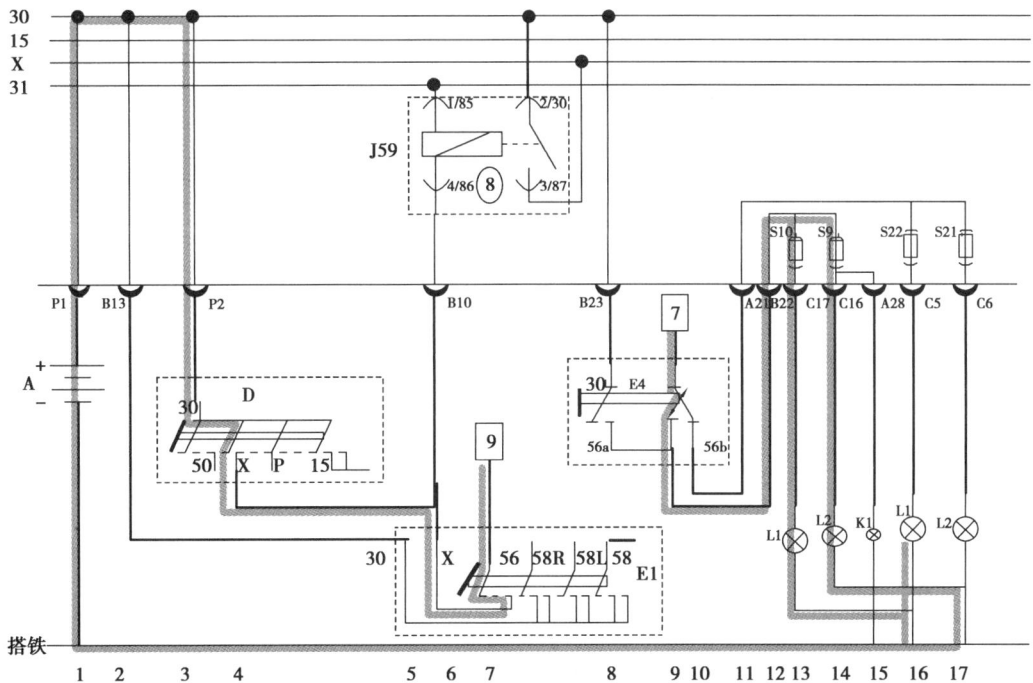

图 4-46　远光灯电路

137

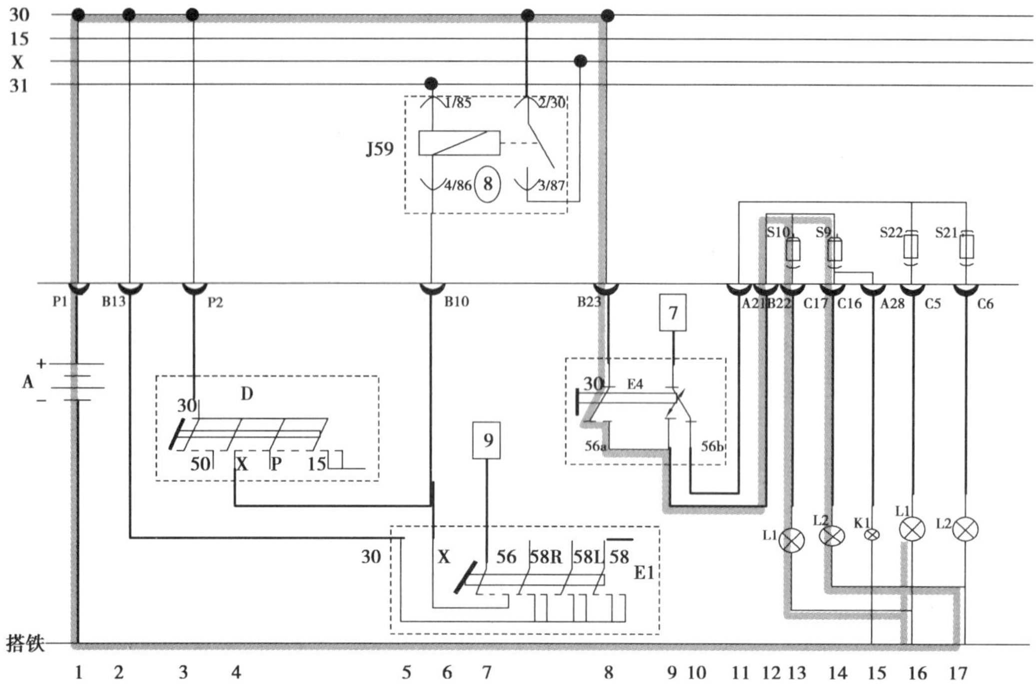

图 4-47 超车灯电路

(2)汽车前照灯的故障诊断与维修

1)故障现象:灯泡不亮(表 4-6)

表 4-6 灯泡不亮故障处理

可能故障原因	检测方法	故障排除
灯丝烧断	肉眼观察/电阻测量	更换灯泡
保险丝故障	肉眼观察/电阻测量	更换保险丝
导线故障(断路/短路)	电阻或电压测量	修复/更换导线
开关损坏	电阻测量	更换开关

2)故障现象:灯泡亮度很弱(表 4-7)

表 4-7 灯泡亮度很弱故障处理

故障现象:白炽灯/卤素灯亮度很弱		
可能故障原因	检测方法	故障排除
导线中或接头处有接触电阻	电阻或电压测量	移除接触电阻\更换损坏部件
蓄电池电量不足	测试蓄电池电压	给蓄电池充电或更换
使用了不合适的灯泡(在 12 V 的装置中使用了 24 V 的白炽灯)	肉眼观察	更换灯泡
搭铁不良	电阻或电压测量	维修搭铁点

3）具有照明范围自动调节功能的前照灯系统的故障诊断与维修

对具有照明范围自动调节功能（在很多维修手册上称为大灯照程自动调节）的前照灯系统，在进行前照灯系统的维修或更换后，必须要用故障诊断仪对其进行基本设定。整个设定过程必须严格按照维修手册的要求来进行。错误的基本设定或者不进行基本设定，都会导致该系统工作异常。此外，导致该系统工作异常的可能原因还有：

①步进电机损坏。

②导线损坏/插头损坏。

③水平位置传感器故障。

④传感器和底盘间的连接件弯曲或损坏。

⑤前照灯照明范围自动调节单元损坏。

当该系统出现故障时，组合仪表中的灯光故障报警灯会闪亮，如图4-48所示。当一侧的近光灯或近光灯灯泡故障时，另一侧的转弯灯光功能也会失效。

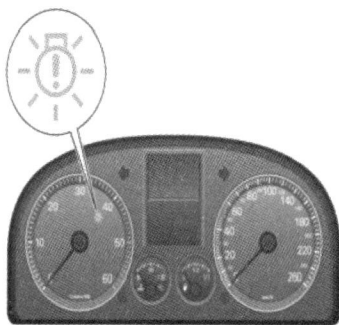

图4-48　灯光故障报警灯

4）故障诊断与排除的流程

以桑塔纳前照灯近光灯不亮故障为例，制订故障诊断与排除步骤流程如图4-49所示。

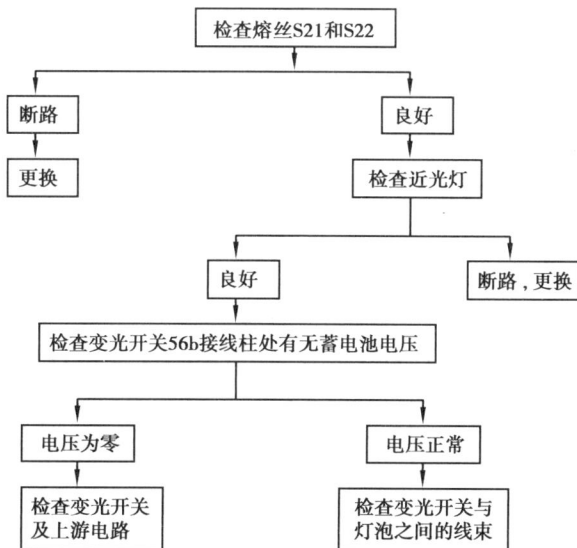

图4-49　前照灯故障诊断流程图

139

工作页 A:汽车前照灯的故障诊断

1. 提炼关键词,写出对汽车前照灯远、近光的使用要求。

2. 汽车前照灯有 3 种工作状态,即(　　　　)状态、(　　　　)状态和(　　　　)状态。

3. 夜间会车应当在距相对方向来车 150 m 以外改用近光灯。(对□　错□)

4. 夜间车辆行驶在窄路、窄桥与非机动车会车时应当使用远光灯。(对□　错□)

5. 请在信息页的近光灯电路、远光灯电路和超车灯电路图上用箭头标注出电流的流向。

6. 请查阅其他车型的维修手册,摘抄出该车型的前照灯电路图,并进行详细的标注(参看信息页)。在电路图的基础上,写出近光灯、远光灯、超车灯的电路流程(参看阅读资料)。

7. 请结合上面的电路图,列表写出"左侧近光灯不亮"故障的可能故障原因、检测方法及故障排除的方法。

阅读资料 B:汽车前照灯的检测与调整

前照灯具有明亮均匀的照明和良好的防眩目是夜间行车安全的重要保障,前照灯的检测是汽车安全检查的必要项目之一。我国对前照灯的检测与调整主要依据《机动车运行安全技术条件》(GB 7258—2017)的规定进行。

(1)前照灯灯光光束的要求

①机动车在检验前照灯近光光束照射位置时,车辆空载,允许乘一名驾驶员,轮胎气压应符合汽车制造厂的规定。前照灯在距离屏幕 10 m 处,光束明暗截止线转角或中点的高度 H_2 应为 $0.7 \sim 0.9H$(H 为前照灯中心高度),其水平方向位置向左偏 $V_左$ 不得大于 170 mm,向右偏 $V_右$ 不得大于 350 mm,如图 4-50 所示。

②四灯制前照灯其远光单光束灯在前照灯距离屏幕 10 m 处,要求光束中心离地面高度对乘用车 H_1 为 $0.9 \sim 1.0H$,对其他机动车为 $0.8 \sim 0.9H$。水平位置要求左灯向左偏 $V_左$ 不得大于 170 mm;向右偏 $V_右$ 不得大于 350 mm。右灯向左偏 $V_左$ 或向右偏 $V_右$ 均不得大于 350 mm。

③机动车装有远光和近光双光束灯时,应以调整近光光束为主。对只能调整远光光束的灯,调整远光单光束。

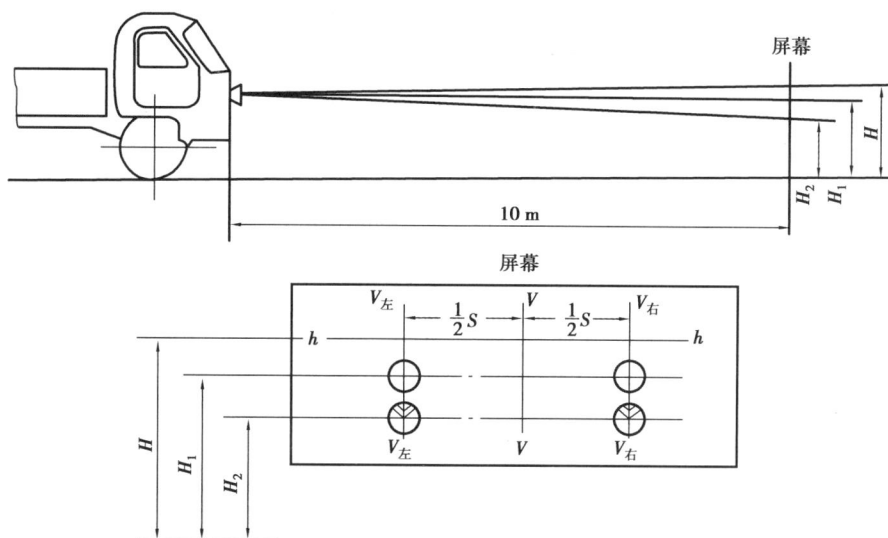

图 4-50　前照灯的光束照射位置

(2)前照灯发光强度的要求

前照灯发光强度的要求见表 4-8。测试时,其电源系统应该处于充电状态。

表 4-8　机动车前照灯的发光强度的要求(单位:cd)

车辆类型		检查项目					
		新注册车			在用车		
		一灯制	两灯制	四灯制①	一灯制	两灯制	四灯制①
最高时速小于 70 km/h 的汽车			10 000	8 000		8 000	6 000
其他汽车		—	18 000	15 000	—	15 000	12 000
三轮汽车		8 000	6 000	—	6 000	5 000	—
摩托车		10 000	8 000		8 000	6 000	
轻便摩托车		4 000	—		3 000		
运输用拖拉机	标定功率>18 kW	—	8 000			6 000	
	标定功率≤18 kW	6 000②	6 000		5 000②	5 000	

注:①四灯制是指前照灯具有 4 个远光光束,采用四灯制的机动车其中两只对称的灯达到两灯制的要求时视为合格;
　　②允许手扶拖拉机车组只装用一只前照灯。

(3)前照灯的检测调整方法

前照灯检测调整方法有屏幕测试法和专用检测仪测试法。前照灯光束调整标准各国略有差异,调整时应参照该车说明书和技术手册进行。

1)屏幕测试法

前照灯的检测调整可采用屏幕调整法,其方法如下:将汽车停在平坦路面上,按规定充足轮胎气压,并擦净前透镜。在离车头照灯 S 处挂一个幕布(或利用白墙壁),在屏幕上画出两条水平线,一条离地 H,另一条比它低 D。再画一条汽车的垂直中心线,在它两侧距中心线 $A/2$ 处再画两条垂直线,与离地 H 处的线相交点即为前照灯中心点,与较低线相交点即为光点中心,A 为两灯中心距,如图 4-51 所示。

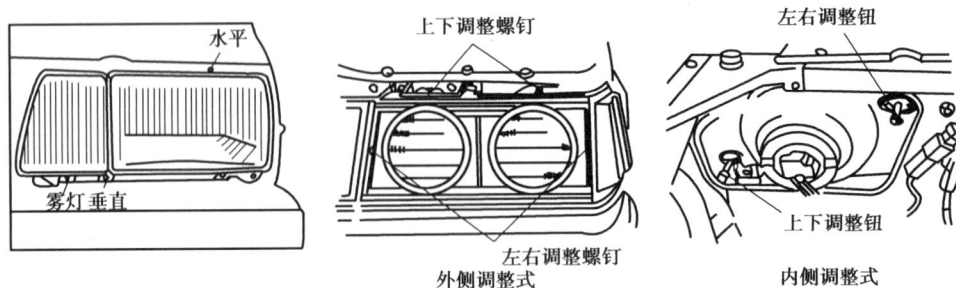

图 4-51　屏幕式前照灯调整方法

调整时,先遮住右侧的车头照灯,调整左侧前照灯。垂直方向,调整垂直方向调整螺栓;水平方向,调整水平方向调整螺栓,使其射出的光束中心对准屏幕上前照灯光点中心,然后以同样的方法调整右侧前照灯,调整部位如图 4-52 所示。

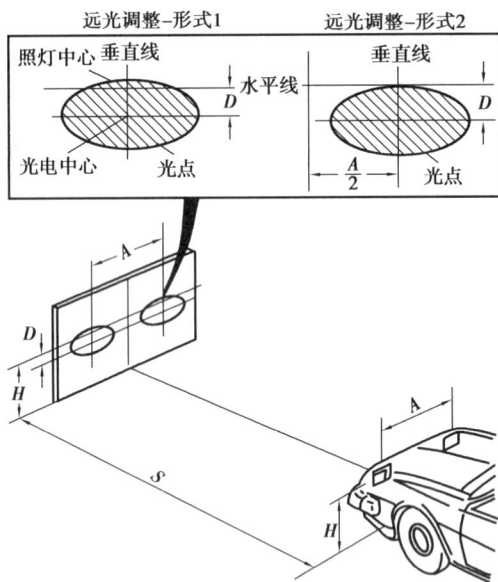

图 4-52　前照灯与雾灯灯光的调整部位

2)专用检测仪测试法

自动追踪光轴式前照灯检测仪如图 4-53 所示,检测过程中,前照灯光束照射到受光器上时,若前照灯光束照射方向偏斜,则主副受光器上下或左右光电池的受光量不等,它们分别产生的电流也不再相同。其电流的差值使控制受光器上下移动的电动机或控制控制箱左右移动的电动机运转。发动机通过钢丝绳牵动受光器上下移动或驱动控制箱在轨道上左右移动,直至受光器上下、左右光电池受光量相等为止。这就是所谓的自动追踪光轴,追踪时受光器的位移由光轴偏斜指示计指示,发光强度由光度计指示。

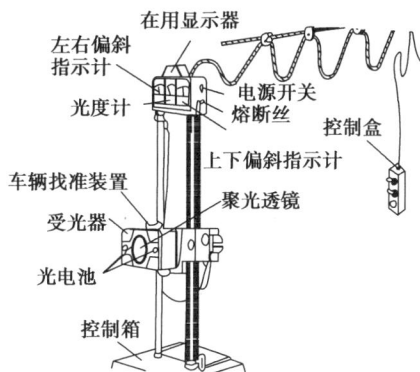

图 4-53　自动追踪光轴式前照灯检测仪

工作页 B:汽车前照灯的检测与调整

1. 机动车装有远光和近光双光束灯时,应以调整(　　)为主。

　A. 远光光束　　　　　B. 近光光束　　　　　C. 远光和近光光束为主　　　　　D. 不需调整

2. 在对前照灯发光强度进行测试时,汽车电源系统应该处于(　　)状态。

　A. 充电或放电　　　　B. 放电　　　　　C. 充电　　　　　　　　　　D. 不工作

3. 前照灯检测调整方法有(　　　　)、(　　　　),调整时应参照该车说明书和技术手册进行。

4. 请结合阅读资料及维修手册、设备使用说明书等资料,用关键词在表4-9中写出进行前照灯检测与调整的步骤、操作要点、安全规范等,并在实际操作过程中进行记录。

表 4-9　前照灯调整步骤

步骤	操作要点	安全规范	完成情况记录

4.3.2　任务计划实施

教师活动:

教师讲解及示范车辆充电指示灯常亮的故障检测方法,观察指导学生作业。

学生活动：

学生根据教师的讲解和示范动作，分组完成车辆前照灯不亮的故障检测与诊断过程，找出故障点，并撰写工作报告（表4-10）。

表4-10　汽车前照灯不亮诊断实施过程记录

设备准备	
故障现象	
故障分析	故障电路：　　　　　　　　　　故障可能原因：
检测过程	
故障点	
修复后检验	
工位复位	

✲ 典型工作环节四　验收交付

教学方法推荐：角色扮演法

教师活动：

教师提前安排学生两人一组，观察角色扮演学生的表演过程，同时观察其他学生的表现及倾听的认真程度。

学生活动：

学生分组,两人一组。其中,事先安排好的两个学生为一组,一个扮演客户,另一个扮演SA,交车给客户,并提炼交车要点。

请记录服务顾问交车时的要点:

_____

_____

_____

_____

_____

_____

学习情境五

检修汽车信号系统故障

学习情境描述

一辆大众迈腾轿车,行驶总里程6万km,客户发现汽车转向灯不亮,现要求你实施汽车维修企业作业流程,对客户车辆进行充电系统检查,找出故障原因并进行维修,作业过程中需遵守汽车维修作业规范。

学习目标

1. 识别汽车信号装置。
2. 识读汽车信号灯电路图。
3. 根据工作页要求进行汽车信号灯电路检测与诊断。
4. 根据维修作业流程实施汽车信号灯不亮的维修。
5. 进行自我阅读及提炼。
6. 通过小组合作完成任务。

◈ 典型工作环节一 接受任务

教学方法建议:两人角色扮演

学生活动:

学生分组,两人一组。其中,事先安排好的两个学生为一组,一个扮演客户,另一个扮演SA维修接待,在实车上把客户任务真实再现。学生理解并记录需向客户了解的信息。学生接车后填写客户任务工单(表5-1)。

教师活动:

教师观察角色扮演学生的表演过程,同时观察其他学生的表现及倾听的认真程度。

表5-1 客户任务工单

车主姓名		日期	
车型		车牌号	
发动机号		底盘号	
联系电话			

续表

通信地址	
车主描述及要求：	
检查维修建议：	
车辆预检记录：	
预估取车时间：	预估维修费用：
车主确认签字：	

⚙ 典型工作环节二　制订方案

5.2.1　故障原因分析

教学方法推荐：餐垫法

教师活动：

教师提供维修信息、阅读资料和餐垫图纸，指导学生独立查找转向灯不亮的原因，并书写在餐垫上周边对应位置。教师带领学生一起逐条对每组的结果进行分析评价，判断对错，总结原因。

学生活动：

学生分组，首先个人独立阅读教师提供的阅读资料及电路图，在阅读资料上画出关于转向灯不亮的原因，形成个人的结论，工整地书写在餐垫上自己的对应位置。学生小组合作讨论达成共识，把本组的"汽车转向灯不亮"的原因工整地书写在餐垫的中间位置上，把餐垫贴在白板上展示。

(1)汽车信号系统的作用

汽车上除照明系统外,还有用来指示车辆行驶意图或状态以保证复杂交通状况行车安全或者车辆自身状况的信号系统。汽车信号系统设备主要通过声、光信号向环境和驾驶员发出有关车辆运行状况或状态的信息,确保行车安全。

(2)汽车信号系统的组成

汽车信号系统主要由电源(蓄电池和发电机)、熔断丝、控制开关、继电器、闪光器、车灯、喇叭、仪表、传感器及其线路组成。不同车型所配置的信号系统不完全相同,其控制线路也各不相同。根据发出信号手段的不同,汽车信号系统可以分为灯光信号装置和声音信号装置。

灯光信号装置可分为外部灯光信号装置和内部灯光信号装置。外部灯光信号装置有转向灯、制动灯、尾灯、倒车灯、示宽灯等。内部信号装置泛指仪表板内的指示灯,用来指示汽车某系统工作状态或在车辆出现故障时及时发出警告、报警等信息。

汽车的声音信号装置包括发出声音信号的装置,如喇叭、蜂鸣器等。

(3)汽车信号系统常见故障现象及原因分析

汽车信号系统常见故障现象及原因分析见表5-2。

表5-2　汽车信号系统故障原因列表

序号	故障现象	故障原因
1	单个系统功能失效	负责单个系统自身的电路出现问题:①保险丝/继电器烧了;②开关坏了;③导线短路或断路;④搭铁不良;⑤元件(灯泡、喇叭、蜂鸣器、仪表等)损坏;⑥传感器(机油压力传感器、水温传感器、燃油液位传感器等)失效
2	大多数系统功能失效	①电池至总开关之间电源线断路;②总开关坏了;③电源总保险丝烧了;④多个系统的共用线路或元件出现问题
3	多个系统功能减弱或相互干扰,不能正常工作	几个系统的共用搭铁点出现搭铁不良的现象
4	多个用电器经常损坏	发电机输出电压过高

5.2.2　关联知识学习

5.2.2.1　汽车信号系统的组成与工作原理

教学方法推荐:小组拼图法

教师活动:

按照小组拼图法,教师把学生分成3个原始小组,并形成专家小组,提供与之有关的阅读资料 A、B、C，分别进行个体学习、小组学习，形成小组学习成果。学生完成学习后进行点评和总结。

学生活动：

学生原始小组个人独立学习对应资料，并完成工作页。然后在专家小组讨论，形成小组学习成果，制作海报。再在原始小组进行交流学习，完成其他阅读资料的学习，并完成工作页。

阅读资料 A：汽车外部灯光信号装置

目前，大多数汽车都采用组合灯具，即把前照灯、前转向灯、前示宽灯等组合在一起，构成前组合灯，如图 5-1 所示；把倒车灯、制动灯、后转向灯、后示宽灯等组合在一起，构成后组合灯，如图 5-2 所示。鉴于发光 LED 具有省电、环保、寿命长等优点，近年来在汽车组合灯中的应用日渐广泛，如图 5-1(b) 所示。

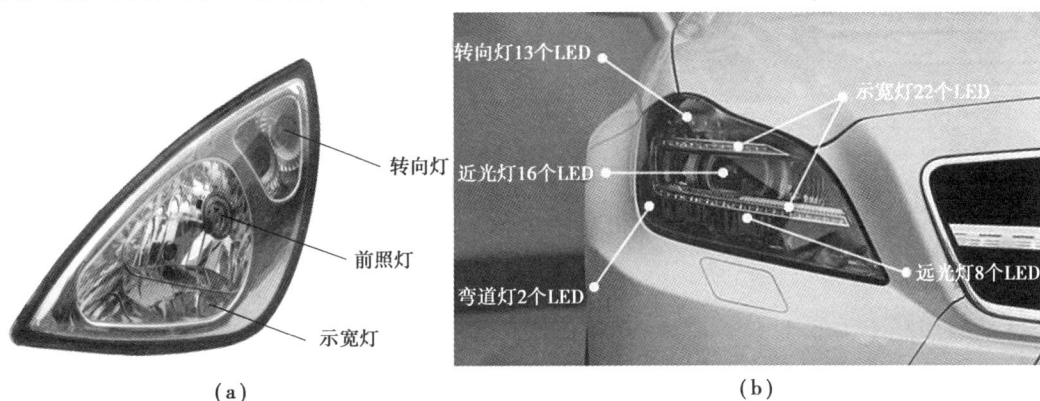

（a）　　　　　　　　　　　　　　　（b）

图 5-1　前组合灯

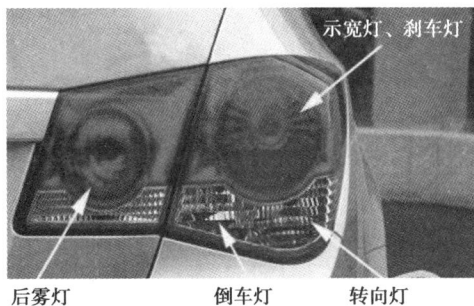

图 5-2　后组合灯

(1) 倒车灯

倒车灯安装在汽车尾部，当变速器挂入倒挡（R）时（图 5-3），倒车灯自动发亮，照明车后侧，同时警示后方车辆、行人注意安全。其功率一般为 20～25 W，光色为白色，如图 5-4 所示。

(2) 制动灯

制动灯俗称刹车灯，安装在汽车尾部。在踩下制动踏板时（图 5-5），发出较强红光，以示制动。其功率为 20～25 W，光色为红色，灯罩显示面积较后示宽灯大。为避免尾随大型车对

149

轿车碰撞的危险,轿车后窗内加装由发光二极管成排显示的高位制动灯,如图5-6所示。

图5-3　变速器挂入倒挡

图5-4　倒车灯灯光

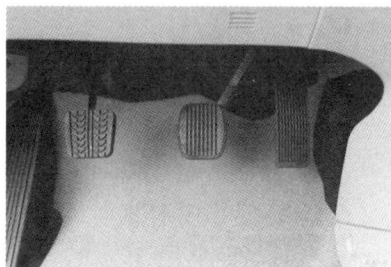

图5-5　踩下制动踏板

图5-6　制动灯灯光

(3)转向灯

转向灯一般安装在汽车头、尾部的左右两侧(图5-7),能发出亮、灭交替的闪关信号,颜色为琥珀色,用来指示车辆行驶趋向,提醒周边车辆和行人注意。一般在汽车车侧中间还装有侧转向灯。近年来,在小型车上,把侧转向灯安装到左右后视镜上渐成趋势,如图5-8所示。目前车辆上至少有6个转向灯,前、后、侧面各两个。驾驶员想向左转向时,只需逆时针拨动组合开关(图5-9),便可让左侧的3个转向灯闪烁,对左侧车辆和行人发出警示。转向后,无须将组合开关拨回,方向盘回正后,组合开关会自动回到原位(转向时,组合开关具有自动回正功能)。向右同理。

主转向灯功率一般为20~25 W,侧转向灯为5 W,光色为琥珀色。转向时,灯光呈闪烁状,频率规定为(1.5±0.5)Hz,启动时间不大于1.5 s。在紧急遇险状态需其他车辆注意避让时,可按下位于中控台中间的危险报警灯开关(开关上有一个红色三角标记,图5-10),接通所有转向灯,使其同时闪烁,此时称为危险报警灯,俗称双闪。

图5-7　前组合灯中的转向灯灯光

图5-8　后视镜上的转向灯灯光

图 5-9　转向灯开关

图 5-10　危险警告灯开关

(4)示宽灯

示宽灯又称示位灯、位置灯,功率一般为 5~20 W,安装在汽车前面、后面和侧面。将灯光总开关转到示宽灯挡位(图 5-11),示宽灯、仪表照明灯和牌照灯同时发亮(图 5-12),以标志车辆的形位等。此外,在接通前照灯、雾灯时,上面所列的 3 种灯会同时发亮。前示宽灯俗称小灯,光色为白色或黄色,后示宽灯俗称尾灯,光色为红色;侧位灯光色为琥珀色。空载车高 3.0 m 以上的车辆还应安装示廓灯,标示车辆轮廓。

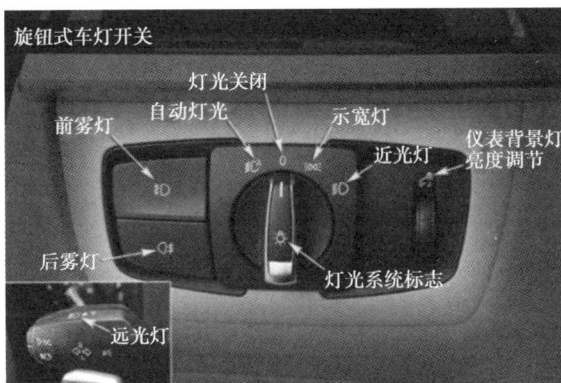

图 5-11　打开示宽灯

图 5-12　前部示宽灯灯光

(5)驻车灯

驻车灯装于车头和车尾两侧,如图 5-13 所示。要求从车前和车尾 150 m 远处能确认灯光信号,要求车前处光色为白色,车尾处为红色。夜间驻车时,将驻车灯接通,标志车辆形位。

(6)日间行车灯

日间行车灯简称日行灯,是指使车辆在白天行驶时更容易被识别的灯具,装在车身前部,不同于普通的近光灯,当汽车发动机一启动,日间行车灯则自动开启,并不断增加亮度以引起路上其他机动车、非机动车以及行人的注意。当夜晚降临,驾驶者手动打开近光灯后,日行灯则自动熄灭。日行灯多为发光二极管 LED(Light Emitting Diode)灯,如图 5-14 所示。

图 5-13　驻车灯灯光

图 5-14　日间行车灯灯光

工作页 A:汽车外部灯光信号装置

1.请用关键词写出汽车信号系统的作用。

2.根据发出信号手段的不同,汽车信号系统可以分为(　　　　　)和(　　　　　)。

3.《机动车运行安全技术条件》(GB 7258—2012)中规定,机动车(手扶拖拉机运输机组除外)应设置具有连续发声功能的喇叭。(对□　错□)

4.一般汽车的前组合灯会将(　　　　)、(　　　　)、(　　　　)等组合在一起。

5.一般汽车的后组合灯会将(　　　　)、(　　　　)、(　　　　)、(　　　　)等组合在一起。

6.请提炼关键词,总结分析各种信号灯的作用、特点及使用,并用关键词完成表 5-3 的填写。

表 5-3　各种信号灯

信号灯	作用	安装位置	颜色	数量	控制方法

7. 请解释汽车转向灯的自动回正功能。

8. 如图 5-10 所示是什么开关？何时使用？使用时哪些灯会亮起？

9. 倒车灯在(　　)时制动点亮。

A. 变速器挂入倒挡　　　　　　　　　B. 踩下制动踏板

C. 打开点火开关　　　　　　　　　　D. 拉起手刹

10. 制动灯在(　　)时制动点亮。

A. 变速器挂入倒挡　　　　　　　　　B. 踩下制动踏板

C. 打开点火开关　　　　　　　　　　D. 拉起手刹

11. 汽车转向灯的闪烁是通过(　　)控制电流的通断来实现的。

A. 继电器　　　　　B. 电容器　　　　　C. 开关　　　　　　D. 闪光器

12. 前示宽灯俗称小灯,光色为白色或红色。(对□　错□)

13. 夜间驻车时,将驻车灯接通,标志车辆形位。(对□　错□)

14. 当汽车发动机一启动,日间行车灯则自动开启,打开示宽灯则自动熄灭。(对□　错□)

阅读资料 B:汽车转向信号装置

为指示车辆的行驶方向,汽车上都装有转向信号灯。转向灯系统一般由转向信号灯、转向指示灯、转向开关、闪光器等组成。当汽车要向左或向右转向时,通过操纵转向开关,使车辆左侧或右侧的转向信号灯经闪光器通电而闪烁发光。转向后,回转转向盘,转向盘控制装置可自动使转向开关回位,转向灯熄灭。驾驶员可以通过操纵危险警报开关使全部转向灯闪亮,发出警示。

转向信号灯一般应具有一定的频闪。国标中规定为 60～120 次/min,日本转向闪光灯规定为(85±10)次/min,而且要求信号效果要好,亮暗时间比(通电率)在 3:2 为佳。

转向信号灯的频闪由闪光器控制。闪光器按结构和工作原理可分为电热丝式(俗称电热式)、电容式、翼片式、水银式、晶体管式等。电热式闪光器结构简单,制造成本低,但闪光频率不够稳定,使用寿命短,已被淘汰。而电容式闪光器闪光频率稳定;翼片式闪光器结构简单、体积小、闪光频率稳定、监控作用明显、工作时伴有响声;晶体管式闪光器具有性能稳定、可靠等优点,得到了广泛的应用。

(1)电容式闪光器

电容式闪光器是利用电容器充、放电延时特性,使继电器的两个线圈产生的电磁吸力时而相同叠加,时而相反削减,从而使继电器产生周期性开关动作,使得转向信号灯及指示灯实现闪烁。如图 5-15 所示为电容式闪光器的结构及工作原理。

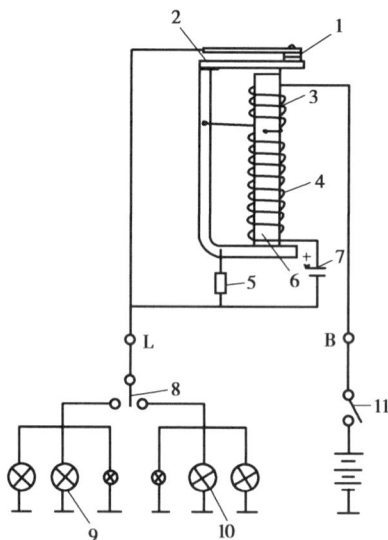

图 5-15　电容式闪光器

1—触点;2—弹簧片;3—串联线圈;4—并联线圈;5—灭弧电阻;6—铁芯;
7—电解电容器;8—转向灯开关;9—左转向信号灯及指示灯;
10—右转向信号灯及指示灯;11—电源开关

其工作过程如下:当汽车向左转弯接通转向灯开关 8 时,电流便从蓄电池正极、电源开关 11、线圈 3、触点 1、转向灯开关 8、左转向信号灯及指示灯 9、搭铁、蓄电池负极构成回路,电流通过线圈 3 产生的电磁吸力大于弹簧片 2 的作用力,触点 1 被打开,转向灯处于暗的状态。此时,蓄电池向电容器 7 充电,充电电流由蓄电池正极、电源开关 11、线圈 3 和 4、电容器 7、转向灯开关 8、左转向信号灯及指示灯 9、搭铁、蓄电池负极构成回路。线圈 4 电阻较大,充电电流很小,转向灯仍处于暗的状态。同时充电电流通过线圈 3 和 4 产生的电磁吸力方向相同,使触点继续打开,随着电容器两端电压的逐渐升高,其充电电流逐渐减小,线圈 3 和 4 的电磁吸力减小,使触点 1 重新闭合,转向灯处于亮的状态。此时,电容器 7 通过线圈 4 和触点 1 放电,使线圈 3 和 4 产生的电磁吸力方向相反,电磁吸力减小,触点 1 仍保持闭合,转向灯继续发亮。随着电容器的放电,其两端电压逐渐下降,电流减小,在线圈 3 的电磁吸力作用下,触点 1 重又打开,灯变暗。如此反复,使转向灯发出闪光。

(2)翼片式闪光器

翼片式闪光器是利用电流的热效应,以热胀条的热胀冷缩为动力,使翼片产生突变动作,接通和断开触点,使转向信号灯及转向信号指示灯实现闪烁。根据热胀条受热情况的不同,可分为直热式和旁热式两种。

1)直热翼片弹跳式闪光器

直热翼片弹跳式闪光器的结构与工作原理如图 5-16 所示。它主要由翼片 2,热胀条 3,动触点 4,静触点 5 及支架 1、8 等组成。翼片 2 为弹性钢片,平时靠热胀条 3 绷紧成弓形。热胀条由膨胀系数较大的合金钢带制成,在其中间焊有动触点 4,在动触点 4 的对面安装有静触点 5,整个弹跳组件被焊在支架 1 上,支架的另一端伸出底板外部作为接线柱 B。静触点 5 焊在支架 8 上,支架 8 伸出底板外部作为另一接线柱 L。热胀条 3 在冷态时使触点 4、5 闭合。

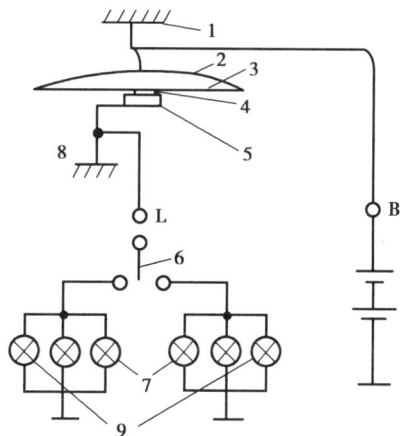

图 5-16　直热翼片弹跳式闪光器

1,8—支架;2—翼片;3—热胀条;4—动触点;5—静触点;
6—转向开关;7—转向指示灯;9—转向信号灯

汽车转向时,接通转向灯开关 6,蓄电池即向转向信号灯供电,电流路径为:蓄电池正极→接线柱 B→支架 1→翼片 2→热胀条 3→动触点 4→静触点 5→支架 8→接线柱 L→转向灯开关 6→转向信号灯 9 和指示灯 7→搭铁→蓄电池负极,形成回路,转向信号灯 9 立即发亮。这时热胀条 3 通过电流而发热伸长,翼片 2 突然绷直,动触点 4 和静触点 5 分开,切断电流,转向信号灯 9 熄灭。当通过转向信号灯的电流被切断后,热胀条开始冷却收缩,又使翼片突然弯成弓形,动触点 4 和静触点 5 再次接触,接通电路,转向信号灯再次发光,如此反复变化,使转向信号灯一亮一暗地闪烁,标示车辆的行驶方向。

2)旁热翼片弹跳式闪光器

国产 SG124 型闪光器就是旁热翼片弹跳式闪光器,其结构与工作原理如图 5-17 所示。

它的主要功能零件是不锈钢制成的叶片 6（也称弹簧片），翼片上固定有热胀条 1，热胀条上绕有电阻丝 2，电阻丝的一端与热胀条 1 相连，另一端与静触点 5 相连，翼片 6 靠热胀条 1 绷紧成弓形。动触点 4 固定在翼片 6 上，整个弹跳组件焊在支架 7 上，由支架伸出底板外部作接线柱 B，静触点与接线柱 L 相连。当闪光器不工作时，触点 4 和 5 处于分开状态。

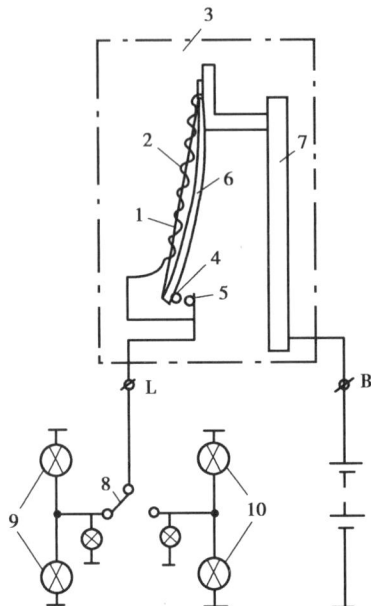

图 5-17　旁热翼片弹跳式闪光器

1—热胀条；2—电阻丝；3—闪光器；4—动触点；5—静触点；6—翼片；7—支架；
8—转向灯开关；9—左转向信号灯和指示灯；10—右转向信号灯和指示灯

当汽车向左转弯时，接通转向灯开关 8，电流路径为：蓄电池正极→接线柱 B→支架 7→电阻丝 2→静触点 5→接线柱 L→转向灯开关 8→左转向信号灯和指示灯 9→搭铁→蓄电池负极，形成回路。这时信号灯虽然有电流通过，但电阻丝 2 的电阻较大，电路中电流较小，此时信号灯不亮。同时，电阻丝对热胀条 1 进行加热，使热胀条受热伸长，翼片 6 依靠自身弹性使触点 4 与 5 闭合。电流路径为：蓄电池正极→接线柱 B→支架 7→叶片 6→动触点 4→静触点 5→接线柱 L→转向灯开关 8→左转向信号灯和指示灯 9→搭铁→蓄电池负极，形成回路。此时电流不再通过电阻丝 2，电流增大，转向信号灯和指示灯发亮。同时，触点 4 和 5 闭合，电阻丝被短路，使热胀条 1 逐渐冷却收缩，拉紧翼片，触点 4 和 5 再次分开，如此反复变化，使转向信号灯 9 一明一暗地闪烁，标示车辆的行驶方向。

（3）晶体管式闪光器

晶体管式闪光器分为有触点式和无触点式两种。

1）有触点晶体管式闪光器

如图 5-18 所示为带继电器的有触点晶体管式闪光器。它由一个晶体管的开关电路和一个小型继电器组成。其工作原理如下：

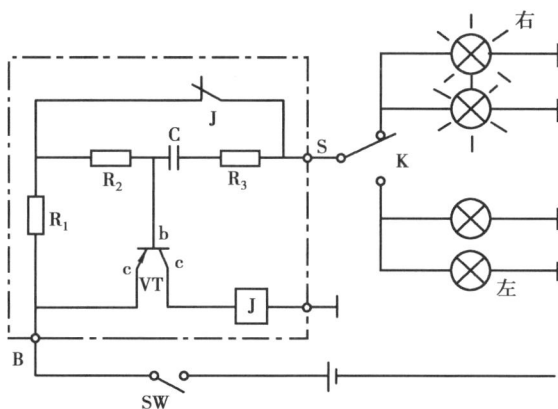

图 5-18 有触点晶体管式闪光器电路图

当汽车向右转弯时,接通电源开关 SW 和转向灯开关 K,电流路径为:蓄电池正极→电源开关 SW→接线柱 B→电阻 R_1→继电器 J 的常闭触点→接线柱 S→转向灯开关 K→右转信号灯→搭铁→蓄电池负极,则右转向信号灯亮。当电流通过 R_1 时,在 R_1 上产生电压降,晶体管 VT 因正向偏压而导通,集电极电流 I_c 通过继电器 J 的线圈,使继电器常闭触点立即断开,右转向信号灯熄灭。

晶体管 VT 导通的同时,VT 的基极电流向电容器 C 充电。充电电路电流路径为:蓄电池正极→电源开关 SW→接线柱 B→VT 的发射极 e、基极 b→电容器 C→电阻 R_3→接线柱 S→转向灯开关 K→右转向信号灯→搭铁→蓄电池负极。在充电过程中,随着电容器电荷的积累,充电电流 I_b 逐渐减小,晶体管 VT 的集电极电流 I_c 也随之减小,当此电流不足以维持衔铁的吸合而释放时,继电器 J 的常闭触点又重新闭合,转向信号灯再次发亮。这时电容器 C 通过电阻 R_2、继电器 J 的常闭触点和电阻 R_3 放电。放电电流在 R_2 上产生的电压降为 VT 提供反向偏压,加速了 VT 的截止,使继电器 J 的常闭触点迅速断开。当放电电流接近零时,R_1 上的电压降又为 VT 提供正向偏压使其导通。这样,电容器 C 不断地充电和放电,晶体管 VT 也就不断地导通与截止,控制继电器的触点反复地闭合、断开,使转向信号灯发出闪光。

2)无触点晶体管式闪光器

如图 5-19 所示为无触点晶体管式闪光器电路图。它利用电容器充、放电延时的特性,控制晶体管 VT_1 的导通和截止,实现闪光的目的。其工作过程如下:

当接通转向开关后,晶体管 VT_1 的基极电流由两路提供,一路经电阻 R_2,另一路经 R_1 和 C,使 VT_1 导通。VT_1 导通时,VT_2、VT_3 组成的复合管处于截止状态。因 VT_1 的导通电流很小,仅 60 mA 左右,故转向信号灯暗。同时,电源对电容器 C 充电,随着 C 两端电压的升高,充电电流减小,VT_1 的基极电流减小,使 VT_1 由导通变为截止。这时 A 点电位升高,当其电位达到 1.4 V 时,VT_2、VT_3 导通,转向信号灯亮。

此时电容器 C 经过 R_1、R_2 放电,放电时间为灯亮时间。C 放完电,又充电,VT_1 再次导通,使 VT_2、VT_3 截止,转向信号灯又熄灭,C 的充电时间为灯灭的时间。如此反复,使转向信号灯发出闪光。改变 R_1、R_2 的电阻值和 C 的大小,以及 VT_1 的 β 值,可改变闪光频率。

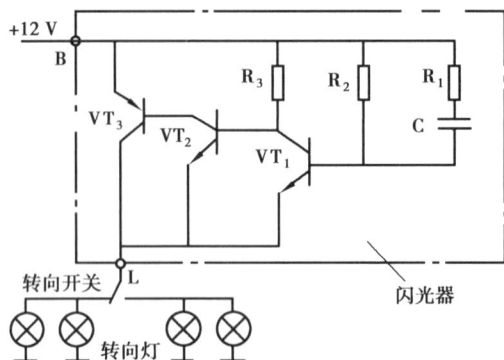

图 5-19 国产 SG131 型无触点晶体管式闪光器电路图

(4) 集成电路闪光器

集成电路闪光器可用通用集成电路制成,也有专用闪光器集成电路。进口汽车上的集成电路闪光器一般采用专用集成电路。

上海桑塔纳轿车装用的电子闪光器的核心器件 IC U243B 是一块低功耗、高精度的汽车电子闪光器专用集成电路。U243B 的标称电压为 12 V,实际工作电压为 9 ~ 18 V,采用双列 8 脚直插塑料封装。桑塔纳轿车电子闪光器引脚及电路原理图如图 5-20 所示。其内部电路主要由输入检测器 SR、电压检测器 D、振荡器 Z 及功率输出级 4 个部分组成。

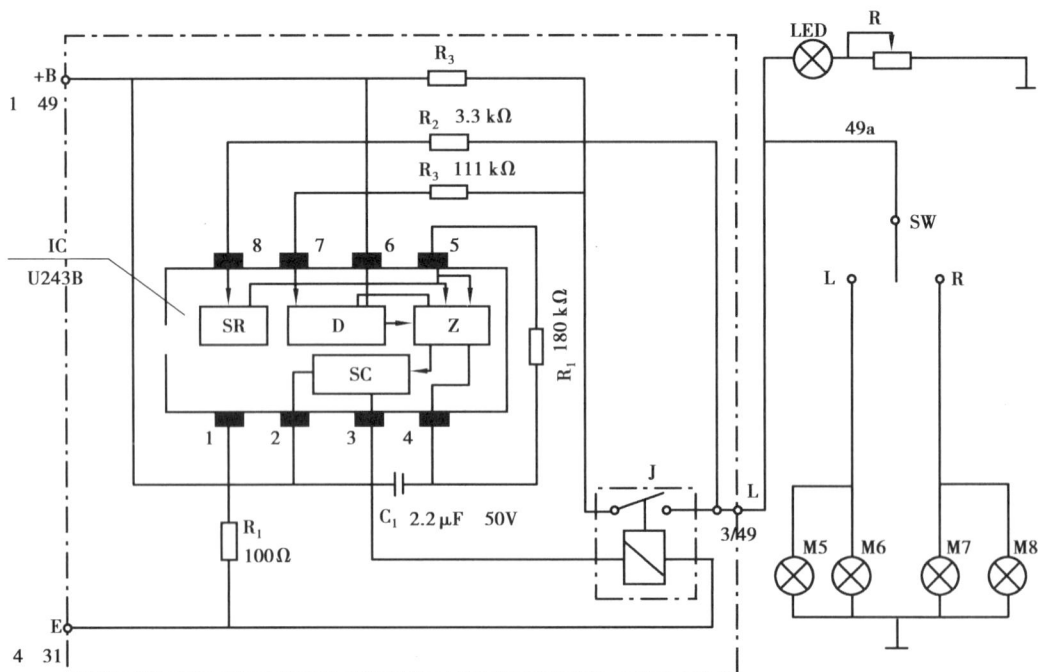

图 5-20 桑塔纳轿车电子闪光器引脚及电路原理

输入检测器用来检测转向信号灯开关是否接通。振荡器由一个电压比较器和外接 R_4 及 C_1 构成。内部电路给比较器的一端提供了一个参考电压(其值的高低由电压检测器控制),

比较器的另一端则由外接 R_4 及 C_1 提供一个变化的电压,从而形成电路的振荡。

振荡器工作时,控制继电器线圈的电路使继电器触点反复开闭,转向信号灯和转向指示灯便以 80 次/min 的频率闪光。

如果一只转向信号灯损坏,则流过取样电阻 R_s 的电流减小,其电压降减小,经电压检测器识别后,便控制振荡器电压比较器的参考电压,从而改变振荡(即闪光)频率,则转向指示灯的闪光频率加快一倍,以示需要检修或更换灯泡。

有些汽车利用闪光器还可作危险报警用,当汽车出现危险情况时,只要接通危险报警开关,则汽车前、后、左、右的转向信号灯同时闪烁以示危险。

工作页 B:汽车转向信号装置

1.汽车转向灯闪光器有( )、( )和( )3 类,前两种车辆上用得很少,目前广泛采用电子集成式闪光器,它具有( )、( )和( )等特点。

2.请提炼关键词,写出晶体管式闪光器的工作原理。

3.请提炼关键词,写出集成电路闪光器的工作原理。

4.电子闪光器按电子元件的分立与集成可分为( )两种。

A.晶体管式和集成电路式   B.电容式和电热式

C.电容式和集成电路式   D.晶体管式和电容式

5.集成电路闪光器的闪光频率为( )。

A.20 次/min   B.80 次/min

C.40 次/min   D.120 次/min

阅读资料 C:汽车声音信号装置

汽车的信号系统除了信号灯外,还包含能发出声音信号的装置,如喇叭、蜂鸣器等。

(1)喇叭

喇叭是汽车的声音信号装置。在汽车行驶过程中,驾驶员根据需要和规定发出必需的音响信号,警告行人和引起其他车辆注意,保证交通安全,同时还用于催行与传递信号。

喇叭按其发音动力有电喇叭和气喇叭之分;按外形分有螺旋形、筒形和盆形 3 类;按声频可分为高音喇叭和低音喇叭;按接线方式可分为单线制喇叭和双线制喇叭;按有无触点可分为有触点式(普通式)电喇叭和无触点式(电子式)电喇叭。其中,气喇叭主要用于具有空气制动装置的重型载重车上,电喇叭(图 5-21)具有结构简单、体积小、质量轻、声音悦耳且维修方便的特点,在中小型车辆中获得了广泛应用。

图 5-21　汽车电喇叭

1）普通电喇叭的结构和原理

汽车电喇叭是靠金属膜片的振动发出声音的，如图 5-22 所示。电喇叭由铁芯、磁性线圈、触点、衔铁、膜片等组成。

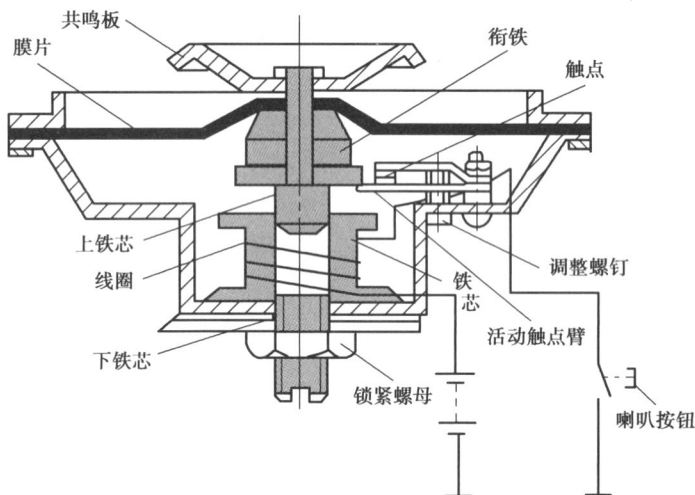

图 5-22　盘形电喇叭的结构组成

当司机按下喇叭开关时，电流经触点通过线圈，线圈产生磁力吸下衔铁（即电磁铁原理），强制膜片移动，衔铁移动使触点断开，电流中断，线圈磁力消失，膜片在自身弹性和弹簧片作用下同衔铁一起恢复原位，触点闭合电路再次接通，电流通过触点流经线圈产生磁力，重复上述动作。如此循环使膜片不断振动，从而发出声音。共鸣板与膜片刚性连接，可使振动平顺，发出声音更加悦耳。为了保护触点，盆形喇叭在触点之间并联了一只灭弧电容器。

电喇叭的开关通常都在方向盘的中间，按下开关（图 5-23），喇叭发出警示音。

2）电子电喇叭的结构和原理

目前轿车大多采用电子电喇叭，它具有寿命长、音质好、不需调整、工作可靠等优点。

电子电喇叭的电路由振荡电路和功率放大电路组成。如图 5-24 所示，其中 T_1、T_2、T_3 和 C_1、C_2 及 R_2—R_9 组成了多谐振荡电路，T_1、T_2 的静态工作点设置在放大区。按下喇叭按钮，电路接通，T_1 和 T_2 的电路参数有微小差异，两个三极管的导通程度不可能完全一致。假设在电路接通的瞬间 T_1 先导通，T_1 的集电极位 U_{c_1} 首先下降，于是多谐振电路通过 C_1、C_2 构成正反馈电路，正反馈过程为：$U_{c_1} \downarrow \rightarrow U_{b_2} \downarrow \rightarrow I_{b_2} \downarrow \rightarrow I_{c_2} \downarrow \rightarrow U_{c_2} \downarrow \rightarrow U_{b_1} \downarrow \rightarrow I_{b_1} \downarrow \rightarrow I_{c_1} \uparrow$。

图 5-23　喇叭开关

这一反馈过程使 T_1 迅速饱和导通而 T_2 则迅速截止, T_3 也截止, 电路进入暂稳态。暂稳态期间, C_1 充电使 U_{b_2} 升高, 当 U_{b_2} 达到 T_2 的导通电压时, T_2 开始导通, T_3 也随之导通。这时, 产生正反馈过程, 使 T_2 迅速饱和导通而 T_1 则迅速截止, 电路进入新的暂稳态。这时 C_2 的充电又使 U_{b_1} 升高, 当 U_{b_1} 上升至 T_1 的导通电压时, T_1 导通, 电路产生前一个正反馈过程, 使 T_1 迅速饱和导通, 而 T_2、T_3 则迅速截止。如此周而复始, 形成振荡。此振荡电流信号经 T_4、T_5 的直流放大, 控制喇叭线圈电流的通断, 从而使喇叭发出声音。

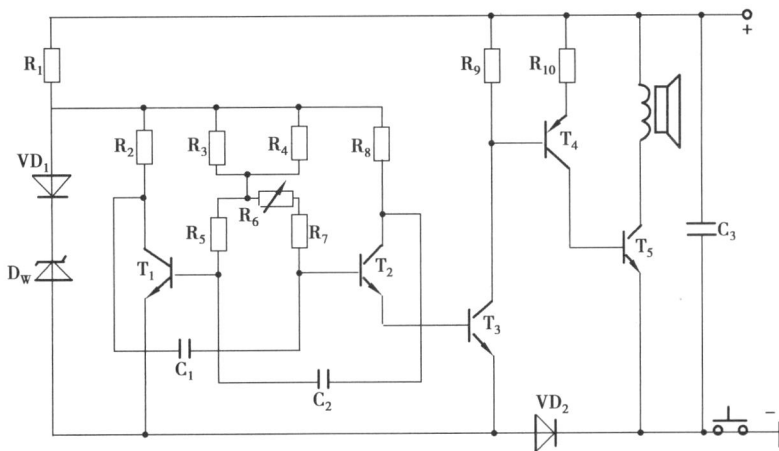

图 5-24　电子电喇叭电路

电路中, 电容 C_3 与喇叭的电源并联, 可防止其他电路中瞬变电压的干扰, VD_2、R_1 为多谐振荡器的稳压电路, 其作用是使振荡频率稳定。VD_1 用作温度补偿, D_W 起电源反接保护作用, R_6 用于调节喇叭的音量。

3) 双音电喇叭的控制过程

为了得到较为和谐悦耳的声音, 在汽车上大多装有双音(高、低音)喇叭, 两只喇叭消耗电流较大, 为了保护喇叭接扭开关不被烧蚀, 通常在喇叭电路中设有继电器。即用喇叭按钮去控制继电器线圈的小电流,而用继电器触点去控制喇叭所需的大电流。

双音喇叭继电器电路如图5-25所示。按下方向盘上的喇叭按钮时,电流便经蓄电池、喇叭继电器线圈、按钮开关形成回路,使继电器铁芯产生电磁吸力,将继电器触点闭合,接通双音电喇叭,喇叭发音。

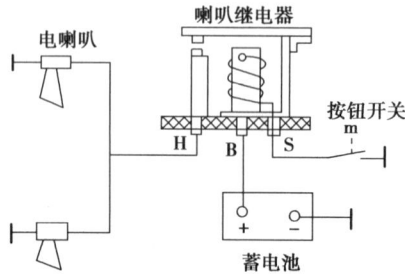

图5-25 双音喇叭继电器电路

当松开方向盘喇叭按钮时,继电器线圈断电,铁芯电磁吸力消失,触点在自身弹力作用下张开,切断了电喇叭电路,电喇叭停止发音。

(2)蜂鸣器

蜂鸣器(图5-26)一般安装在仪表盘或仪表台内,可发出声音对驾驶员进行警告或提醒,如忘关大灯、钥匙忘拔、门没锁好等信息。还有一些车辆会安装倒车蜂鸣器,倒车时,蜂鸣器发出声音信号,警告车后行人和车辆。

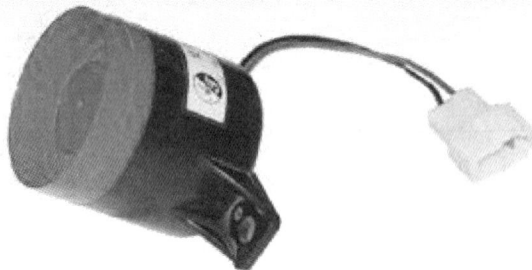

图5-26 倒车蜂鸣器

工作页 C:汽车声音信号装置

1.提炼关键词,写出汽车喇叭的作用。

2.喇叭按其发音动力有电喇叭和气喇叭之分,气喇叭主要用于具有空气制动装置的(   )上,电喇叭在(   )中获得了广泛应用。

3.汽车电喇叭是靠(   )发出声音的。

A.扩音器   B.音响   C.金属膜片的振动   D.金属膜片

4.汽车电喇叭由(   )、(   )、(   )、(   )、(   )等组成。

5.请在图5-27中标注出汽车喇叭的其他主要部件。

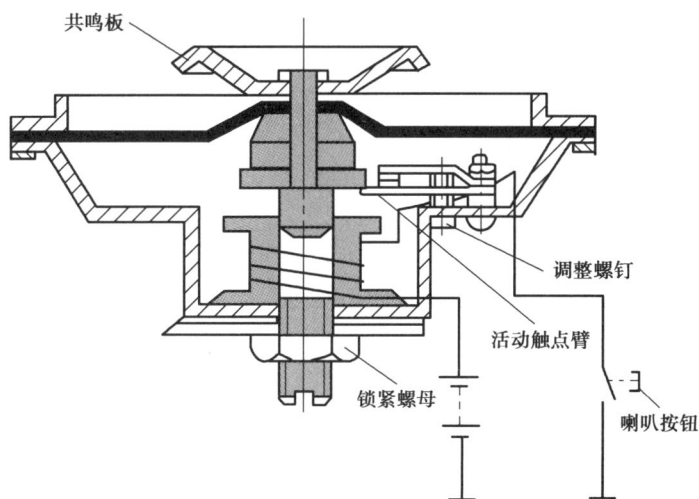

图 5-27　电喇叭结构

6.请提炼关键词,写出汽车电喇叭的工作原理。

7.目前轿车大多采用的喇叭是(　　　)。

A.扩音器　　　　　　　B.气喇叭　　　　　　　C.普通电喇叭　　　　　　　D.电子电喇叭

8.电子电喇叭具有(　　　　　)、(　　　　　)、(　　　　　)、(　　　　　)等优点。

9.用颜色笔在图 5-28 中标出双音喇叭电路,写出双音喇叭工作时的电路流程。请分成控制电路和工作电路来进行分析。

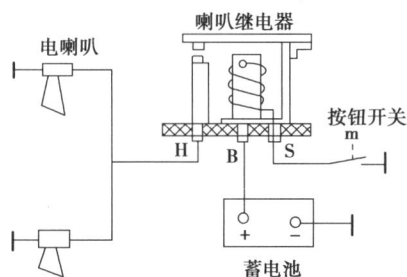

图 5-28　喇叭电路

5.2.3　制订工作计划

教师活动:

教师提供实验车型的维修手册,指导学生完成工作计划。

学生活动:

学生首先个体工作,制作工作计划,再进行小组合作制订"汽车信号灯电路故障"工作计划表(表 5-4),把每一步的细节和注意事项写出来,并进行小组间分享与完善。

163

表 5-4 "汽车信号灯电路故障"工作计划表

序号	工作步骤内容	设备工具	安全环保	标准规范	检测值	检测结论
预估时间			成本预算			

❈ 典型工作环节三　诊断故障电路

5.3.1　汽车信号系统的故障诊断

教学方法推荐:工作站法

教师活动:

教师提供实验车型的维修手册、学习资料和实训工作站,学生按组完成实际操作,教师对各工作站进行巡视和指导。

学生活动:

学生根据教师要求,在 A、B 两个工作站轮换工作,查阅学习资料,完成各工作站的工作页和实操内容。

工作站 A:汽车外部灯光信号装置的故障诊断

汽车外部灯光信号装置的种类很多,以汽车转向信号灯故障的诊断与排除为例进行说明。

(1)汽车转向信号灯电路

转向信号灯电路一般由转向灯开关、闪光器、转向信号灯和转向指示灯等组成,受转向开关和闪光器控制,如图 5-29 所示。

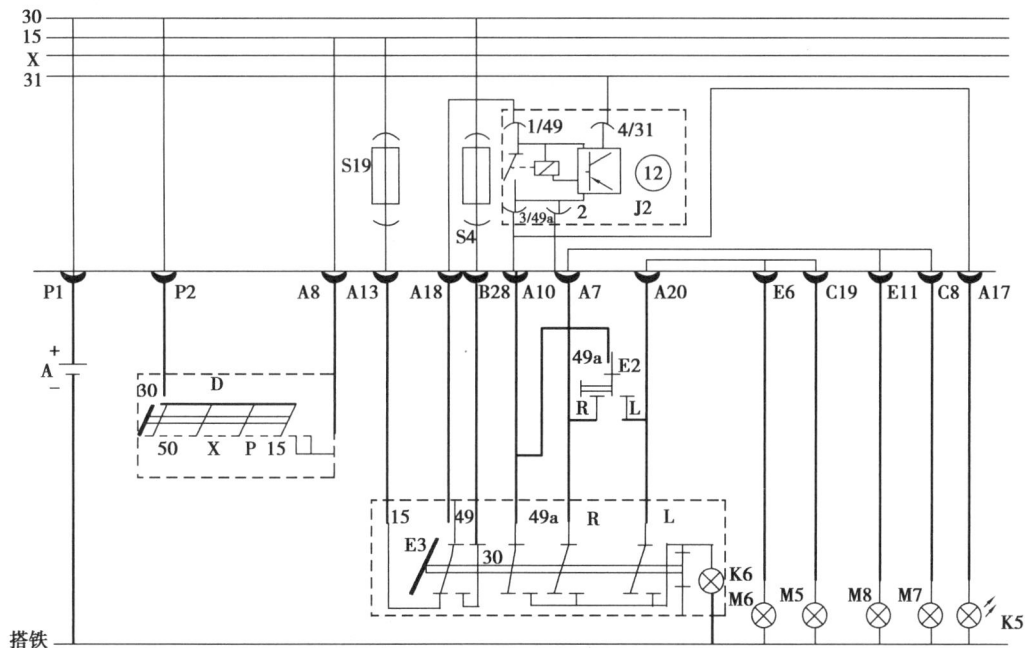

图 5-29　桑塔纳转向灯电路

A—蓄电池;S4,S19—熔断丝;D—点火开关;J2—闪光继电器;E3—报警灯开关;

E2—转向灯开关;M6—后左转向灯;M5—前左转向灯;M8—后右转向灯;

M7—前右转向灯;K6—报警灯指示灯;K5—转向灯指示灯

当汽车发生故障或紧急情况时,打开报警灯开关,此时,所有转向灯一起闪亮,以示警告。无论点火开关出于什么位置,危险报警灯都可以工作。

转向指示灯安装在仪表盘上,标志汽车转向并指示转向灯的工作情况,它与转向信号灯并联,并一起工作。

转向信号灯有3种工作状态,即左转向、右转向和危险警告,重点介绍左转向和危险警告电路。

1)左转向灯接通电路

打开点火开关 D, 逆时针拨动转向开关 E2,左转向灯电路接通,左侧转向灯均闪亮。其电路如图 5-30 所示。

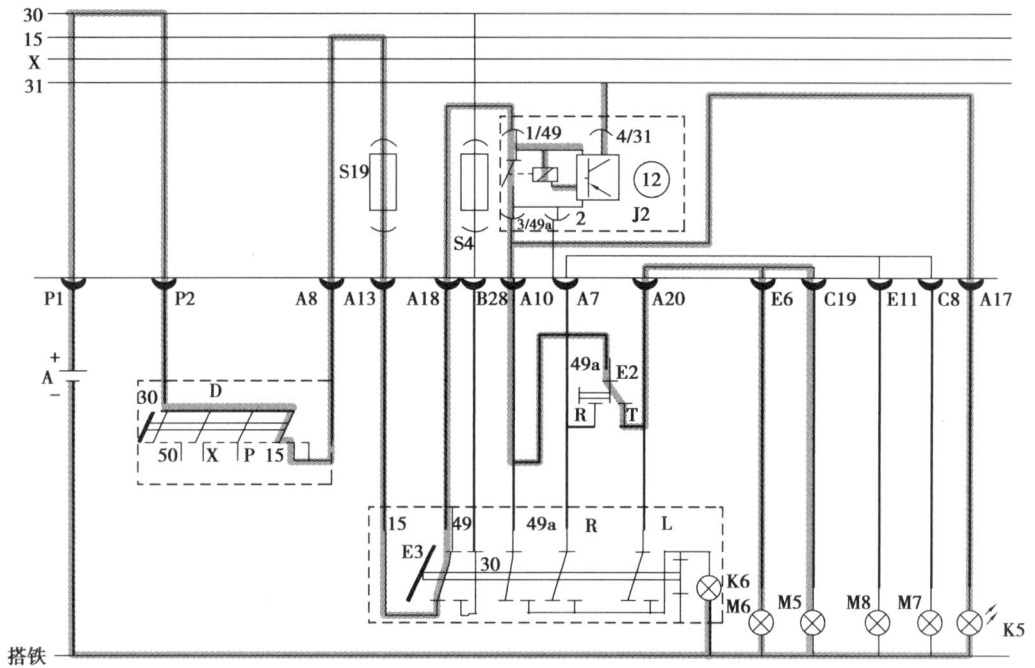

图 5-30　左转向灯开启

蓄电池+ – 中央接线盒P1接柱 – 中央接线盒P2接柱 – 点火开关30接柱 – 点火开关15 – 中央接线盒A8接柱 – 熔断丝S19 – 中央接线盒A13接柱 – 报警灯开关E3的15接柱 – E3的49接柱 – 中央接线盒A18接柱 – 闪光继电器J2 – 中央接线盒A10接柱 – 转向灯开关E2的49a接柱 –

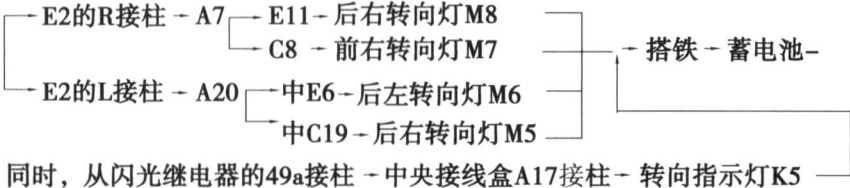

```
┌─► E2的R接柱 – A7 ┬ E11 – 后右转向灯M8 ┐
│                 └─ C8 – 前右转向灯M7 ┤─► 搭铁 – 蓄电池–
│                                      │
└─► E2的L接柱 – A20 ┬ 中E6 – 后左转向灯M6 │
                   └ 中C19 – 后右转向灯M5 ┘
```

同时,从闪光继电器的49a接柱 – 中央接线盒A17接柱 – 转向指示灯K5

2)危险警告灯接通电路

当汽车发生故障或紧急情况时,打开危险警告灯开关,所有转向灯同时闪亮,以警告路上行驶的其他车辆注意避让。其电路如图 5-31 所示。

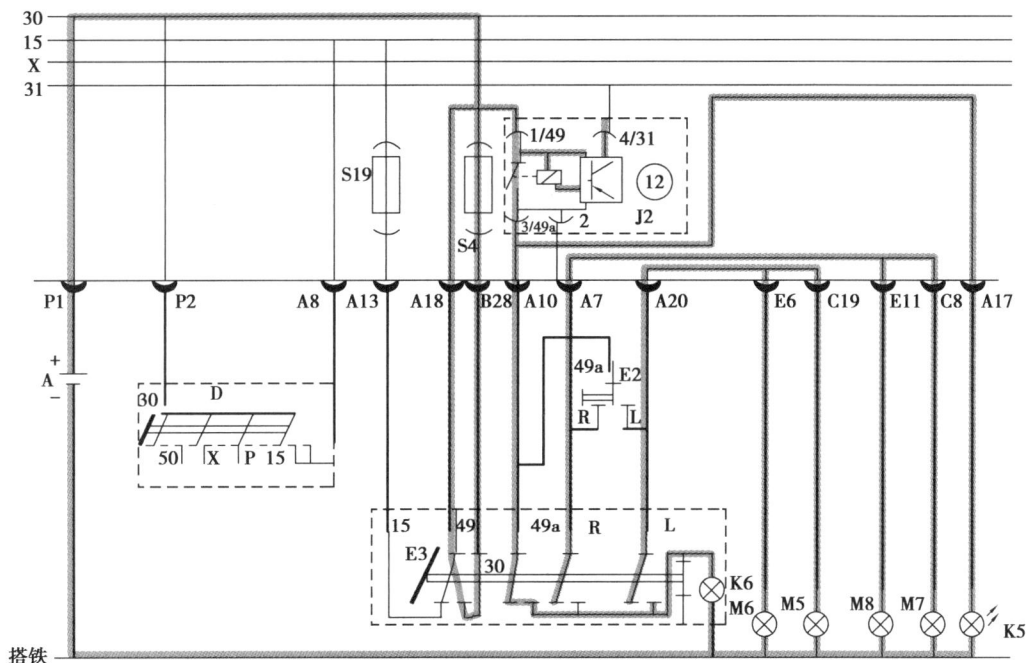

图 5-31　危险警告灯电路

故障或紧急情况解除,关闭报警灯开关,所有转向灯熄灭,告诉其他驾驶员,本车已经恢复正常行驶。

(2)汽车转向灯的故障诊断与排除

汽车转向灯故障分析见表 5-5。

表 5-5　汽车转向灯故障分析

故障现象	故障原因	检测方法	故障排除
左、右转向灯全不亮	转向信号灯保险熔断 蓄电池至转向开关之间线路 有断路、接触不良 转向灯控制开关损坏 闪光器损坏 搭铁故障	肉眼观察 电阻测量 电压测量 替换法(用新的部件替换可能损坏的部件进行检测)	维修或更换
左或右转向灯不亮	导线故障 接头损坏 闪光器不良 搭铁不良 转向灯灯泡烧坏	电阻测量 电压测量 替换法	维修或更换

续表

故障现象	故障原因	检测方法	故障排除
亮灭次数减少（闪烁频率慢）	转向灯灯泡功率选用不当 闪光器调整不当 电源电压过低（应调整或更换发电机调节器）	肉眼观察 电阻测量 电压测量	维修、调整或更换
亮灭次数增加（闪烁频率快）	转向灯灯泡功率选用不当 某个转向灯灯泡烧坏 搭铁不良 电源电压过高（应调整发电机电压调节器） 闪光器调整不当	肉眼观察 电阻测量 电压测量	维修、调整或更换
转向信号系统有时工作有时不工作	闪光器搭铁不良（对晶体管或电子带继电器式闪光器） 导线接触不良 插接器接触不良 灯泡安装不牢固	肉眼观察 电阻测量 电压测量	维修或更换
转向灯长亮	闪光器故障 发电机调节器的限额电压过高 转向开关故障 短路故障	电阻测量 电压测量	维修或更换
转向灯的保险熔断，更换后再次熔断	转向灯电路的电源线直接搭铁 灯泡或灯座短路 转向开关搭铁 闪光器不良	电阻测量 电压测量	维修或更换
开小灯时转向灯亮（不闪）；开转向灯时小灯亮	双丝灯搭铁不良（非公共搭铁灯系的双丝灯泡）	电阻测量 电压测量	维修或更换

（3）故障诊断与排除的流程

以桑塔纳左（右）转向信号灯全不亮的故障为例，制订故障诊断与排除步骤流程，如图 5-32 所示。

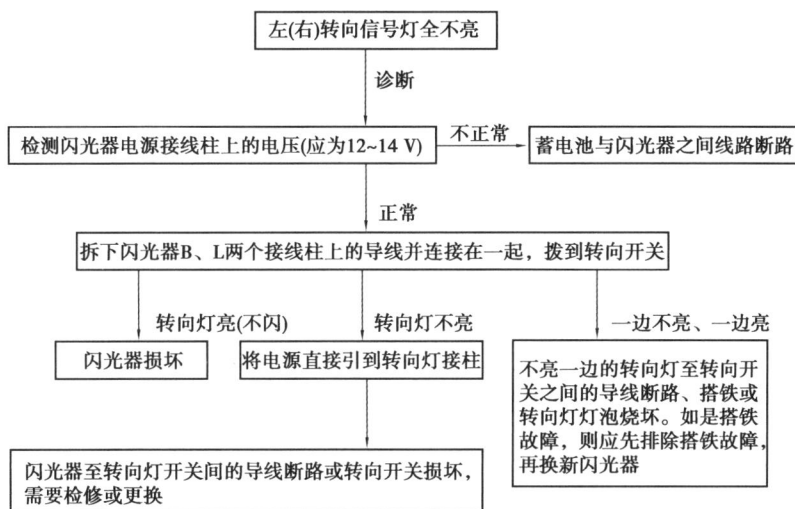

图5-32　转向灯故障诊断流程图

工作页 A:汽车外部灯光信号装置的故障诊断

1.请在阅读资料的左转向灯电路和危险警告灯电路上用箭头标注出电流的流向。

2.请在阅读资料的转向灯电路图上用彩笔标注出右转向灯开启时的电路。

3.由电路图可知,只要开启转向灯开关,转向灯就会点亮并闪烁,无须受其他开关的控制。（对□　错□）

4.由电路图可知,只要开启危险警告灯开关,危险警告灯就会点亮并闪烁,无须受其他开关的控制。（对□　错□）

5.请写出"左侧转向灯全不亮"故障诊断与排除的流程。

工作站 B:汽车声音信号装置的故障诊断

汽车声音信号装置主要包括喇叭和蜂鸣器,以汽车喇叭故障的诊断与排除为例进行说明。

(1)喇叭的控制电路

以丰田卡罗拉车型为例,其电路如图5-33所示,驾驶员按下喇叭开关后,蓄电池的电流经FL MAIN 保险丝→喇叭继电器的电磁线圈→螺旋电缆→喇叭开关→搭铁,回到蓄电池负极构成回路。同时喇叭继电器的电磁线圈通电产生磁场将继电器触点闭合,电流从蓄电池→FL MAIN 保险丝→HORN 保险丝→继电器触点→高低音喇叭→搭铁,回到蓄电池负极构成回路,喇叭鸣响。

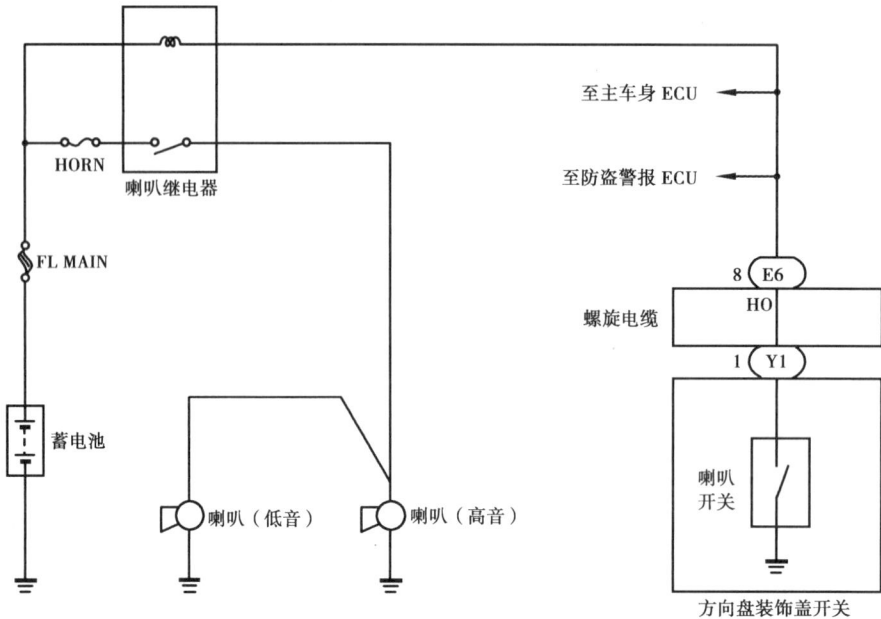

图 5-33　卡罗拉电喇叭电路

（2）常见的喇叭故障现象及原因

汽车喇叭故障分析见表 5-6。

表 5-6　汽车喇叭故障分析

故障现象	可能原因	排除方法
喇叭不响	保险烧断 导线断路或线头脱落 喇叭按钮损坏 喇叭损坏或失调	更换 连接、维修 检修、更换 更换或调整
喇叭常鸣	喇叭按钮卡住 喇叭到按钮线路有搭铁	检修 恢复良好连接
喇叭声音不正常	触点烧蚀 调整螺母、螺钉松动 安装时与其他物体相碰	检修、打磨、更换 调整、紧固 调整安装位置

（3）喇叭故障的诊断与维修

以丰田卡罗拉车型喇叭不响的故障为例,检修过程如下:

①检查 HORN 保险丝。测量其电阻应小于 1 Ω,否则更换保险丝。

②检测喇叭继电器。用万用表进行检测。

③检测喇叭开关。该部分的检查牵涉安全气囊的相关内容,如果操作不当会导致人身伤害,应引起维修人员足够的重视,需严格按维修手册来进行操作。

④检测喇叭总成。通电检查喇叭的工作情况。

⑤对照电路图检查相关线路的导通情况,若有异常,维修或更换相关线束。

工作页 B:汽车声音信号装置的故障诊断

1.请在阅读资料的喇叭电路图 5-33 上用不同颜色标出喇叭电路的控制电路和工作电路,并用箭头标注出电流的流向。

2.请查阅其他车型的维修手册,摘抄出该车型的喇叭电路图,并进行详细的标注。在电路图的基础上,写出喇叭电路流程及控制方式。

3.请结合上面的电路图,列表写出常见喇叭故障的可能故障原因、检测方法及故障排除的方法。

4.检测喇叭开关时,因该部分的检查牵涉安全气囊的相关内容,如果操作不当会导致人身伤害,需严格按维修手册来进行操作。(对□　错□)

5.如果喇叭电路中出现断路故障,可能导致的故障现象是(　　　)。

A.喇叭不响　　　　B.喇叭长鸣　　　　C.喇叭声音不正常　　　　D.保险经常损坏

5.3.2　任务计划实施

教师活动:

教师讲解及示范车辆转向灯不亮的故障检测方法,观察指导学生作业。

学生活动:

学生根据教师的讲解和示范动作,分组完成车辆转向灯不亮的故障检测与诊断过程,找出故障点,并撰写工作报告(表5-7)。

表 5-7　车辆转向灯不亮的故障诊断实施过程记录

设备准备	
故障现象	
故障分析	故障电路:　　　　　　　　　故障可能原因:

续表

检测过程	
故障点	
修复后检验	
工位复位	

✸ 典型工作环节四 验收交付

教学方法推荐:角色扮演法

教师活动:

教师提前安排学生两人一组,观察角色扮演学生的表演过程,同时观察其他学生的表现及倾听的认真程度。

学生活动:

学生分组,两人一组。其中,事先安排好的两个学生为一组,一个扮演客户,另一个扮演SA,交车给客户,并提炼交车要点。

请记录服务顾问交车时的要点:

_____

_____

_____

_____

_____

学习情境六

检修汽车仪表与报警系统故障

一辆大众迈腾轿车,行驶总里程6万km,客户发现冷却液温度表指向红色区域,现要求你实施汽车维修企业作业流程,对客户车辆仪表系统进行检查,找出故障原因并进行维修,作业过程中需遵守汽车维修作业规范。

学习目标

1. 识别汽车仪表及其功能。
2. 讲解汽车仪表显示的含义及仪表工作原理。
3. 识读汽车仪表的电路。
4. 根据维修手册进行汽车仪表系统检测与诊断。
5. 根据维修作业流程实施汽车仪表系统维修。
6. 进行自我阅读及提炼。
7. 通过小组合作完成任务。

❋ 典型工作环节一　接受任务

教学方法建议:两人角色扮演

学生活动:

学生分组,两人一组。其中,事先安排好的两个学生为一组,一个扮演客户,另一个扮演SA维修接待,在实车上把客户任务真实再现。学生理解并记录需向客户了解的信息。学生接车后填写客户任务工单(表6-1)。

教师活动:

教师观察角色扮演学生的表演过程,同时观察其他学生的表现及倾听的认真程度。

表6-1　客户任务工单

车主姓名		日期	
车型		车牌号	
发动机号		底盘号	

续表

联系电话	
通信地址	
车主描述及要求:	
检查维修建议:	
车辆预检记录:	

预估取车时间:	预估维修费用:
车主确认签字:	

✳ 典型工作环节二　制订方案

6.2.1　故障原因分析

教学方法推荐:餐垫法

教师活动:

教师提供维修信息、阅读资料和餐垫图纸,指导学生独立查找冷却液温度表指向红色区域的原因,并书写在餐垫上周边对应位置。教师带领学生一起逐条对每组的结果进行分析评价,判断对错,总结原因。

学生活动:

学生分组,首先个人独立阅读教师提供的阅读资料及电路图,在阅读资料上画出关于冷却液温度表指向红色区域的原因,形成个人的结论,工整地书写在餐垫上自己的对应位置。学生小组合作讨论达成共识,把本组的"冷却液温度表指向红色区域"的原因工整地书写在餐垫的中间位置上,把餐垫贴在白板上展示。

冷却液温度表指向红色区域(图6-1),说明仪表显示冷却液温度过高,出现这种故障现象有两个方面的原因:一是冷却液温度确实高了,冷却液温度表指向红色区域;二是冷却液温度正常,冷却液温度表故障,冷却液温度表指向红色区域。

图6-1　冷却液温度表指向红色区域

(1)冷却液温度高,冷却液温度表指向红色区域

发动机冷却液温度高是一种常见故障,它会导致发动机动力性、经济性下降,严重时还会损坏机件。造成发动机冷却液温度过高的原因有冷却系统节温器不工作、冷却风扇不工作、冷却液循环不良、散热器热交换差、环境温度高、点火正时不正确、冷却液液面低、气缸垫破损、加注冷却液后没有排气或没有彻底排气等。

1)冷却系统循环不良造成冷却液温度过高

冷却系统循环不良,怠速时冷却液温度基本正常,但行驶中冷却液温度会出现过高现象,严重时会造成散热器开锅。

①节温器方面故障。节温器是根据冷却液温度自动调节进入散热器的水量,以保证发动机在合适的温度范围内工作。节温器必须保持良好的技术状态,否则会严重影响发动机的正常工作。例如,节温器主阀门开启过迟,使冷却水不能正常循环流动,发动机不能在最适宜的温度状态下工作,会引起发动机过热。检查时,将节温器放于盛有热水的容器中,加热该容器,通过温度计观察节温器主阀门打开时的温度,主阀门应在 75 ℃左右打开。当水温达到 85 ℃时,阀门应完全打开,否则应更换节温器。

②散热器芯管损坏或堵塞。水箱的储水量有限,如果散热器芯管损坏漏水,必将造成发动机因缺冷却水而过热。散热管堵塞的问题更严重,冷却水不能循环流动,很容易使发动机产生过热。检查时用手试摸感觉机体的温度与水箱的温度,如果相同,要查看水箱返水量,将水箱盖打开,再把水箱中部分冷却水放出,到液面与散热管的上口接近,这样容易看出冷却水循环的流量。经过试验,如果冷却水的流量正常,则说明冷却水的循环回路无故障;如果发现冷却水不流动或流动不畅,说明冷却水的循环回路有故障。检查散热器下面软管有无凹痕或破裂,若有,应及时更换。检查散热器内水垢厚度或堵塞情况,必要时进行疏通。

2)风扇工作不良造成冷却液温度过高

冷却液散热,主要依靠风扇吹拂和行驶时的气流把热量带走。风扇皮带打滑,冷却水热量就不能通过散热器顺利地散发出去,发动机不能充分冷却而出现过热。风扇叶片弯曲变形,风量减少并引起振动,甚至打坏散热器芯管,将导致发动机过热。检查风扇皮带的紧度,用拇指以 90~100 N 的力按压皮带中间部位时,挠度应为 5~10 mm,若不符合要求,应进行调整。

3)排气不畅造成冷却系统温度过高

打开空气滤清器盖,拆下滤芯,急加速时如看到废气返流,说明发动机排气不畅。如发动机排气不畅,在急加速时能听到金属撞击声,说明消声器内部隔声板开焊。急加速时听不到异常响声,则说明三元催化转化器堵塞。可以在三元催化转化器达到正常工作温度后,用红外线测温仪检测三元催化转化器的前后温差,正常情况下转化过程中 HC 的燃烧,会使三元催化转化器后端的温度明显高于前端。前后的温差应在 38 ℃以上,如三元催化转化器的前端温度比后端温度高不足 10 ℃,说明三元催化转化器堵塞。三元催化转化器堵塞后会造成冷却系统温度过高,严重时会导致活塞顶烧熔。

4)配气相位和点火正时错误造成冷却液温度过高

配气相位和点火正时错误可造成混合气燃烧时间过长,导致散发的热量增加,冷却系统来不及将热量散发出去,导致发动机冷却液温度过高。配气相位和点火正时错误还会造成发动机启动困难,散热器容易开锅。检测时,热车后将发动机转速稳定在 2 000 r/min,用点火正时检查点火提前角是否合适。除了检查点火提前角外,还应注意以下几点:①凸轮轴的安装。将一缸凸轮桃尖向上,并在此角度上安装凸轮轴,V 形发动机的另一侧凸轮轴应按事先做好的记号安装。②正时带的安装。使凸轮轴正时齿轮上的正时标记与气缸盖护板或正时带护罩上的正时标记对齐。将正时带按旋转方向安装在正时齿轮上。第一缸压缩行程上止点,用张紧轮将正时带张紧。将曲轴旋转一周复查正时标记是否完全对正,凸轮轴角度是否完全正确。

5)发动机气缸垫密封不良造成冷却液温度过高

发动机气缸垫密封不良,在做功时,会导致发动机冷却液温度过高。打开散热器盖,急加速时如散热器内翻水花,说明气缸垫密封不良;如出现大量的水花,则是由大量燃烧气体进入冷却系统造成的。打开散热器盖,将尾气测试仪测头对准散热器加注口,但不要沾到冷却液,发动机工作时,在此处如能测到 HC,说明气缸垫密封不良。用橡胶管或听诊器沿着气缸垫接口处缓缓旋转一圈,如有泄漏,可以听到泄气声。

(2)冷却液温度表故障,冷却液温度表指向红色区域

冷却液温度表用来指示发动机的冷却液的工作温度。它由冷却液温度表和冷却液温度传感器两个部分组成。冷却液温度传感器工作不良、冷却液温度表发卡了、连接线路短路等故障出现时,冷却液温度表会指向红色区域。

6.2.2 关联知识学习

教学方法推荐:小组拼图法

教师活动:

按照小组拼图法,教师把学生分成 3 个原始小组,并形成专家小组,提供与之有关的阅读资料 A、B、C,分别进行个体学习、小组学习,形成小组学习成果。学生完成学习后进行点评和总结。

学生活动:

学生原始小组个人独立学习对应资料,并完成工作页。然后在专家小组讨论,形成小组学习成果,制作海报。再在原始小组进行交流学习,完成其他阅读资料的学习,并完成工作页。

阅读资料 A:汽车仪表显示系统

汽车内部灯光信号装置主要指位于驾驶员前方的仪表总成(图 6-2),包括仪表报警及指示灯、控制开关、采集信号的传感器及连接导线等。汽车内部灯光信号主要包括警告灯和指示灯两类。当打开点火开关时,汽车仪表盘上的所有信号灯都会亮起,几秒后部分灯会熄灭。车辆启动后,几乎所有灯都应该熄灭,如有异常,应及时进行处理。

仪表盘上信号灯的亮起位置、颜色、状态等所代表的含义各不相同,驾驶员在驾驶车辆前,应认真查阅车辆的用户手册,了解该车信号灯的含义及应对方案,确保驾驶安全。维修人员在维修车辆前,应该认真观察信号灯的状态,以便更好地进行维修。

图 6-2　仪表报警及指示灯

(1)仪表盘上信号灯的含义

汽车仪表盘上的提示灯一般分为黄色、红色、绿色和蓝色 4 大类,而且会以不同的文字或图形来显示,它代表着不同的注解,提醒驾驶员注意。

根据信号灯颜色的不同,可以初步确定车辆系统性能是否良好,工作状态是否正常,是否可以正常运行车辆等。

①黄色灯:当黄色提示灯点亮时,说明车辆发生了功能性故障,可以继续行驶,但应尽快开到汽修店进行检修。

②红色灯:当红色提示灯点亮时,说明车辆发生的故障会影响驾驶安全或可能造成机械损伤,要立即熄火停车进行检修,不能再继续行驶。

③绿色灯:当绿色提示灯点亮闪烁时,说明一些辅助系统功能正在运行。

④蓝色灯:当蓝色提示灯点亮时,说明车辆的远光指示灯已打开。另外,内循环指示灯也显示为蓝色。蓝色指示灯一般起到车辆各功能工作状态的提示作用。

根据信号灯文字或图案的具体显示(图 6-3),可以确定车辆出现故障、异常情况的系统,各系统处于合作工作状态等。

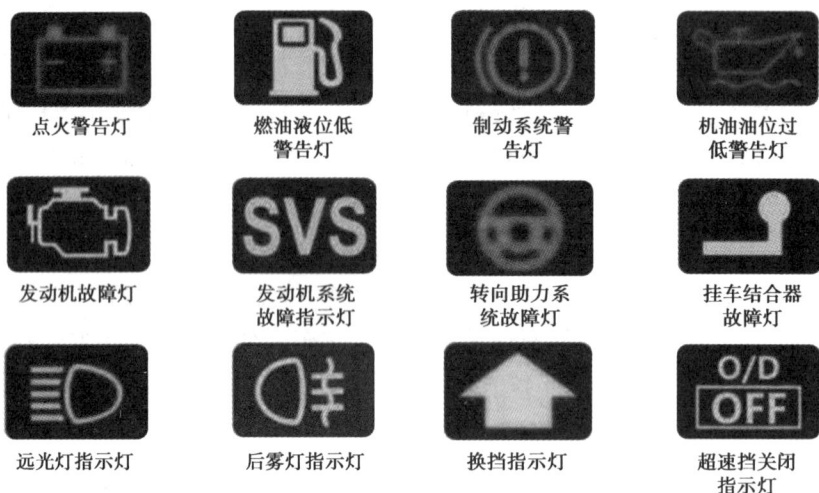

点火警告灯	燃油液位低警告灯	制动系统警告灯	机油油位过低警告灯
发动机故障灯	发动机系统故障指示灯	转向助力系统故障灯	挂车结合器故障灯
远光灯指示灯	后雾灯指示灯	换挡指示灯	超速挡关闭指示灯

图 6-3　信号灯

(2)汽车内部灯光信号装置的结构和工作原理

汽车上信号灯的种类很多,结构组成各不相同,但绝大部分都包括用来收集系统性能、工作状态的传感器和用来显示系统性能及工作状态的信号灯。在现代汽车上,大部分信号灯系统还包括控制单元(ECU)。以几个简单的、故障率高的信号系统为例来介绍信号装置的结构和工作原理。

1)机油压力报警装置

汽车上装有机油压力报警装置,当润滑系统机油压力低于允许值时,报警灯常亮,如图6-4所示,以引起驾驶员注意,此时应及时靠边停车,关闭发动机,等待救援。在故障解除前,不能再次启动车辆,避免发生重大事故。

机油压力报警装置有膜片式和弹簧管式两种,如图6-5所示为常见的弹簧管式机油压力报警装置。它由装在发动机机油主油道的弹簧管式传感器和装在仪表板上的报警灯两部分组成。传感器内的管形弹簧一端与发动机机油主油道连接,另一端与动触点连接,静触点经导电片与接线柱连接。当润滑系统机油压力低于允许值时(如 EQ1090 汽车为 50~90 kPa),管形弹簧几乎没有变形,动静触点处于闭合状态,报警灯中有电流通过,灯亮,表示机油压力过低,提醒驾驶员注意;当润滑系统机油压力达到允许值时,管形弹簧变形程度增大,使动静触点分开,报警灯中无电流通过,灯灭。同时,说明机油压力报警灯只有在车辆启动,润滑系统建立起正常的油压后才能熄灭。

2)冷却液温度报警装置

汽车上除了装有水温表(图6-6),指示车辆发动机的温度外,还装有冷却液温度报警装置。当发动机温度过高时,报警灯常亮,如图6-7所示,以引起驾驶员注意,此时应及时靠边停车,关闭发动机,等待冷却液温度降低,报警灯下降后再进行处理。当发动机温度过高,报警灯亮起时,请不要擅自打开散热器盖进行冷却液的添加,一定要等到冷却液温度降低后才能进行处理,避免对自身安全造成伤害。最好是等待或咨询专业人员后再进行处理。

图 6-4　机油压力报警灯

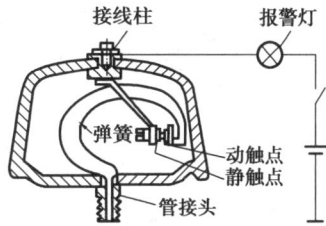

图 6-5　弹簧管式机油压力报警装置

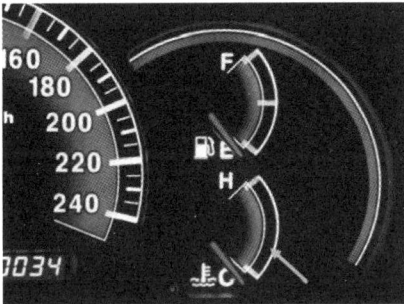

图 6-6　水温表

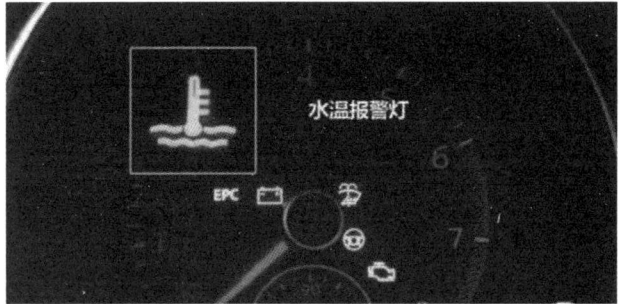

图 6-7　冷却液温度报警灯

如图 6-8 所示为常见的冷却液温度报警装置。它由双金属片式温度传感器、仪表板上的冷却液温度报警灯两部分组成。当发动机冷却液的温度达到或超过极限温度时,传感器内双金属片受热温度高,变形程度大,使其内动静触点闭合,报警灯中有电流通过,灯亮,提醒驾驶员及时停车检查和冷却。当发动机冷却液的温度正常时,传感器内双金属片受热温度较低,变形程度小,其内动静触点断开,报警灯熄灭。

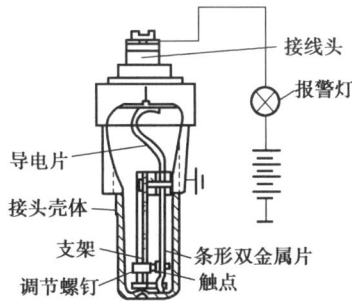

图 6-8　冷却液温度报警装置

3)燃油不足报警装置

汽车上除了装有燃油表(图 6-9),指示车辆燃油量外,还装有燃油不足报警装置。当油箱内燃油减少到规定值以下时,仪表板上的燃油报警灯点亮,如图 6-10 所示,提醒驾驶员应及时寻找最近加油站进行加油。很多车辆在燃油报警灯点亮后,还会显示剩余燃油可以行驶的里程,没有显示剩余里程的车辆,还能行驶 30 km 左右。

图 6-9　燃油表

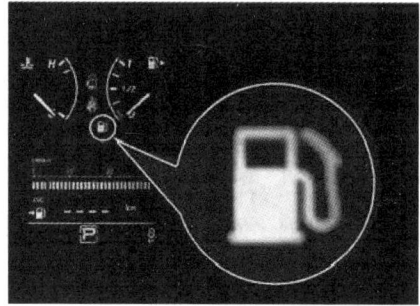

图 6-10　燃油不足报警灯

如图 6-11 所示为热敏电阻式燃油量报警装置,它由热敏电阻式传感器和报警灯组成。当燃油多时,具有负温度特性的热敏电阻浸泡在燃油中,散热快,其温度较低,电阻值大,电路中电流很小,报警灯不亮。当燃油减少到规定值以下时,热敏电阻露出油面,散热慢,温度升高,电阻值减小,电路中电流增大,警报灯点亮。

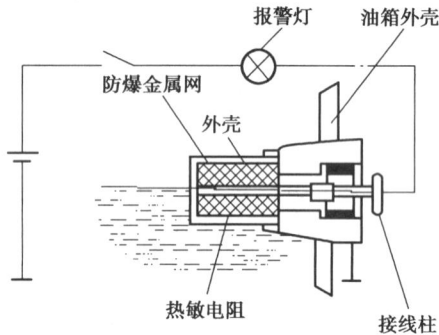

图 6-11　热敏电阻式燃油量报警装置

4)制动蹄片磨损过量报警装置

很多汽车上装有制动蹄片磨损过量报警装置,当制动摩擦片磨损到使用极限厚度时,会发出报警信号,如图 6-12 所示。出现该信号时,应及时到修理厂更换制动摩擦片,以免因制动力不足而出现安全事故。

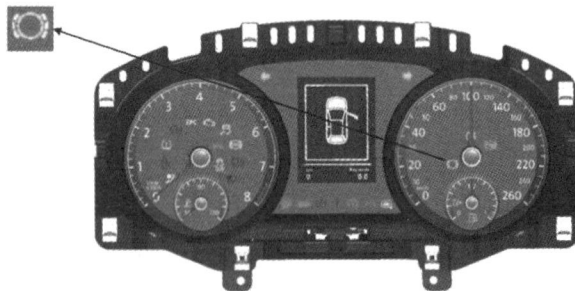

图 6-12　制动蹄片磨损报警灯

如图 6-13 所示为监测制动片磨损过量报警装置的两种结构形式和工作原理。在图 6-13(a)所示的装置中,将一个金属触点埋在摩擦片内部,当摩擦片磨损至使用极限厚度时,金属触点就会与制动盘(或制动鼓)接触而使报警灯与搭铁接通,仪表板上的报警灯便会亮起,以示警告。在图6-13(b)所示的装置中,将一段导线埋设在摩擦片内部,该导线与电子控制装置相连。当接通点火开关后,电子控制装置便向摩擦片内埋设的导线通电数秒钟进行检查,如果摩擦片已磨损到使用极限厚度,并且埋设的导线已被磨断,电子控制装置使报警灯点亮,以警示制动摩擦片需要更换。

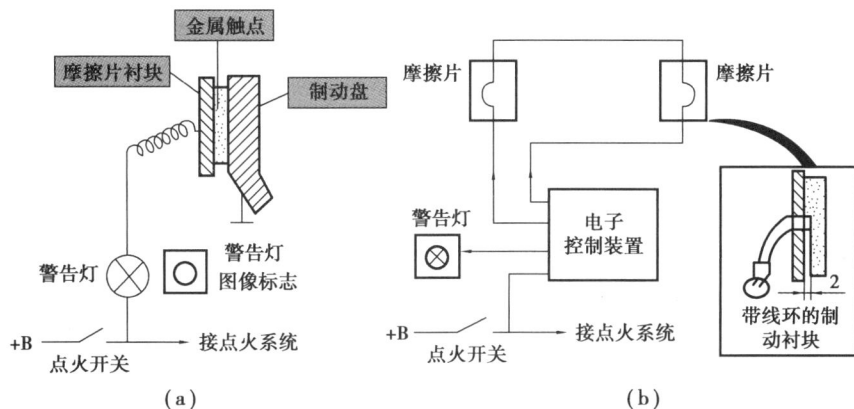

图6-13　两种结构形式的制动蹄片磨损过量报警装置
(a)金属触点式;(b)导线式

(3)汽车电子显示组合仪表

现代汽车新技术的发展日新月异,传统的汽车仪表为驾驶人提供的信息已经远远不能满足要求。随着电子信息技术的飞速发展,电子数字显示及图像显示的仪表以多功能、高灵敏度、高精度、读数直观、显示模式的自由化等优点广泛应用在新型汽车上。如图6-14所示为丰田卡罗拉轿车多功能电子仪表板。

图6-14　丰田卡罗拉轿车多功能电子仪表板

汽车电子显示组合仪表显示的数据来自汽车各系统的传感器,其控制单元(仪表ECU)通过车载网络(CAN)的两根网线与汽车各系统的ECU连接,来自汽车各系统控制单元的测量数据通过车载网络进入仪表ECU,ECU对所有数据进行比较、分析和处理,将需要显示的各种测量参数和提示信息,通过仪表板显示器分时循回或同时在不同区域显示。

以丰田卡罗拉为例说明各电子显示装置的工作原理。

1)发动机冷却液温度表

仪表CPU通过CAN通信线路接收来自ECM(发动机控制单元)的发动机冷却液温度信

181

号,根据接收的数据计算并显示发动机冷却液温度。卡罗拉发动机冷却液温度表电路如图6-15所示。如果发动机冷却液温度传感器电路中存在断路或短路,则 ECM 输出相应的故障信号。

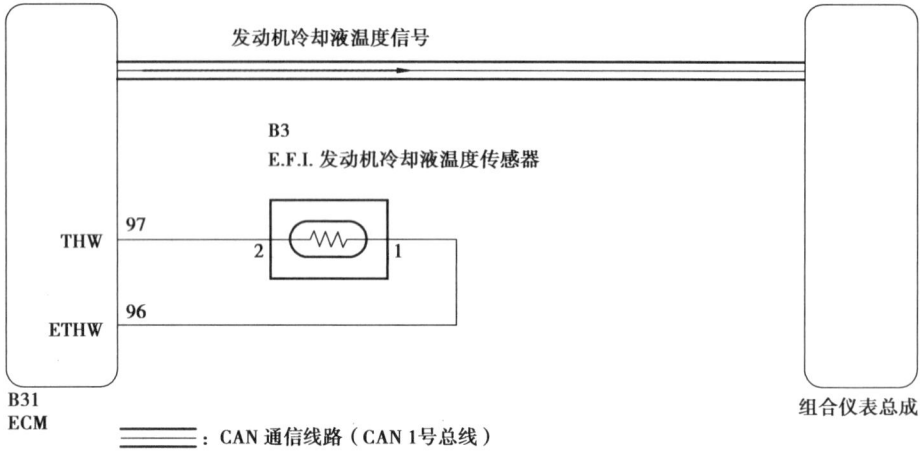

图 6-15　卡罗拉发动机冷却液温度表电路

2)燃油表

仪表 CPU 使用燃油表传感器总成来确定燃油箱内的燃油油位。燃油表传感器的电阻在 15 Ω(浮子处于满位置时)和 410 Ω(浮子处于空位置时)之间变化。仪表通过并联安装在仪表 ECU 内部的两个 820 Ω 的电阻器输出蓄电池电压。仪表 CPU 测量燃油表传感器内的可变电阻器与并联安装在仪表内部的两个电阻器之间的电压。在该点测量的电压将随燃油表传感器浮子的移动而变化。测量到的最高电压大约为蓄电池电压的一半。卡罗拉燃油表电路如图 6-16 所示。当燃油油位低于 9.2 L 时,燃油油位警告灯将亮起。

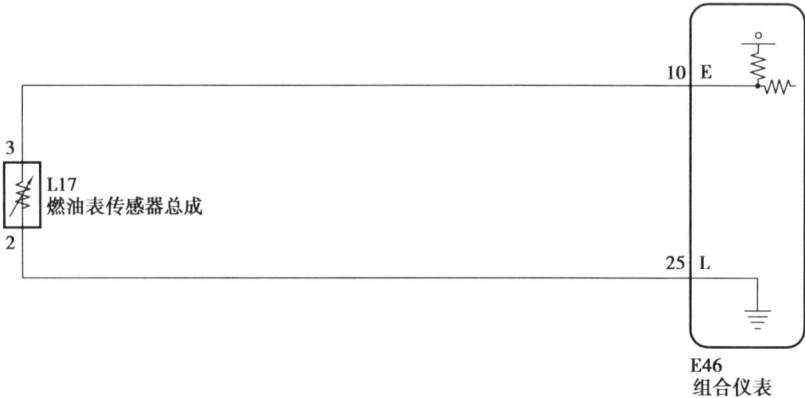

图 6-16　卡罗拉燃油表电路

3)车速表

仪表 CPU 通过 CAN 通信线路接收来自防滑控制 ECU 的车速信号,结合轮胎充气、轮胎磨损、轮胎尺寸等数据后计算出车速数据。车速表上显示的车速有误差允许范围。

4)转速表

仪表 CPU 通过 CAN 通信线路接收来自 ECM 的发动机转速信号。仪表 CPU 显示基于从

ECM 接收的数据而计算出的发动机转速数据。

（4）智能仪表报警系统

HUD 是英文 Head Up Display 的缩写，意为"抬头显示"，也称为"平视显示器"。它是一种基于人机工程学优化的仪表系统，可以把重要的信息，如车速、发动机转速、挡位、灯光状态、车道偏离警告系统、导航、限速、温度、胎压和倒车雷达指示等信息，通过投射方式显示在车辆挡风玻璃上，使驾驶员不必低头，就能看清重要的信息。这种显示系统，原是军用战斗机上的显示系统，飞行员不必低头，就能在风窗上看到所需的重要信息。这种显示系统的优点如下：

①驾驶员不必低头就可以看到信息，从而避免分散对前方道路的注意力。

②驾驶员不必在观察远方的道路和近处的仪表之间调节眼睛，可避免眼睛的疲劳。

总之，这种显示系统的作用是提高汽车的安全性，但是成本昂贵，随着科学技术的发展，其优越性更加凸显，应用将更加广泛。

这种显示系统最初的应用是在战斗机上，如图 6-17 所示，飞机是法国的幻影 50 战斗机。目前只在少数高档车中采用，如宝马的 5、6、7 系列，X5、X6 系列高端型号，奥迪 A7，雷克萨斯 RX、LS、IS 和 HS 系列等。

图 6-17　战斗机上的 HUD

1）抬头显示系统的组成

HUD 是一种光学系统，如图 6-18 所示，一般由投射器和叠像镜两个主要装置组成。投射器是由讯号光源、投影镜及其他光学元件组成。投射器的讯号光源由 LCD 液晶显示器或 CRT 阴极射线管等装置构成，从讯号光源发出光线，然后透过投影器投射到玻璃上的叠像镜，再由叠像镜显示出文字或图像。叠像镜可把前挡风玻璃外的景物与投射器所投射出来的影像重叠显示在一起让使用者阅读，还可用来修正投射器所投射的影像差。

2）抬头显示系统的工作原理

HUD 是利用光学折射的原理（图 6-19），显示光源通过一套光学系统投影到驾驶员前方的风窗玻璃上，经过风窗玻璃的反射，驾驶员可以在风窗玻璃前方，约是发动机上方位置看到悬浮的反射虚像，虚像和前方的景物重叠在一起，使得驾驶员可以同时观察两方的信息。由于虚像是通过光学系统在无限远点成像，因此这种远视功能可以减少驾驶员视线转移和眼睛调焦所需的时间。

图 6-18　汽车上的 HUD

图 6-19　HUD 成像原理

　　HUD 系统其实严格来说并不是单一的电子系统,其成像的关键在光学和材料学方面,一种透明的高折射率镀膜才是其真正的成像根基。这种膜并非单独存在,它是特殊前风挡玻璃的表层功能部分,其折射率介于 1.8~2.2,大于普通前风挡玻璃 1.52 的折射率,其表面的反射率增大,再经过多次光干涉就可在远处成像。

　　在 HUD 上使用的透明放大反射膜,最初光透射率在 70% 左右,膜厚多为 530 nm 左右,这个厚度正是绿色选择性反射的峰值波长,这就是大多数汽车老一代 HUD 显示多为绿色的原因所在。它的缺点是颜色单调,观测方向不同会造成干涉色外观的变化。宝马等公司的 HUD 投影载体膜增加了膜厚,能支持整个可见光区域反射,从而实现 HUD 的多彩色显示和与角度无关的均匀外观,但它需要高亮度的光源支持,而且成本更高。

工作页 A:汽车仪表显示系统

　　1.汽车仪表盘上的提示灯一般分为(　　　　)、(　　　　)、(　　　　)和(　　　　)4 大类。

　　2.当黄色提示灯点亮时,说明车辆发生了功能性故障,可以继续行驶,但应尽快开到汽修店进行检修。(对□　错□)

3. 当红色提示灯点亮时,说明车辆发生了功能性故障,可以继续行驶,但应尽快开到汽修店进行检修。(对□　错□)

4. 当绿色提示灯点亮闪烁时,说明一些辅助系统功能正在运行。(对□　错□)

5. 汽车远光指示灯是蓝色的。(对□　错□)

6. 当( )点亮时,说明车辆发生的故障会影响驾驶安全或可能造成机械损伤,要立即熄火停车进行检修,不能再继续行驶。

A. 蓝色指示灯　　　　　B. 红色指示灯

C. 绿色指示灯　　　　　D. 黄色指示灯

7. 请说明表 6-2 中 4 个信号灯的类别和常亮时的具体含义,以及需要进行哪些处理。

表 6-2　汽车仪表信息

信号灯	警告灯/指示灯	常亮时的含义
 制动系统警告灯		
 燃油液位低警告灯		
 远光灯指示灯		
 换挡指示灯		

8. 客户询问:仪表盘上的机油压力报警灯在打开点火开关后,仍然不会熄灭,是红色灯,是不是车辆有故障了? 你认为下列维修人员给予的回复中哪一个是最合理的。( )

A. 是的,请不要启动车辆,原地等待救援

B. 是的,请将车及时开到修理厂进行修理

C. 这是正常现象,只有车辆启动后,此灯才会熄灭

D. 我不太清楚,请咨询该车的生产商

9. 请提炼关键词,写出机油压力报警装置的工作原理。

10. 请提炼关键词,写出冷却液温度报警装置的工作原理。

阅读资料 B:冷却风扇电路

(1)冷却风扇的作用

冷却风扇的作用是增强流经散热器的空气流速和流量,以提高散热器的散热效果。风扇作为发动机冷却系统中的一个重要部件,其工作的好坏不但直接影响散热器的散热效率,而且影响发动机的正常使用和可靠性。汽车冷却风扇是发动机冷却系统的一个重要部件,位于发动机舱前部。

(2)冷却风扇的类型及工作原理

1)电动冷却风扇的工作原理

发动机在运转初期与低温时,或汽车在高速行驶迎面有冷气流吹拂散热器时,可以不使用风扇运转对散热器吹风冷却。为了确保可靠性,电动冷却风扇利用发动机热敏开关(冷却液温度传感器)来控制风扇送风的时刻。采用电动冷却风扇,可以改善发动机预热性能,降低油耗和减少风扇噪声,在汽车上的应用非常普遍。

电动冷却风扇的常见控制电路如图6-20所示。图中风扇电动机的转速分别为高速挡和低速挡。当风扇继电器的常开触点闭合时,风扇电动机高速运转而风扇继电器的常开触点受热敏开关中的105 ℃开关控制,也就是当冷却液温度达到105 ℃时,电动冷却风扇高速运转。当冷却液温度达到96 ℃时,冷却液温度传感器中的96 ℃开关闭合,电动冷却风扇通过96 ℃开关控制,电动冷却风扇低速运转。

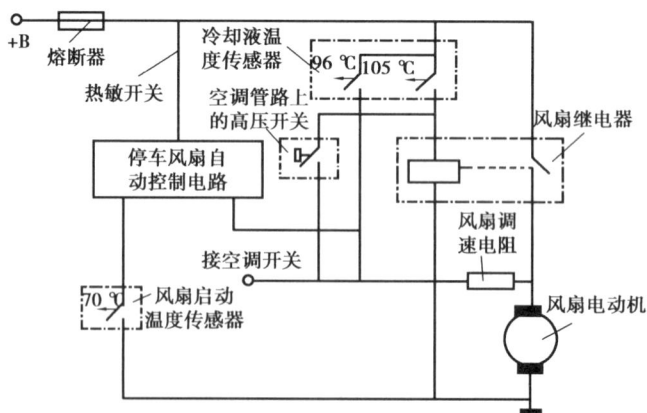

图6-20 电动冷却风扇的控制电路

2)带控制温度的液力变扭器式冷却风扇的工作原理

带控制温度的液力变扭器式冷却风扇能根据流过散热器的空气温度变化,对冷却风扇转速进行调节。当发动机温度较低时,风扇转动速度较慢,可以改善发动机预热升温条件,且可降低噪声;当发动机温度升高后,风扇的转速加快,这样会加速冷却。

①液力变扭器式风扇的结构

液力变扭器的前端有变扭器的转子,变扭器的盖与壳都用螺钉与风扇相联,液力主扭器轴通过轴承与变扭器盖相连。在变扭器的储油腔和工作腔都充满硅油,两腔之间由分隔片隔开。在分隔片上有硅油和回油孔,由双金属片来控制这些孔的开闭。另外,在转子壳周围有连接储油腔和工作腔的连通孔。

②液力变扭器式风扇的工作原理

a. 当通过散热器的空气温度低于 60 ℃时,双金属片收缩,将分隔片上的回油孔关闭,变扭器转子轴在转动时,转子周围的齿形面有泵油作用,把工作腔的硅油通过连通孔进入储油缸,从而使工作腔的硅油减少,打滑率上升,即风扇皮带轮的转速为 4 000 r/min,而风扇转速仅为 800 r/min。

b. 当通过散热器的空气温度超过 60 ℃时,双金属片伸张,将分隔片上的回油孔打开,硅油在离心力作用下通过回油孔回到工作腔,使工作腔内的硅油量增加,打滑率下降,风扇转速上升。风扇皮带轮转速为 4 000 r/min,而风扇转速为 2 000 r/min。这种风扇转速依靠变扭器内部硅油多少来控制,一旦有硅油泄漏现象,工作腔内硅油减少,将使风扇转速下降,出现发动机过热现象。

3)硅油风扇离合器的工作原理

硅油风扇离合器(图 6-21)用硅油作为介质,利用硅油高黏度的特性传递扭矩。利用散热器后面空气的温度,通过感温器自动控制风扇离合器的分离和接合。温度低时,硅油不流动,风扇离合器分离,风扇转速减慢,基本上是空转。温度高时,硅油的黏度使风扇离合器结合,于是风扇和水泵轴一起旋转,起到调节发动机温度的作用。

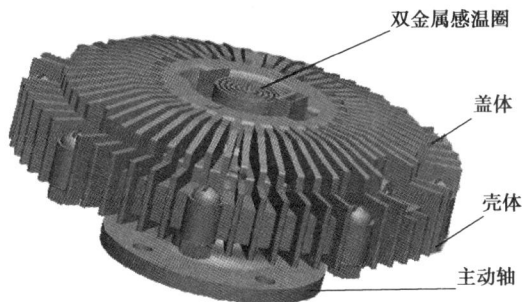

图 6-21 硅油风扇离合器

硅油风扇离合器中的感温元件为双金属螺旋弹簧感温器,其工作过程如下:

①当流经散热器的空气温度升高时,双金属感温器受热变形,迫使阀片轴转动,打开从动板上进油孔。从动板与前盖之间储存的硅油便流入主动板与从动板之间的工作腔,离合器接合,风扇转速升高。空气温度越高,进油孔开度越大,风扇转速就越快。

②当流经散热器的空气温度下降时,双金属感温器恢复原状,阀片关闭进油孔,在离心力的作用下,硅油经回油孔从工作腔返回储油腔,离合器分离,风扇转速变得很低。

(3)识读桑塔纳 2000 冷却风扇电路

桑塔纳 2000 冷却风扇电路如图 6-22、图 6-23 所示。

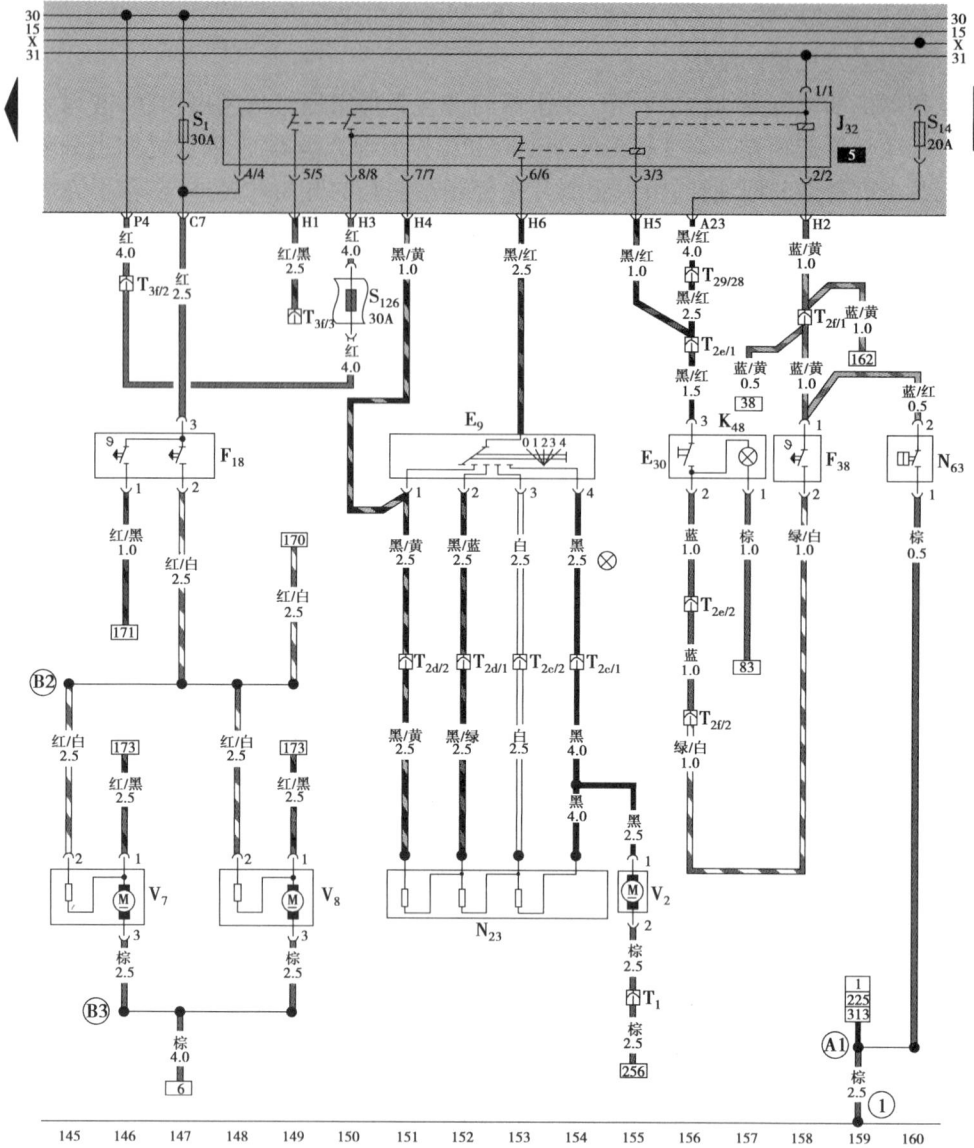

图 6-22 桑塔纳 2000 冷却风扇电路(一)

E9 — 风速开关	T2d — 空调操纵线束与空调鼓风马达线束插头连接，2针，在油门踏板上方	
E30 — 空调 A/C 开关		
F18 — 散热风扇热敏开关	T2e — 仪表板开关线束与空调操纵线束插头连接，2针，在空调操纵面板后面	
F38 — 室温开关		
J32 — 空调继电器	T2f — 发动机线束与空调操纵线束插头连接，2针，在中央电器后面	
K48 — 空调 A/C 开关指示灯		
N23 — 鼓风马达减速电阻	T3f — 空调操纵线束与发动机线束插头连接，3针，在中央电器后面	
N63 — 进风门电磁阀	T29 — 仪表板线束与仪表板开关线束插头连接，29针，在组合仪表下方	
S1 — 散热风扇保险丝(不用空调时)，30 A		
S14 — 空调继电器保险丝，20 A	V2 — 鼓风马达	
S126 — 空调鼓风马达保险丝，30 A	V7 — 左散热风扇	
T1 — 空调鼓风马达线束与仪表板线束插头连接，1针，在中央电器后面	V8 — 右散热风扇	
	① — 接地点，在发动机控制单元旁车身上	
T2c — 空调操纵线束与空调鼓风马达线束插头连接，2针，在油门踏板上方	Ⓐ1 — 接地连接线，在发动机线束内	
	Ⓑ2 — 连接线，在前大灯线束内	
	Ⓑ3 — 接地连接线，在前大灯线束内	

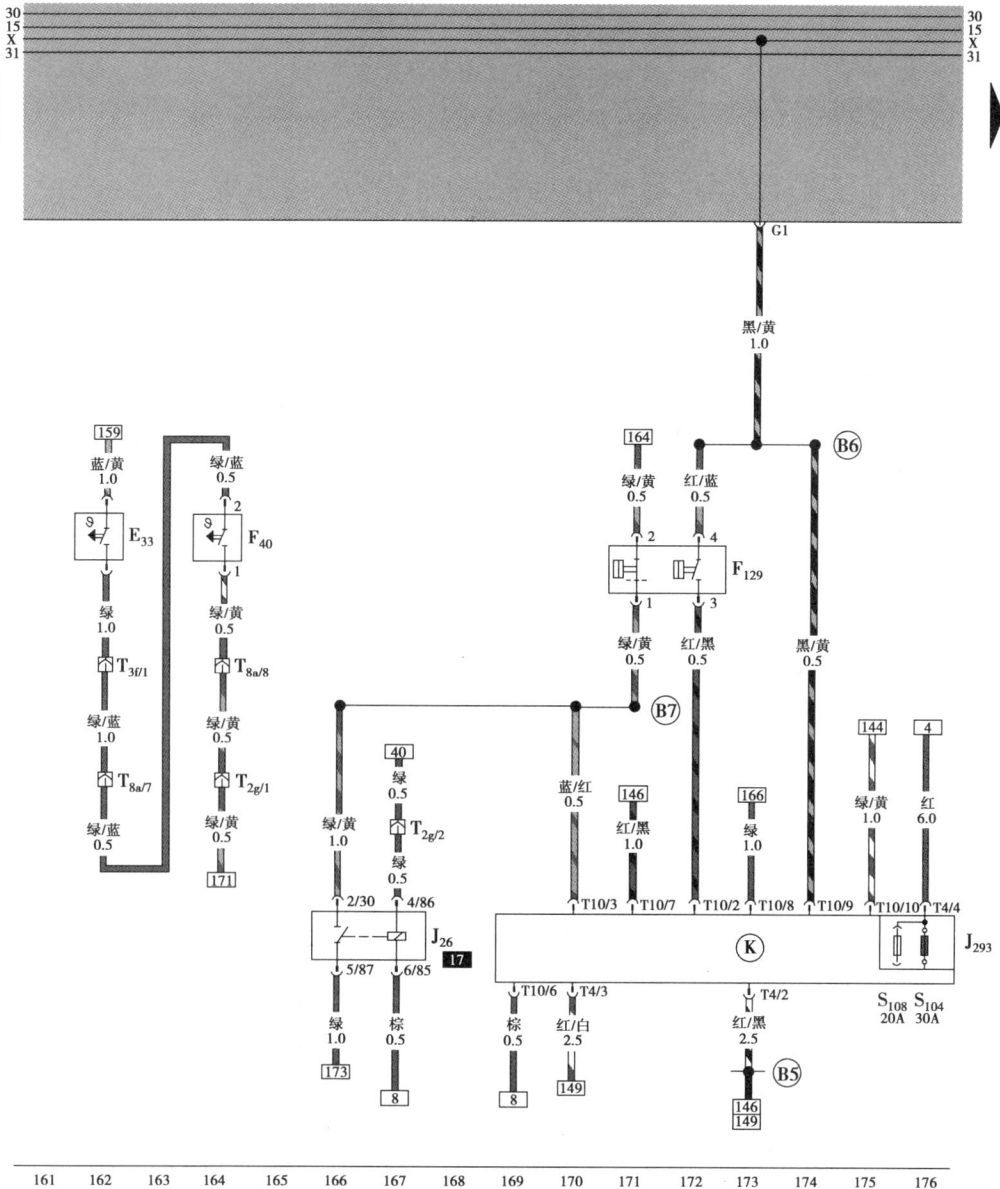

图 6-23　桑塔纳 2000 冷却风扇电路(二)

E33 — 冷量开关

F40 — 空调水温控制开关

F129 — 组合开关

J26 — 压缩机切断继电器

J293 — 散热风扇控制器

S104 — 散热风扇保险丝，高速挡(使用空调时)，30 A

S108 — 散热风扇保险丝，低速挡(使用空调时)，20 A

T2g — 发动机线束与前大灯线束插头连接，2针，在中央电器后面

T3f — 空调操纵线束与发动机线束插头连接，3针，在中央电器后面

T4 — 前大灯线束与散热风扇控制器插头连接，4针，在散热风扇控制器上

T8a — 发动机线束与发动机右线束插头连接，8针，在发动机舱中间支架上

T10 — 前大灯线束与散热风扇控制器插头连接，10针，在散热风扇控制器上

(B5) — 连接线，在前大灯线束内

(B6) — 正极连接线，在前大灯线束内

(B7) — 连接线，在前大灯线束内

工作页 B:冷却风扇电路

1.冷却风扇的作用是( )。其安装在( )。

2.冷却风扇的种类有( )、( )、( )。

3.电路分析

(1)请在电路图 6-22、图 6-23 中用彩笔标出桑塔纳冷却风扇电路。

(2)对照实车电路,画出电子扇控制电路的电路简图,用带箭头的流程图书写电流流程,并说明电子扇电路高低速的控制过程。

(3)分析电子扇高低速都不转的故障原因。

(4)分析电子扇低速转,高速不转的故障原因。

阅读资料 C:冷却液温度表电路

(1)冷却液温度表的作用

冷却液温度表也称水温表,如图 6-24 所示,用来指示发动机冷却液工作温度。冷却液温度表的工作电路由冷却液温度表和冷却液温度传感器两部分组成。冷却液温度表安装在组合仪表内,冷却液温度传感器安装在冷却水套上。目前在多数汽车上,冷却液温度表与冷却液温度报警灯(图 6-25)同时使用。

图 6-24　冷却液温度表

图 6-25　冷却液报警灯

(2)冷却液温度表的结构与工作原理

汽车冷却液温度表主要有电热式、电磁式与数字式 3 种,其中,载重汽车使用电磁式较多,现代乘用车与高级轿车大多使用数字式,电热式温度表是早期产品,现在很少使用。

1)电热式冷却液温度表的结构与工作原理

电热式冷却液温度表又称双金属片式冷却液温度表,可与冷却液温度传感器配套使用。

①一个接线柱的冷却液温度传感器控制电路

电热式冷却液温度表的结构与工作电路如图 6-26 所示。

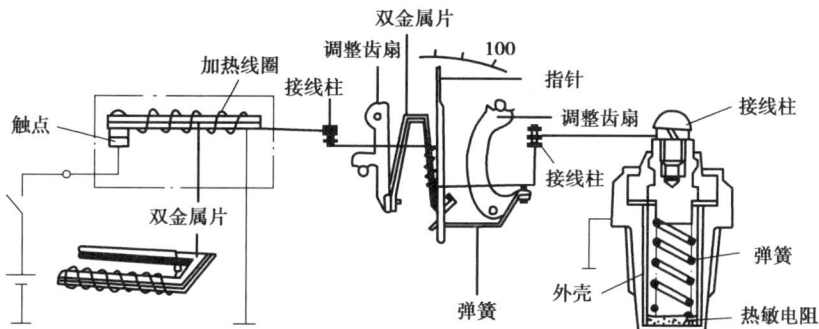

图 6-26 电热式冷却液温度表结构

冷却液温度传感器的密封套筒内装有双金属片,上面绕有加热线圈,线圈的一端通过连接片与接线柱相连,另一端经固定触点搭铁。

当电路接通,水温不高时,双金属片主要依靠加热线圈产生变形。双金属片需经较长时间的加热,才能使触点分开。触点打开后,四周温度低、散热快,双金属片迅速冷却又使触点闭合。水温低时,触点在闭合时间长而断开时间短的状态下工作,使流过冷却液温度表加热线圈中的电流平均值增大,双金属片变形大,带动指针向右偏转,指示低温。

当水温高时,传感器外壳与双金属片周围温度高,触点的闭合时间短而断开时间长,流过冷却液温度表加热线圈的电流平均值小,双金属片变形小,指针向右偏转角小而指示高水温。

②两个接线柱的冷却液温度传感器控制电路

在有些车型中,热敏电阻式冷却液温度传感器有两个接线柱,同时控制冷却液温度表与冷却液温度报警灯电路。如图 6-27 所示为有两个接线柱的冷却液温度传感器控制电路。

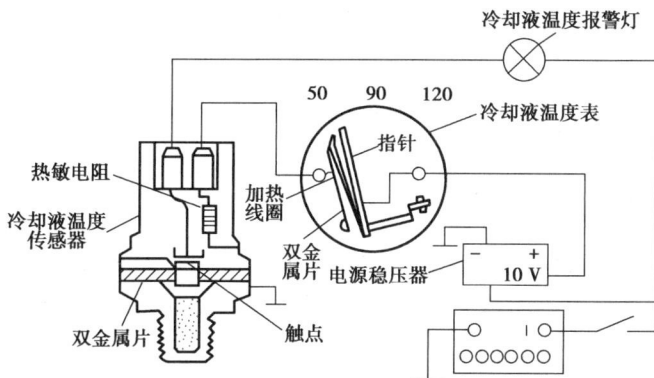

图 6-27 有两个接线柱的冷却液温度传感器控制电路

2)电磁式冷却液温度表的结构与工作原理

如图 6-28 所示为电磁式冷却液温度表的结构原理图。电磁式冷却液温度表内有互成一定角度的两个铁芯,铁芯上分别绕有电磁线圈,其中,电磁线圈 L_2 与传感器串联,电磁线圈 L_1 与传感器并联。两个铁芯的下端有带指针的偏转衔铁。

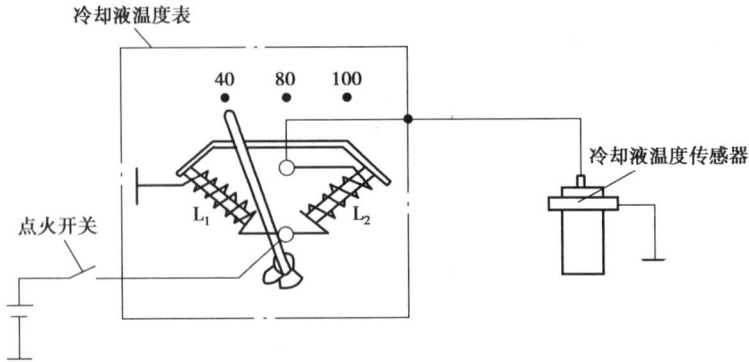

图 6-28　电磁式冷却液温度表的结构原理图

电磁式冷却液温度表一般配用热敏电阻式冷却液温度传感器,而且不需要电源稳压器。其工作原理如下:当水温低时,热敏电阻传感器的阻值大,线圈 L_2 中的电流小,而线圈 L_1 中的电流大,磁场强,吸引衔铁使指针指向低温;当水温高时,热敏电阻传感器的阻值减小,流经线圈 L_2 的电流增大,磁场增强,吸引衔铁逐渐向高温方向偏转,使指针指向高温。

3)数字式冷却液温度表的工作原理

①不带 CAN 总线的数字式冷却液温度表

数字式冷却液传感器上有两个负温度系数的热敏电阻,在工作时产生两个温度信号,分别送往发动机控制单元 J220 和仪表 J285(图 6-29)。数字式仪表的指针由仪表通过驱动步进电机来实现温度指示,即数字式的组合仪表由微控器完成各种被测物理量的采集,经过运算后直接驱动控制步进电机,再由步进电机驱动指针,在刻度盘上指示被测物理量,其他信息在显示屏上显示。冷却液温度监测的基本原理是利用串联电路的分压原理,并结合负温度系数热敏电阻的物理特性进行工作的。

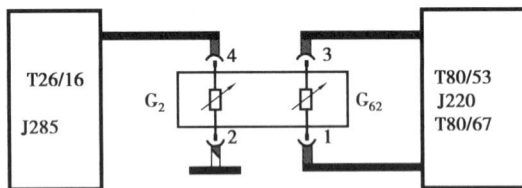

图 6-29　桑塔纳 2000 冷却液温度表电路图

②带 CAN 总线的数字式冷却液温度表

仪表 CPU 通过 CAN 通信线路(CAN 1 号总线)接收来自 ECM 的发动机冷却液温度信号。仪表 CPU 根据从 ECM 接收到的数据计算并显示发动机冷却液温度。卡罗拉发动机冷却液温度表电路如图 6-30 所示。

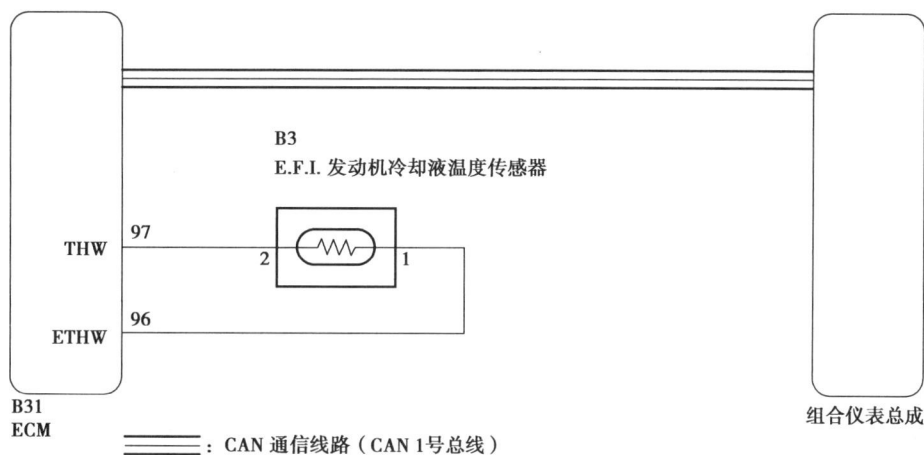

B3
E.F.I. 发动机冷却液温度传感器

THW 97

2 ─WW─ 1

ETHW 96

B31
ECM

组合仪表总成

═══ ：CAN 通信线路（CAN 1号总线）

图 6-30　卡罗拉发动机冷却液温度表电路图

（3）冷却液温度报警装置

如图 6-31 所示为常见的冷却液温度报警装置。它由双金属片式温度传感器、仪表板上的冷却液温度报警灯两部分组成。当发动机冷却液的温度达到或超过极限温度时,传感器内双金属片受热温度高,变形程度大,使其内动静触点闭合,报警灯中有电流通过,灯亮,提醒驾驶员及时停车检查和冷却。当发动机冷却液的温度正常时,传感器内双金属片受热温度较低,变形程度小,其内动静触点断开,报警灯熄灭。

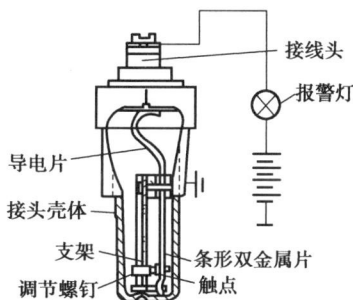

接线头
报警灯
导电片
接头壳体
支架
调节螺钉
条形双金属片
触点

图 6-31　冷却液温度报警装置

（4）识读桑塔纳 2000 冷却液温度表电路

桑塔纳 2000 冷却液温度表电路如图 6-32、图 6-33 所示。

193

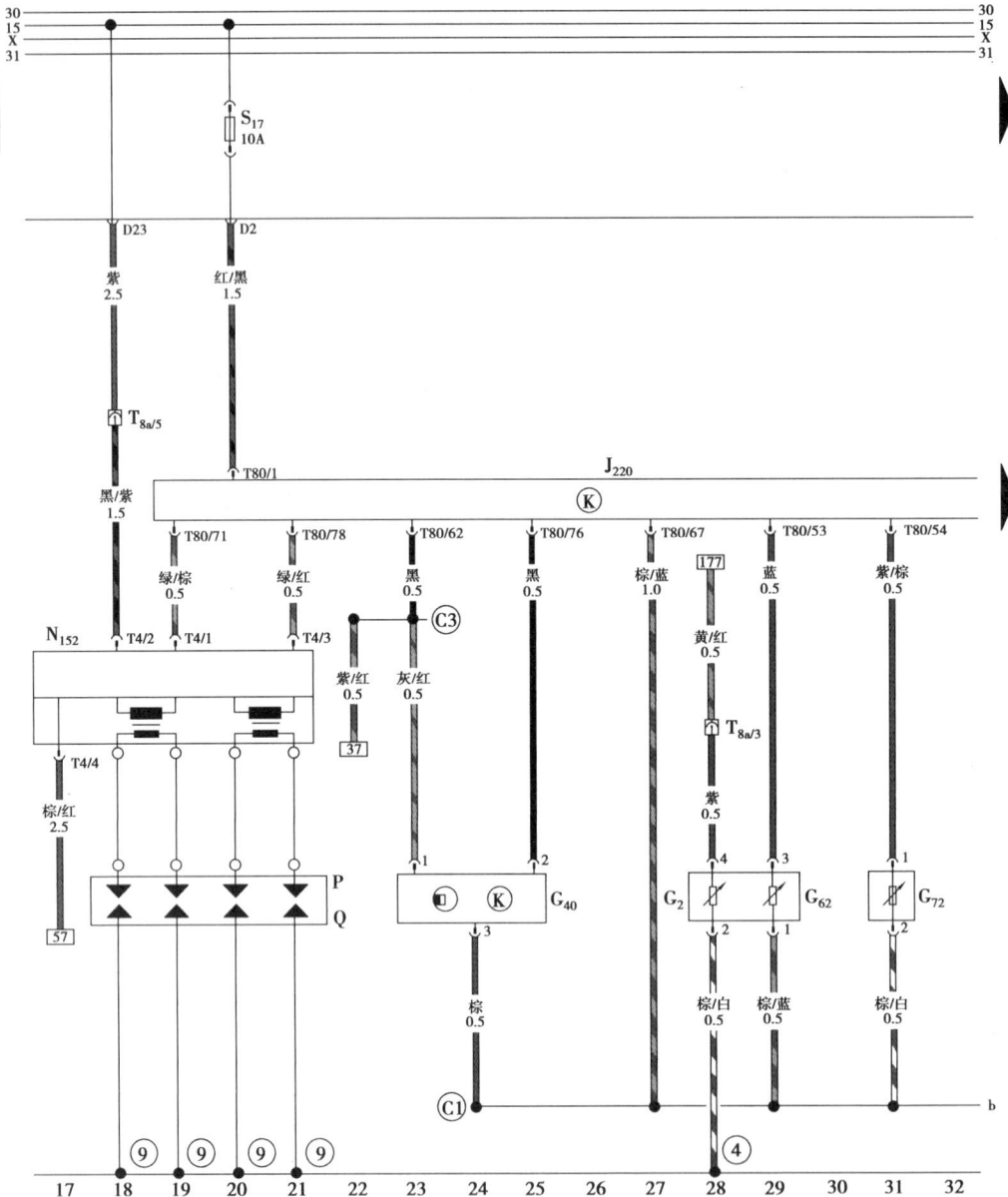

G2 — 水温表传感器
G40 — 霍尔传感器
G62 — 冷却温度传感器
G72 — 进气温度传感器
J220 — Motronic发动机控制单元
N152 — 点火线圈
P — 火花塞插头
Q — 火花塞
S17 — 发动机控制单元保险丝，10 A
T4 — 前大灯线束与散热风扇控制器插头连接，4针，在散热风扇控制器上
T8a — 发动机线束与发动机右线束插头连接，8针，在发动机舱中间支架上
T80 — 发动机线束、发动机右线束与发动机控制单元插头连接，80针，在发动机控制单元上

④ — 接地点，在离合器壳上的支架上
⑨ — 自身接地
C1 — 连接线，在发动机右线束内
C3 — +5 V连接线，在发动机右线束内

图 6-32 桑塔纳 2000 冷却液温度表电路(一)

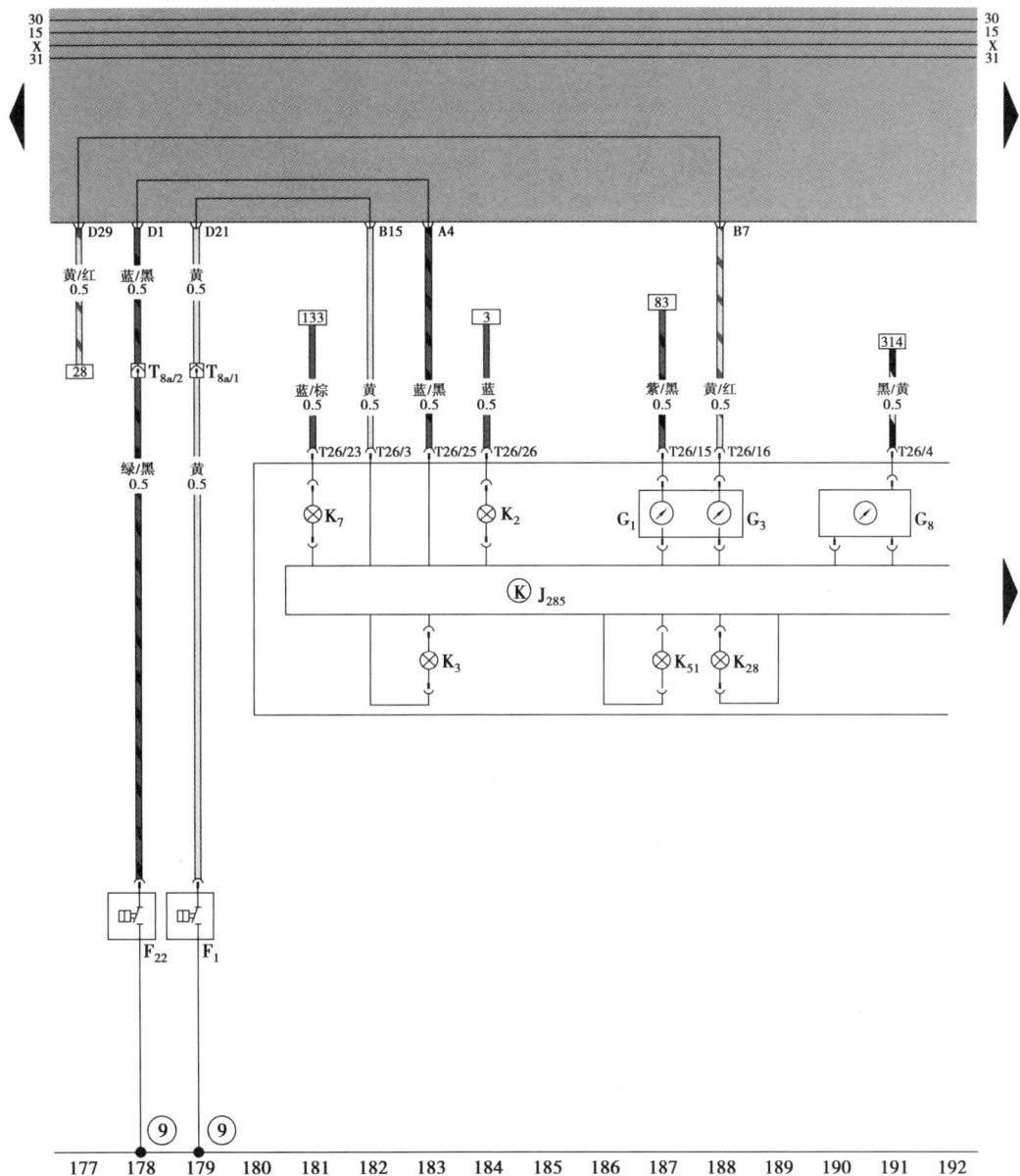

图 6-33　桑塔纳 2000 冷却液温度表电路(二)

工作页 C:冷却液温度表电路

1.冷却液温度表也称(　　　　),其作用是(　　　　)。冷却液温度表的工作电路主要由(　　　　)和(　　　　)两部分组成。冷却液温度表安装在(　　　　)。目前在多数汽车上,冷却液温度表与(　　　　)同时使用。

2.汽车冷却液温度表主要有(　　　　)、(　　　　)与(　　　　)3 种。如图 6-34 所示为(　　　　)的结构原理图,请叙述其工作原理。

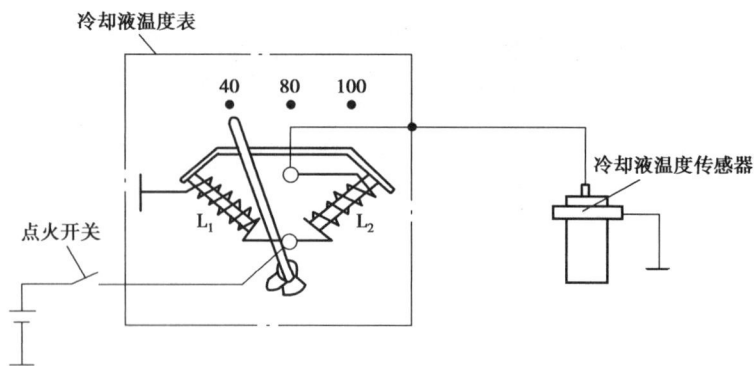

图 6-34　冷却液温度表电路

3. 电路分析

（1）请在电路图中用彩笔标出桑塔纳 2000 电子扇电路。

（2）对照实车电路，画出冷却液温度表电路简图，并用带箭头的流程图书写电流流程。

（3）针对冷却液温度表电路图，描述冷却液温度表的工作过程。

（4）针对电路图，分析冷却液温度表指向红色区域的可能故障原因。

6.2.3　制订工作计划

教师活动：

教师提供实验车型的维修手册，指导学生完成工作计划。

学生活动：

学生首先个体工作，制订工作计划，再进行小组合作制订"冷却液温度表指向红色区域故障诊断"工作计划表（表 6-3），把每一步的细节和注意事项写出来，并进行小组间分享与完善。

表 6-3 "冷却液温度表指向红色区域故障诊断"工作计划表

序号	工作步骤内容	设备工具	安全环保	标准规范	检测值	检测结论
预估时间		成本预算				

✵ 典型工作环节三　诊断故障电路

6.3.1　汽车仪表电路组成与检测

教学方法建议：工作站学习法

教师活动：

教师提供实验车型的维修手册、学习资料和实训工作站，学生按组完成实际操作，教师对各工作站进行巡视和指导。

学生活动：

学生根据教师要求，在 A、B 两个工作站轮换工作，查阅学习资料，完成各工作站的工作页和实操内容。

工作站 A：汽车仪表报警系统的故障诊断

(1)机油压力过低报警装置

机油压力过低报警装置的常见故障有接通点火开关时，报警灯不亮；发动机正常工作后报警灯常亮。

1)接通点火开关，报警灯不亮

①故障原因

电路断路、报警灯损坏、机油压力传感器触点接触不良等。

②故障诊断过程

a.接通点火开关，拆下机油压力传感器接线柱上的导线，将其直接搭铁，查看报警灯是否点亮。

b.若报警灯亮，故障为传感器触点接触不良或传感器损坏。更换传感器即可。

c.若故障灯仍不亮，则应用万用表逐点检查从接线柱导线至蓄电池正极之间的每一个连接点是否有蓄电池电压。断路点在有电压和无电压的一段电路上。如果电路损坏，则进行维修或更换。

d.若报警灯前端有电压而后端无电压，则为报警灯损坏，予以更换。

2)发动机正常工作后报警灯常亮

①故障原因

报警灯之后的电路短路或机油压力传感器损坏导致触点无法分开。

②故障诊断过程

a.从机油压力传感器接线柱上拆下导线，若此时报警灯熄灭，则故障由机油压力传感器触点短路所致，应予以更换。

b.若报警灯仍不熄灭，则故障由报警灯出线端至机油压力传感器的电路短路或搭铁所致，应及时排除。

（2）检测冷却液温度过高报警装置

冷却液温度过高报警装置的常见故障有水温超过工作温度时，报警灯不亮；接通点火开关后报警灯常亮。

1）水温超过工作温度时，报警灯不亮

①故障原因

冷却液温度传感器损坏、报警灯损坏、电路断路。

②故障诊断过程

a. 接通点火开关，拆下传感器接线柱上的导线直接搭铁，查看报警灯是否点亮。

b. 若此时报警灯亮，则说明冷却液温度传感器损坏，应予以更换。

c. 若报警灯不亮，则应用万用表逐点检查从接线柱导线至蓄电池正极之间的每一点是否有蓄电池电压。断路点在有电压和无电压的一段电路上。如果电路损坏，则进行维修或更换。

d. 若报警灯前端有电压而后端无电压，则为报警灯损坏，应予以更换。

2）接通点火开关后报警灯常亮

①故障原因

冷却液温度传感器触点烧结、报警灯后的电路短路或搭铁。

②故障诊断过程

a. 从冷却液温度传感器接线柱上拆下导线，若此时报警灯熄灭，则故障由冷却液温度传感器触点烧结短路所致，应予以更换。

b. 若报警灯仍不熄灭，则故障由报警灯出线端至冷却液温度传感器的电路搭铁短路所致，应及时排除。

工作页 A：汽车仪表报警系统的故障诊断

1. 机油压力报警灯的常见故障有（ ）。

A. 接通点火开关，报警灯常亮　　　　B. 接通点火开关，报警灯不亮

C. 发动机正常工作后报警灯熄灭　　　D. 发动机正常工作后报警灯常亮

2. 请分类写出机油压力报警灯故障的常见原因。

3. 冷却液温度过高报警灯的常见故障有（ ）。

A. 水温超过工作温度时，报警灯不亮　　B. 水温超过工作温度时，报警灯熄灭

C. 接通点火开关后报警灯常亮　　　　　D. 接通点火开关后报警灯亮了一下后就熄灭

4. 请分类写出冷却液温度过高报警灯故障常见的故障原因。

5.请查阅其他车型的维修手册,摘抄出该车型的冷却液温度过高报警灯电路图,并进行详细的标注。在电路图的基础上,写出冷却液温度过高报警灯电路流程及控制方式。

6.请用流程图写出冷却液温度过高报警灯故障的排故流程。

工作站 B:冷却液温度表电路

(1)热敏开关

热敏开关控制电子扇高、低速转动,一般安装在水箱上或水管到发动机缸盖的地方。

1)双金属片热敏开关

热敏开关内部有个双金属片,如图6-35所示,它具有不同的热膨胀系数,这样就能在达到一定范围的临界点温度时发生形变使触点结合,达到通电的目的,低于这个温度范围后恢复到起始位置,断开线路。

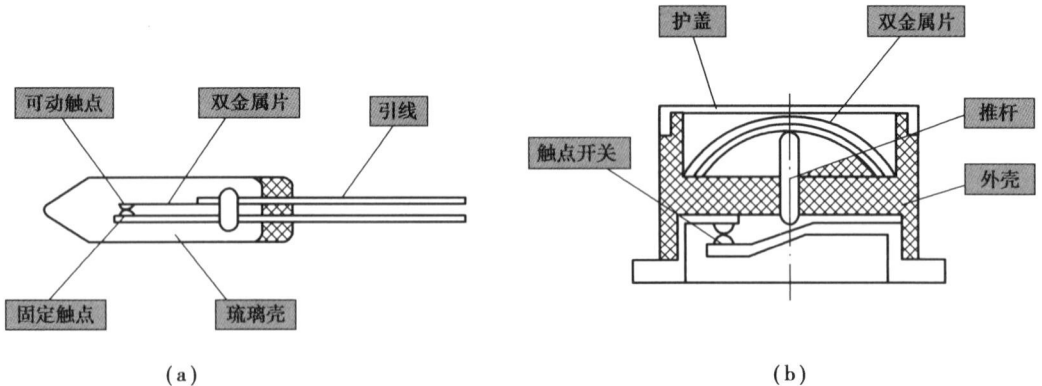

图 6-35 双金属片热敏开关

2)石蜡式热敏开关

石蜡式热敏开关(图6-36)由蜡质感温驱动元件及两挡触点动作机构组成,它利用石蜡受热由固态变为液态时体积突然变大来移动推杆,控制触点的开闭。随冷却液温度的升高,石蜡开始膨胀,通过橡胶密封膜推动推杆而压倒拉簧架。

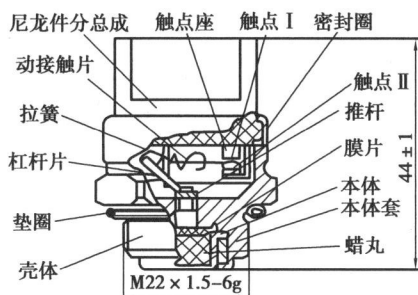

图 6-36　石蜡式热敏开关

例如,95 ℃/102 ℃的热敏开关,当冷却水温度升至 95 ℃时,低速触点闭合,散热器风扇接通电源,以 1 600 r/min 的低速运转。当冷却水温度继续上升至 102 ℃时,石蜡继续膨胀而使高速触点闭合,散热器风扇以 2 400 r/min 的高速运转,以增加冷却强度。当冷却水温度下降时,石蜡体积收缩,推杆在触点拉力的作用下回缩而使触点断开,实现了对散热器电机风扇的控制。

(2)冷却液温度传感器

冷却液温度传感器用来检测发动机冷却液温度,并将冷却液温度的信息转换为电信号输入发动机电控单元,电控单元根据该信号对燃油喷射、点火正时、废气再循环、空调、怠速、变速器换挡及离合器锁止、爆燃、冷却风扇等控制进行修正。

1)冷却液温度传感器的结构

冷却液温度传感器即水温传感器用负温度系数热敏电阻制成,它具有负温度系数。水温低时,电阻值大;水温高时,电阻值小。水温传感器的结构和特性如图 6-37 所示。它一般安装在发动机缸体、缸盖的水套或节温器内并伸入水套中。水温传感器接头有两端子与 ECU 连接,其中一根是信号线,输出电压随热敏电阻值的变化而变化,ECU 根据电压的变化测得发动机的水温;另一根是搭铁线。

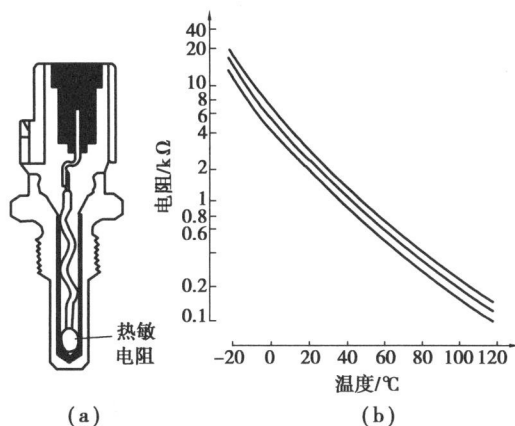

图 6-37　热敏电阻式发动机水温传感器的结构与特性

（a）结构；（b）特性

201

2）工作原理

冷却液温度变化热敏电阻的阻值随之变化,相当于接入串联电路的阻值变化,引起电路中电压的变化,电脑检测电压的变化,计算获得冷却液温度,如图 6-38 所示。

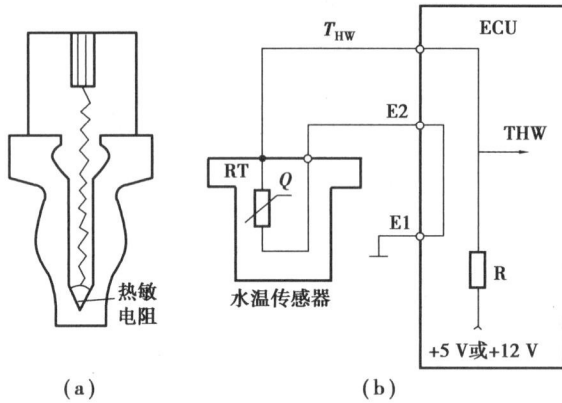

（a）　　　　　　　　（b）

图 6-38　冷却液温度传感器电路

工作页 B:冷却液温度表电路

1.热敏开关是控制（　　　　　）,热敏开关一般安装在（　　　　　）上或（　　　　　）到发动机缸盖的地方。热敏开关内部有个（　　　　　）,具有不同的（　　　　　）,这样就能在达到一定范围的临界点温度时发生形变使触点结合,达到通电的目的,低于这个温度范围后恢复到起始位置,断开线路。热敏开关是（　　　　　）式的控制开关。

2.请写出图 6-39 中的零部件的名称且将编号填到正确的位置。

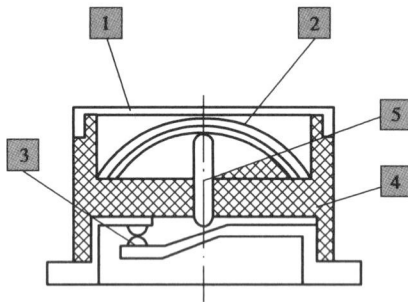

图 6-39　热敏开关

3.冷却液温度传感器用来检测（　　　　　）,并将冷却液温度的信息转换为（　　　　　）输入（　　　　　）,电控单元根据该信号对（　　　　　）、（　　　　　）等控制进行修正。

4.冷却液温度传感器由（　　　　　）系数（　　　　　）制成。水温高时,电阻值（　　　　　）,水温低时,电阻值（　　　　　）。它一般安装在（　　　　　）、（　　　　　）或（　　　　　）中。水温传感器接头有两端子与 ECU 连接,其中一端子连接（　　　　　）,输出电压随（　　　　　）的变化而变化,ECU 根据电压的变化测得发动机的水温,另一端子连接（　　　　　）。

5.冷却液温度传感器实验。如图 6-40 所示,把冷却液温度传感器放到盛有冷却液的锅中加热,使用温度计测量冷却液的温度,使用万用表测量传感器两端的电阻。

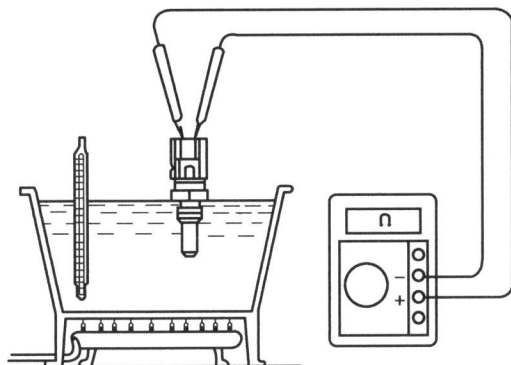

图 6-40　冷却液温度传感器实验

观察随着温度的升高,电阻值的变化,并在表 6-4 中记录相应温度的电阻值。把表格中记录的数值绘制到图 6-41 中,以曲线的形式展示出电阻值随温度变化而变化的特性曲线。

表 6-4　热敏电阻温度-电阻对应表

温度	10 ℃	20 ℃	30 ℃	40 ℃	50 ℃	60 ℃	70 ℃	80 ℃	90 ℃	100 ℃
电阻										

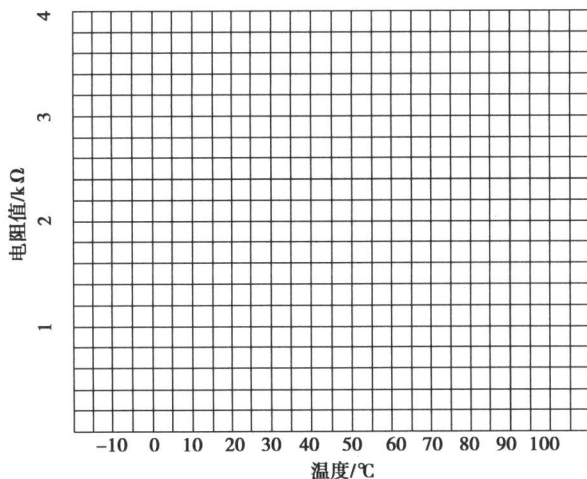

图 6-41　热敏电阻温度-电阻曲线

6.3.2　任务计划实施

教师活动:

教师讲解及示范冷却液温度表指向红色区域的故障检测方法,观察指导学生作业。

学生活动:

学生根据教师的讲解和示范动作,分组完成冷却液温度表指向红色区域的故障检测与诊断过程,找出故障点,并撰写工作报告(表 6-5)。

表 6-5　冷却液温度表指向红色区域的故障诊断过程记录

设备准备	
故障现象	
故障分析	故障电路：　　　　　　　　　　　　故障可能原因：
检测过程	
故障点	
修复后检验	
工位复位	

❂ 典型工作环节四　验收交付

教学方法推荐：角色扮演法

教师活动：

教师提前安排学生两人一组，观察角色扮演学生的表演过程，同时观察其他学生的表现及倾听的认真程度。

学生活动：

学生分组，两人一组。其中，事先安排好的两个学生为一组，一个扮演客户，另一个扮演SA，交车给客户，并提炼交车要点。

请记录服务顾问交车时的要点：

_____

_____

_____

_____

_____

_____

[1]胡光辉.汽车电器设备构造与检修[M].北京:机械工业出版社,2007.

[2]毛峰.汽车电器设备与维修[M].北京:机械工业出版社,2007.

[3]马明芳.汽车车身电气系统故障诊断与排除[M].北京:机械工业出版社,2015.

[4]高吕和.发动机电气系统故障诊断与维修[M].北京:机械工业出版社,2017.

[5]曾鑫,高吕和.汽车车身电器检修[M].北京:中国铁道出版社,2011.